人的資源マネジメント
「意識化」による組織能力の向上

古川久敬 [編著]
柳澤さおり・池田 浩 [著]

MBO
Management by Objectives
Conscious and Purposeful HRM

東京 白桃書房 神田

まえがき

　人的資源マネジメントは，経営活動に貢献するものでありたい。本書は，それにかかわる理論的根拠と実践的示唆を，具体的な実証的データを添えながら，組織心理学の観点から提示するものである。
　経営に貢献する人的資源マネジメントは，目指す成果の意義と内容，それに至るプロセスをはじめ，取り組む活動のあらゆることに「意識化」の度合いを高めることで実現する。
　人的資源マネジメントに期待されていることは，個々の成員や職場（チーム）をして，①課題や役割について適切な認識を持たせ，②モチベーションを維持あるいは高めさせ，③必要とされる能力の学習が進むように仕向け，④課題遂行において必須の相互協力を引き出し，これらを通して⑤創造性や革新性を含んだ組織能力を高めて，経営課題の実現を確実にすることである。
　端的に言えば，経営課題を意識して，個々の力とチームの力を確実に生み出すことである。これは，意識化の度合いを高めることで果たされる。意識化の反対の言葉は，漫然や惰性である。本書では，それに気づき，「意識化」の意味とともに，意識化によって組織能力が向上するメカニズムについて理解する。
　また，人的資源マネジメントや人事制度は，その内容がよく熟慮，検討，整理されたものであっても，個人とチームの能力向上と業績確保をはじめ，組織能力を高め，競争力獲得や発展を生むまでには相当に大きな距離がある。制度の運用に十分な工夫が必要とされる所以である。どのような制度も，利点とともに副作用を伴っている。利点を生かし，副作用を緩和する必要がある。これにも理論的根拠が求められている。

　これらのことを明瞭に念頭に置きながら，本書では次のことを明確にする。
　(1)　近年，我が国において進められた「成果主義」の本質と効果性について冷静に検討する（第1章，第2章）。成果主義は，目標管理制度の導入とほぼ同

一視されている。これらの本質は，多くの論者が言うような，活動の結果や処遇のみにこだわる「結果主義」ではなく，「意識化」であることを理解する。

すなわち，活動に取り組むときから，自分(たち)が何を成果として生み出すかを明確に「意識化」することである。そしてまた，その成果を意識して，明瞭な目的，意図，根拠を持って仮説を立て，シナリオを描いて取り組むことである。これがあれば，振り返り(省察)によって，次に生かせることが創られる。

(2) 経営に貢献する人的資源マネジメントのあり方を検討し，実践し，それらの妥当性と効果性を振り返るための枠組みとして，ビジネスモデルと人的資源との「相互充足性原理」を提示する（第3章）。

この原理に依拠することで，人的資源マネジメントを通して，組織が創造性と競争力を獲得し，維持していける基本条件が鮮明になる。相互充足性原理にかなう形で人的資源マネジメントが運用されるとき，個人の能力学習とチームへの関心や貢献の双方が促進されることを検証する（第2章も関連する）。

(3) 「意識化」することが，個人の意欲（モチベーション）高揚と能力（コンピテンシー）学習にとって，とりわけ新規課題，革新課題，あるいは水準を上げる課題に取り組むにあたって大きな効果を持つ。これにかかわる理論的根拠を用意する。また意識化して行動する習慣，結果とプロセスを振り返り，それを基に成功原理や法則を考える習慣が，能力学習や業績を高めることを，2つの大手企業を対象とした実証研究によって明らかにする（第4章）。

成員の育成にかかわる実践的示唆として，意識化と関連させて，個人のセルフマネジメントによる能力の学習メカニズムも理解する（第5章）。

(4) 多くの組織で，成員の相互連携や協力の衰えが嘆かれている。識者もビジネスジャーナリズムも，成果主義や目標管理制度が導入されたことによるとしていることが多い。しかしその指摘は必ずしも妥当ではない。

個人目標とともにチーム目標を設定するなど，意識化をよく踏まえた形で，目標管理が適切に運用されることで，個人の成果もチームの成果（協力関係と業績）も確保されることを，2つの実証研究によって明らかにする（第6章）。また課題変化への対応を意識した，3つのレベルから構成される「チーム力」について，新たな提案をする（第7章）。

Appendixとして，第6章では同僚との協力関係や職場全体への貢献の様子

を測定する「文脈的パフォーマンス」尺度を，第7章では「チーム力」測定尺度と，チームが「チーム活動の経験から学習する習慣」測定尺度を掲載する。

(5) マネジメントツールとしての目標管理制度とその運用について，あらためて「意識化」をもとにとらえ直すことで，個人の意欲（モチベーション）と能力（コンピテンシー）学習が促進され，あわせてチーム力も向上する条件について，理論的に検討する（第8章）。また意識化を踏まえた目標管理の適切な運用が，職務の特性（ラインかスタッフか）にかかわりなく効果を上げ得ることを実証研究の結果をもとに紹介する（第9章）。

なお第8章に，Appendixとして，目標管理制度（目標設定面談，日常の接触，評価面談）を効果的に運用している管理者とメンバーを取材し，その具体的な様子を示した。メンバーの納得感と達成感が確保されるとともに，個人と職場それぞれの目標も達成されている。

(6) 以上の議論をもとに，経営活動に貢献できる人的資源マネジメントについて具体的示唆を提示する（第10章）。最重要のことは，相互充足性原理の確認と，「意識化」の意義を組み入れた人的資源マネジメントの実践である。

また，現在，職場に不具合があるとして，その原因を冷静に考え，見極め，対処することである。bad apple現象の防止に心がけ，成果主義や目標管理制度のせいであると思い間違わないことである。

そして，これからに想定される経営環境の中で，従前の役割を見直し超えるための「役割の再定義」が進められることである。メンバーも，管理者層も，そして人事部門も例外ではない。

本書は，日本学術振興会科学研究費（平成19-21年度基盤(B)研究：課題番号19330143　研究代表者：古川久敬）の支援と，企業のご協力を得て実施してきた筆者らの研究成果の一部をなしている。出版に際して，白桃書房編集部・平千枝子さんから激励と助言をいただいた。それぞれに心より感謝を申し上げたい。

2010年4月

編著者　**古 川 久 敬**

目　次

まえがき

第1章　組織と人的資源マネジメント
　　　　　　近年の大きな環境変化の中で——————————1
Ⅰ　本書で目指すこと …………………………………………………1
Ⅱ　わが国における組織状況と人的資源マネジメントを
　　振り返る ……………………………………………………………3
　　1　1970年代の状況——高度成長 …………………………………3
　　2　1980年代の状況——"日本的経営"の隆盛 …………………4
　　3　1990年代の状況——業績低迷と人事・処遇制度の改定 ……5
Ⅲ　いわゆる「成果主義」の進展について ……………………………11
　　1　成果主義の導入状況 ……………………………………………12
　　2　成果主義の導入目的 ……………………………………………14
　　3　成果主義の導入効果 ……………………………………………15
　　4　成果主義の進展と効果についてのまとめ ……………………19

第2章　成果主義の本質
　　　　　　意識化の度合いを高めること——————————23
Ⅰ　人事制度が目指したいこと …………………………………………23
　　1　経営課題への貢献 ………………………………………………23
　　2　制度を理解する2つの視点——内容と運用 …………………24
Ⅱ　成果主義をどのようにとらえるか …………………………………26
　　1　これまでの成果主義のとらえ方——評価と処遇の側面に偏向…26
　　2　成果主義の適切なとらえ方——構成する原理に注目 ………27

v

3　成果主義に伴う問題点についての従来の指摘 …………………31
Ⅲ　新たに成果主義の本質を考える …………………………………………36
　　1　成果主義とは意識化する度合いを高めること …………………36
　　2　目標管理制度とは意識化のための制度 …………………………38

第3章　相互充足性原理
　　　　人的資源とビジネスモデルの相互充足性 ——————————45

Ⅰ　組織の存続と成長を可能にするもの ……………………………………45
　　1　ビジネスモデルの卓越性とその確実な実行 ……………………45
　　2　3つの人的資源要因 …………………………………………………47
Ⅱ　相互充足性原理について …………………………………………………51
　　1　人的資源要因とビジネスモデルの相互充足性 …………………51
　　2　相互充足性原理の持っている意義 ………………………………51
　　3　人的資源要因の必要性チェック …………………………………52
Ⅲ　相互充足性原理による成果主義の効果性の検証 ………………………54
　　1　成果主義に流れている原理 ………………………………………54
　　2　経営者や管理者と一般成員との認識差 …………………………55
Ⅳ　成果主義が人的資源に及ぼすインパクト ………………………………56
　　1　個別評価のインパクト ……………………………………………56
　　2　格差をつけた報酬と処遇のインパクト …………………………57
　　3　人材のフロー化と短期化および自律的選択と自己責任の
　　　　インパクト …………………………………………………………59
　　4　インパクトについてのまとめ ……………………………………60
Ⅴ　相互充足性原理の普遍性 …………………………………………………61
Ⅵ　成果主義と相互充足性原理の関連性を検討した実証データ …………62
　　1　ビジネスモデルの遂行に必要不可欠の人的資源要因 …………63
　　2　成果主義原理の人的資源要因に対する促進効果 ………………64
　　3　成果主義原理の人的資源要因に対する抑制効果 ………………66
　　4　結果のまとめ ………………………………………………………66

第4章　意識化することの促進効果
　　　　　モチベーションと能力学習 ――――――――――――― 69
Ⅰ　モチベーションについて ……………………………………… 69
　1　モチベーションの3要素 ……………………………………… 69
　2　モチベーション・マネジメントの効果を高めるために ……… 71
Ⅱ　意識化とモチベーション ……………………………………… 73
　1　「着手」段階における意識化 ………………………………… 73
　2　「遂行途上」段階における意識化 …………………………… 75
　3　「完了・結果」段階における意識化 ………………………… 77
Ⅲ　意識化と能力の獲得――コンピテンシーラーニング ……… 78
　1　コンピテンシーについて ……………………………………… 78
　2　人は経験を通して能力を学習する …………………………… 80
　3　コンピテンシーラーニング …………………………………… 83
　4　コンピテンシーラーニングとキャリア開発 ………………… 86
Ⅳ　経験から学習する習慣とコンピテンシー学習 ……………… 88
　1　「経験から学習する習慣」の学習と能力向上との関連性：
　　　実証研究1 ……………………………………………………… 88
　2　目標管理における意識化と能力学習および業績との関連性：
　　　実証研究2 ……………………………………………………… 94

第5章　セルフマネジメントによる学習 ――――――――――― 103
Ⅰ　組織成員が学習すること ……………………………………… 104
　1　知識とスキル …………………………………………………… 104
　2　学習はどのように進められるのか
　　　――他律的学習と自律的学習 ………………………………… 109
Ⅱ　学習のセルフマネジメントのプロセス ……………………… 110
　1　学習におけるセルフマネジメントの2つのプロセス ……… 110
　2　セルフマネジメントが知識やスキルの学習を促進する …… 111
Ⅲ　学習のセルフマネジメント …………………………………… 112
　1　学習の必要性の認識 …………………………………………… 112

2　学習課題の分析 ………………………………………………112
　　3　学習目標の設定とプランニング ……………………………113
　　4　学習目標達成に向けた活動 …………………………………116
　　5　学習活動の結果の評価…………………………………………120
　　6　目標，プランニング，活動の修正・調整 …………………121
　　7　学習のセルフマネジメントの全般を規定するモチベーション
　　　　要因 ……………………………………………………………121
　Ⅳ　セルフマネジメントによる学習の促進システム ………………123
　　1　キャリアカウンセリングによる促進 ………………………124
　　2　教育訓練による促進 …………………………………………124
　　3　目標管理による促進 …………………………………………124

第6章　成果主義とチームパフォーマンス ──────── 129
　Ⅰ　成果主義は成員のチームへの協力や配慮を脅かすか ……………130
　　1　成果主義的人事制度の目的 …………………………………130
　　2　成員による2つのパフォーマンス …………………………130
　　3　成果主義のインパクト ………………………………………132
　　4　目標管理制度に対する納得感が制度の効果を左右する ……137
　Ⅱ　目標管理制度の適切な運用と個人のチームへの貢献：
　　　実証研究1 ……………………………………………………………138
　　1　この調査で明らかにすること ………………………………138
　　2　調査対象 ………………………………………………………139
　　3　調査票の構成 …………………………………………………139
　　4　目標管理制度が課題および文脈的パフォーマンスに与える
　　　　インパクト ……………………………………………………141
　　5　目標管理制度は間接的に成員のチームへの貢献を促進する …144
　Ⅲ　チームの目標設定と職務特性の効果：実証研究2 ………………145
　　1　この調査で明らかにすること ………………………………145
　　2　調査対象 ………………………………………………………145
　　3　調査票の構成 …………………………………………………146

4　チームの目標設定と課題および文脈的パフォーマンスとの関係 ……………………………………………………………………146
　　5　チーム目標の設定は相互の協力が求められるときほど効果を発揮する ……………………………………………………………149

第7章　チーム力
　　　　　課題の変化を意識した新しいチーム能力の提案 ────────155
　Ⅰ　チームの効果性とチーム活動 ……………………………………155
　　1　チームの効果性について ………………………………………155
　　2　チーム活動の内容について ……………………………………158
　Ⅱ　チーム活動の効果性を左右するもの ……………………………161
　　1　チームアイデンティティ ………………………………………162
　　2　メンバー間の信頼・協力関係 …………………………………163
　　3　チームメンタルモデル …………………………………………164
　　4　チーム効力感 ……………………………………………………165
　Ⅲ　環境と課題の変化への適応を意識した「チーム力」……………166
　　1　今必要とされている新しい考え方 ……………………………166
　　2　環境変化へのチームの適応 ……………………………………167
　　3　チーム力 …………………………………………………………168
　Ⅳ　チーム力の形成について …………………………………………171
　　1　チームによる課題の見極め ……………………………………171
　　2　チームでどのように取り組むかの意識化 ……………………172
　　3　チームによる経験の振り返りと学習 …………………………173

第8章　目標管理とその効果的運用 ────────────181
　Ⅰ　目標管理の概要 ……………………………………………………181
　　1　目標管理について ………………………………………………181
　　2　目標管理に期待されている効果 ………………………………182
　　3　わが国の目標管理の動向 ………………………………………183
　　4　目標管理の要件 …………………………………………………184

Ⅱ　目標管理の持っている意義……………………………………………185
　　1　マネジメントツールとしての目標管理……………………………185
　　2　コンピテンシー学習のサイクル把握のためのツールとしての
　　　　目標管理……………………………………………………………188
　　3　評価ツールとしての目標管理……………………………………189
　Ⅲ　目標管理制度の運用……………………………………………………191
　　1　目標設定段階の運用………………………………………………191
　　2　目標追求期間の運用………………………………………………198
　　3　実績評価段階の運用………………………………………………201

第9章　職務特性と目標管理制度の有効性 ―――― 219
　Ⅰ　目標管理制度と職務の特性……………………………………………220
　　1　わが国の目標管理制度の適用状況………………………………220
　　2　目標管理制度の有効性にかかわる職務の特性…………………221
　Ⅱ　目標管理制度と職務の特性との関係に関する実証研究……………225
　　1　調査対象企業と調査対象者………………………………………225
　　2　調査対象者が取り組む職務の特徴………………………………226
　　3　調査内容……………………………………………………………227
　　4　調査結果……………………………………………………………227
　Ⅲ　職務の特性に合わせた目標管理制度の運用…………………………231
　　1　リーダーの運用が目標達成行動を促す…………………………231
　　2　リーダーの運用がパフォーマンスを高める……………………232

第10章　今後の人的資源マネジメントに向けて
　　　　　　意識化による組織能力の向上 ―――――――――― 237
　Ⅰ　本書のまとめ――人的資源マネジメントの意義……………………237
　　1　組織の業績を決める2つの方策…………………………………237
　　2　インプットの効率的変換と人的資源マネジメント……………239
　Ⅱ　今後の人的資源マネジメントへの提言………………………………244
　　1　「相互充足性原理」に適合させた人的資源マネジメント………244

2　成果主義に起因するとされる現象におびえないこと ………246
　　3　役割の再定義を促進する ……………………………………254
　　4　意識化の手法としての目標管理制度の活用 ………………259

人名索引
事項索引

第1章
組織と人的資源マネジメント
―― 近年の大きな環境変化の中で

I 本書で目指すこと

　「何が起きたとしても，一喜一憂することなく平常心を保つ」ことの大切さを，我々は知ってはいる。その前に，「物事を長い目で，広い視野でとらえる」ことの重要性についても教えられてきている。

　しかし，現実に何か大きな変動に出くわすと，そしてその変動が思わしくない方向のものであった場合にはなおさら，我々は動揺する。平常心を揺さぶられて，浮足立つところを持っている。余裕（視野といってもよい）は，時間についても，広がりにおいてもぐっと狭まり，今，直面している事態だけに反応してしまいがちである。

　これは，わが国企業の組織マネジメントについても当てはまる。経営環境は，この30年近くをみただけでも，大きく変動してきた。それは総じて，厳しい方向へのものである。そして当然に，それらの変動に対応すべく採用された組織マネジメントのあり様はかなり大きく変わった。それに連動して，社内の各種制度の趣旨と内容も変わった。

　それらの制度を運用していることに，自信を持ちたいものの，必ずしもそうはいかないところがある。なぜかといえば，それは，運用の是非や妥当性を自ら確

認するための枠組みを持てていないことに起因している。そもそもマネジメントの柱となる人事制度の導入にあたって，その動機が単に時流を採り入れる，同業他社に倣うなど，主体性や自律性を欠いていたとすれば，自らを主体的に振り返り，取り組みの妥当性を確認するための枠組みを持つことは望みにくい。

1980年代初めに，"Japan as No. 1"などと世界から賞賛された日本的経営，もう欧米から学ぶことはないのではないかと，高揚感とともに誇りに感じていた日本的経営，そしてそれを支えていた年功序列的なマネジメントは，何ゆえに成功であったといえるのか。

逆に，1990年代初めに発生したいわゆるバブル崩壊から2000年代初めまで続いた厳しい経営環境のもとでの構造改革（リストラクチャリング）やダウンサイジングが断行された頃の自信喪失ぎみのマネジメント，そしてその柱となった従来の年功序列的制度からの離脱（広く成果主義と呼ばれている）は，何ゆえに失敗であるというのか。

我々は，組織マネジメントの適否や良否についての"手がかり"を，単に企業業績の良し悪しのみに求め，判定してしまっていることはないのか。

これからも経営環境の変動に遭遇して，組織マネジメントのあり方において発想転換と具体的対応が求められていくことは間違いない。しかし業績低迷によるあせりのために，あるいはまたビジネスジャーナリズムの意見や他社の動きに惑わされて，近年，多くの日本企業が浮足立った対応をしてしまっているところはないのか。

米国を震源とする大きな経営環境の変化にさらされている今日，その外的環境をしっかりと見据えながら，自組織の発展を実現し，それを基にして社会に貢献できる組織のマネジメントに取り組まなければならない。それはどのような組織マネジメントであればよいのであろうか。

経営環境が厳しい今日の状況は，むしろわが国において組織マネジメントの本質的な問題を考える上で好機である。適切で効果的なマネジメントのあり方は，その付随的な部分が好況や不況に反応して見直されることはあっても，その根幹にあたる部分は，その時々の思いつきで意義を持ったり消えたりすることはなく，普遍的であるに違いない。

本書のねらい：これらの点を十分に念頭に置きながら，本書では，

① 組織が自らのマネジメントのあり方，特に人的資源マネジメントのあり方を検討し，実践し，それらの妥当性と効果性を振り返るための枠組みにできる「相互充足性原理」を提示する。そして，この原理をもとにして，組織が組織能力を高めて，創造性と競争力を獲得し，維持していける基本的な条件を明らかにする（第3章）。

② 近年，わが国で関心を集めてきていた「成果主義」の意義と効果性を冷静に検討する（第2章）。「相互充足性原理」にかなった形で成果主義が運用されている場合には，個人の能力学習についても，個人のチームへの関心や貢献についても，そしてチームワークについても，期待する効果をあげうることを検証する（第6章，7章）。

③ 成果主義の本質は，活動の「成果や結果」にこだわる結果主義ではない。活動に取り組み始めるときから，何を成果として生み出すかを「意識化」する度合いを高めるところにある。すなわち，自分（たち）が生み出す「効果」や「成果」を意識して，明瞭な目的と意図を持って仮説を立て，シナリオを描いて取り組むところにある（第4章，5章）。

④ この成果主義の本質である「意識化」が確実に自覚されながら，「目標管理」というマネジメントツール（制度）が運用されることによって，個人のモチベーションが高まり，能力（コンピテンシー）の学習が促進され，そして相互協力やチーム力も向上することを，実証的な研究結果をもとに明らかにする（第8章，9章）。

⑤ これらの議論と根拠をもとに，「意識化」によって組織能力を高めて，経営に貢献する今後の人的資源マネジメントに向けて4つの提言を行う（第10章）。

Ⅱ わが国における組織状況と人的資源マネジメントを振り返る

1 1970年代の状況──高度成長

わが国における組織マネジメントを考えるにあたって，今をさかのぼって，30数年前の状況を，この章のテーマに関連させて，簡潔に思い出してみることにする。それによって重要なことがみえてくる。

戦後の奇跡とさえ形容された経済の"高度成長"が1960年代において着実に進み，深刻な大気汚染や公害という副産物を伴いながらも，経済的な困窮や物質的な欠乏から脱し，国民の多くが中流意識を持ち始めるに至った。

そして1970年代にはいると日本の経済発展はいよいよめざましいものとなった。働く人々の欲求の高次化（自己実現欲求の高まり）が進み，労働における単調感や人間疎外などの問題への対処が話題になり始めた。

この時代の人的資源マネジメントにかかわるキーワードトーとしては，その他にも「働きがい」や「職業生活の質」（QWL）があり，Maslow（1943）の「欲求階層説」やMcGregor（1960）の「X理論-Y理論」なども高い関心を集めた。また，従業員参加の形態をとる「小集団活動」（QCサークル，ZD運動，カイゼン活動など）が隆盛となり，「職務充実」や「職務拡大」による働く人々の自我欲求の充足機会を提供する施策の必要性も説かれていた（Hackman, & Oldham, 1975；古川, 2006）。

2　1980年代の状況——"日本的経営"の隆盛

1980年代に入っても成長は続き，わが国は世界有数の経済大国となった。技術革新や情報技術の進歩も加速した。円高が高進し，企業活動はグローバルな規模で行われるようになり，あわせて企業間の競争も激しくなった。人々の価値観は多様化の傾向を強め，大量消費は望めなくなっていった。高齢化も待ったなしで進行した。

1980年代初頭は，特に自動車産業をはじめとする日本企業の躍進はめざましかった。欧米諸国から，エコノミックアニマルと揶揄されつつも，奇跡の国ニッポン，Japan as No. 1ともてはやされ，「終身雇用」，「年功序列」，「企業内組合」の3つを特徴とするとされる日本的経営について，わが国の誰もが大いに自信を持った。

米国を中心とする諸外国で，日本的経営の強さを生み出していると思われる特質（秘密と表現する方がよいかもしれない）をめぐって多くのアカデミックな議論がなされた。組織特性を表す概念として今日では広く知れわたっている「組織文化」（Shein, 1985）や「組織風土」（Litwin, & Stringer, 1968），および「組織コミットメント」（Meyer, & Allen, 1984），個人の特性にかかわる概念と

しての「内発的意欲」(Deci, 1975)、あるいはマネジメント手法としての「小集団活動」、「現場重視」、「従業員参加」などの考え方は、その時期に考案され、使われ始めたものである。いずれも、欧米の研究者たちが、日本の企業組織の強さを説明するためにひねり出した概念であるといってもよい。

その当時のいわゆる"右肩上がり"の経済状況の中で、企業は軒並み高業績を確保し、拡大路線を突き進んだ。それ故に、雇用は完全な売り手市場であった。企業はまた、自社の従業員の間に、能力と貢献度において、はっきりとした個人差があるとは思いながらも、企業収益が伸びていたことから、ほぼ一律に、ベースアップ、定期昇給、そして年功的な昇進を慣行的に続けていた。

一方の組織成員の側も、仕事ぶりや能力、そして業績や貢献度において、現実には同僚間でかなりの格差があることは自ら経験的に気づきながらも、"給与とポストは年々上がるもの"といささかも疑うことなく信じ込むようになった。このような企業と一般成員との蜜月は10年を超えて続いた。

3　1990年代の状況——業績低迷と人事・処遇制度の改定

そこへ1990年を少し過ぎた頃より、急転直下、株価と地価が急落する「バブル崩壊」に襲われ、全てが逆回転をし始めた。各企業が持っていた当初の余裕の姿勢は、大企業の倒産が相次ぐ状況の中で完全に影を潜めた。なかなか底を打たない国内の深刻な経済不況から、企業の業績は低迷を続けた。

国内のほとんどの企業が動揺した。事業計画と経営戦略が抜本的に見直された。そして事業の選択と集中（リストラクチャリング）や組織の再編成が進められた。また企業規模縮小（ダウンサイジング）が断行され、固定費としての人件費の大幅削減もなされた。大手企業どうしの合併も進められた。

このような動きの中にあって、1990年代半ばあたりから、人的資源マネジメントの柱である人事・待遇制度の様相は変わり始め、従来の年功的な特徴を持つものから、次ページの表1-1にも示すように、次のような5つの特徴を持つものにシフトしていった。

表1-1　1990年代以降の人的資源マネジメントの動向

1	長期の安定雇用からの離脱
2	将来の見通しがきいた昇給，昇進シナリオの見直し
3	組織まかせから個人選択のキャリア形成へ
4	能力の意味と価値の変化
5	成果（最終業績）を個別に評価する方向へ
	個別の評価と処遇　　　成果指向契約

(1) 長期の安定雇用からの離脱

　企業の側は，財政的な厳しさに直面し，人材をストックではなく，フローとしてとらえ始めた。具体的には，新規採用の停止，退職勧奨の促進，事業再構築やダウンサイジングに誘発された配置転換，あるいは出向や転籍などが広く実施された。"年功"は意義と価値を低め，永年勤続は尊いものとはされなくなった。

　また雇用については，正規社員の割合を低めて，派遣やパートなどの短期雇用契約者の割合を増加させる動きが広く始まった。そのために，個人と組織との心理的契約は，長期にわたる安定的で情緒的なものから短期の交換的で取引的なものに，全体的かつ全面的なものから部分的で限定的なものに，性格を変えることになった。

　もちろん，企業は人材を基本的にはフローととらえるようになったとしても，成員との契約のすべてをフロータイプに改めるつもりはなかった。人材の過度の流動は，組織にとってリスクとなるからである。それ故に，コア人材と流動人材とに分ける形の人事処遇が採り入れられた。

　さて，このような面での心理的契約の変更は，成員の動機づけや学習にどのようなインパクトを及ぼすであろうか。

　まずはコア人材として処遇されない成員の意欲の源泉となる「肯定的な自己評価」（自尊感情）を脅かすことになった。また組織や仕事へのコミットメントについては，コア成員の場合は，組織と自分との間の"交換的関係"がよりはっきりとすることから一定のプラス効果を上げる可能性を持つ。

　しかし，流動成員の場合は，組織と自分との関係は一時的かつ功利的な性格を持つようになることから，従前のようには私的生活を脇に置いても組織のために奮闘貢献する姿は影を潜めるようになった。人は，自分の働きを，自分が

受けているとみる処遇の大きさに見合うものに留めることも多いからである。

(2) 将来の見通しがきいた昇給，昇進シナリオの見直し

　給与や処遇に関しては総額人件費の削減が不可避の中で，定期昇給の廃止，年功制による昇級や昇進の廃止などがなされ，目標管理制度の導入や，それをもとにした個人別査定，あるいは年俸制の導入もなされるようになった。一律均等を原理としていた人事・処遇のあり方が抜本的に見直され始めた。

　かつてのように，成長が基調であった時代においては，給与は，上がり幅はどうであれ，確実に上昇していた。あと何年すれば役職につけるかの大まかな目算もついていた。その状況が変わり，年収ベースの減額が現実として発生した。組織のダウンサイジングと編成原理の変更によってポストの数が減少し，組織階層における上昇も見込みにくい状況になっていった。

　自分や家族の生活のかかった経済的報酬に関して，先の展望がきかない状況は，成員に不安と焦燥を感じさせることになった。

(3) 組織まかせから個人選択のキャリア形成へ

　成員に対して，1980年代までのように組織にべったりと寄りかかることをせずに，何ごとにも主体的に取り組む"自立的"で"自律的"な姿勢を持つべく変身することを組織の側が強く求めるようになった。そしてアウトプレイスメントやキャリアカウンセリングが一躍脚光を浴びるようになった。

　それまでは，終身雇用と年功序列が主流であったことから，成員の側は，何につけても組織に任せていれば悪いようにはならなかった。大過なく過ごせば，少なくとも人並みに処遇をしてもらえたことから，自分が何を強みとして保有しているかについて，特に考えることもなかった。ましてや，会社から心理的に自立し，自律的に活動し，自分で自分のキャリアを思い描き，選択するなどは，全くの想定外のことであった。

　しかし，雇用調整局面の中にもあったことから，出向や転籍の形で，入社の頃には思いもしなかった職務担当への変更を求められることも一般的になり，併せてキャリアを自分でデザインすることが求められるようにもなった。

(4) 能力の意味と価値の変化

　企業間競争が募る中で，かつてよりも企業業績が強く問われるようになった。そのために，仕事の"過程"もさることながら，"成果（結果）"が格段に

強調され始めた。

そのために，能力について，単に保有しているだけではなく，発揮していなければ意味がないとされるようになった。さらには，発揮されるとともに，成果につながるものでなければならないとして，コンピテンシー（competency：業績直結能力）が注目されるようになった。その分，成果につながらない能力や活動は意義がうすいものとして，評価を受けないことになった（コンピテンシーとその習得については第4章で詳しく検討する）。

かつての年功制が主流であった頃から，決して成果に無頓着であったわけではない。しかし従前通りのことを誠実に続けていれば一定の成果につながっていたために，ことあらためて成果のことを説く必要性は低かった。従前通りの課題に，従前通りのやり方で，精一杯取り組んでいれば（すなわち効果の程がわかっている過程をしっかりと踏めば），自ずと成果（結果）につながっていた。

また個々の成員の持つ能力については，それを強く意識して評価をする機会も少なかった。いくぶん誇張していえば，昨日までの経験や慣れによって，今日も，明日も，あさっても仕事を果たせたからである。評価するとすれば，成員個人が持っている潜在的な能力であった。潜在的な能力を持っていれば，それは確実に表に出されて，仕事の出来栄えに反映されると思われていたからである。

しかし1990年代半ば以降，成果がそれまで以上に問われるようになってからは，能力のとらえ方と能力評価の基準が大きく変わった。潜在能力はあっても，それが活動において活用される保証はない。そのために，成員が知的能力など高い資質を秘めている（保有している）としても，それらが行動として現実に発揮され成果に結びつかない限り，"価値はない"ととらえるようになってきた。

技術の変化が大きく，またビジネスの仕方が変わり続ける今日，新しい知識とスキルをベースとする新規の行動能力（コンピテンシー）を学習する必要性が高まっており，管理者も一般成員も不断の能力更新が期待されている。

(5) 成果（最終業績）を評価する方向へ

競争が募る中で，組織全体の業績確保が求められている。このことを反映し

て，個々の成員についても，時間と努力の多さではなく，上げた業績や成果を重視するようになってきた。事業部単位（経営トップ）から個々人（一般社員）に至るまで，目指す成果を明らかにし，そのために取り組む課題と目標を明確に意識し，実行し，その達成がどうであったかを個別に評価し，それによって個別に処遇することが進んだ。これに用いられるのが，「目標管理」（MBO：management by objectives）制度である。

　個別評価と個別処遇の導入：かつて年功的制度が主流であったわが国では，年齢や勤続年数が同じであれば，その他のこと（能力，頑張り度，貢献度など）については違いがない，"人は皆同じ"との仮説が流れていたといえる。また能力や貢献度は，経験（時間）の長さによって決まると，暗黙のうちにみてきていたといえる。

　その中で，個別評価と個別処遇が導入されるようになった。これは人間観として，わが国では主流であった"人は皆同じ"から，欧米的な"人は皆違う"というとらえ方への変化を意味する。年齢や勤続年数を除いて，人には違いがないとすれば，評価することなどは無駄な労力，意味のない作業である。しかし，人には違いがあるとすれば，個人間で何が，どう違うかを評価する必要が出てくる。

　このような個別評価と個別処遇は，"人は皆同じ"と暗黙のうちにみなし，また評価をしたり，受けたりすることになじみのなかったわが国の多くの成員にとって，小さくはないプレッシャーとして登場してきたといえる。

　もちろん，そのプレッシャーは，制度として評価を実施する組織の側（評価者）にも生まれている。何しろ，評価をしっかりと意識度を高めて行い，その評価結果を基本的には部下に伝え，処遇につなげる経験や実績がなかったからである。

　評価のモチベーション効果：さて，個別の評価に基づく個別の処遇という新しい原理は，一方で，個々の成員のモチベーションを刺激して，成果の実現に積極的な効果をもたらしうる可能性を持っている。課題や目標が明瞭となることから課題コミットメントの水準が向上し，また実現した成果について報われるためである。

　しかし他方で，"個別"が強調されることから，個人をして職場全体のこと

をおろそかにさせるとすれば，先述した個人と組織との心理的契約の変質ともあいまって，副作用も懸念される。そして，結果が出るまでに長い期間を要する課題，未来に備える開拓的で挑戦的な課題，あるいはチームの総合力を生かすことで創造性を生み出すような課題などは後回しにされやすくなるかもしれない。

また，最終成果の良否に関心が向くことから，過程（プロセス）の価値が低くみられやすい。さらには，個人指向が妙に強まるとすれば，成員の間で有用な経験を交換しあったり，汎用性や応用性を持つ知識やスキルを共有化することなどが軽視されやすくなる可能性もありうる。

過程指向契約と成果指向契約：個々の成員と企業との契約は，「必要とされる行動を示すこと」を条件とする契約（過程指向契約）と，「一定の成果（結果）を生み出すこと」を条件とする契約（成果指向契約）とに大きく色分けできる。企業（経営者）は成果指向契約を選びたい。経営者にとって成果（結果）の確保が最重要の命題であることによる。

これと対照的に，成員は成果指向の契約は避け，過程指向契約（ある行動を確実に履行する契約）を選びたい。「成果は大切だし，成果を出せるとは思う」けれども，成果に至るまでには種々のリスクがあることから，「成果を上げられないかもしれない」との懸念を持ち，さらには成果に届かなかったときのペナルティをイメージするからである。

成員の好む「過程指向契約」が適切に機能し，確実に成果を出せるのは，①取り組む課題が具体的になっており，②その課題を遂行する上で必要とされる能力や適切な取り組みも明確になっており（できればマニュアル化できているとき），加えて③経営側が個々の成員をよく把握できており，また成員の行動をモニターできるとき（場合によっては情報システムが活用できるとき）である。要するに，過程指向契約が通用するのは，取り組む課題が明確で，課題の遂行方法も定型化されており，進行過程をよく観察できるときである。端的にいえば，それはかつてのわが国組織に存在していた職場と職務の状況にとてもよくあてはまることに気づく。

成果指向契約の進行：これからも過程指向契約がよく機能する状況はありうるであろう。しかし今後，わが国において組織成員が頻度多く直面し，対処し

なければならない状況は,「成果を強く意識しながら,取り組むべき課題そのものを新たに見つけ出す。そしてそれに取り組む方法も,これまた新たに編み出し,手探りの中で,仮説を立てながらチャレンジしていく」タイプのものが増加すると考えられる。

すなわち過程指向契約では十分に機能しない状況が増えていくと考えられる。だからといって,直ちに成果指向契約を全面的に採用すればよいというわけではない。それは成果指向契約に付随する前述したような副作用が現出する可能性もあるからである。

適切と考えられる対応は,基本的には,新規の課題を見出すという成果を強調し,それに積極的に取り組むことを高く評価する。そしてその一方で,それらの新規の活動を,過程指向契約が機能するように工夫し,職場に定着させるような姿勢や取り組みを確実に評価することであろう。

これは言い換えると,1990年代半ばからの組織状況およびそれに連動して改定が進んできている人事・処遇制度が定着し,組織と個人に所期のプラス効果を生み出させるためには,①成果を強調するにとどまらず,他方で②成果に至る過程を可能な限り定型化させ,③定型化させるための取り組みを高く評価することが効果を上げると考えられる。そしてそれに併せて④新規の課題遂行に必要とされる能力を開発できる機会を,成員に用意できなければならないことを示唆している。

なお,これらの効果的なマネジメントにかかわる点は,本書の第2章以下においてさらに詳しく検討する。

Ⅲ いわゆる「成果主義」の進展について

さて,これまで1970年代以降の経営環境を振り返り,わが国における組織状況とともに,人的資源管理,そしてその柱のひとつである人事・処遇制度の様相が大きく変わってきたことをみてきた。すなわち,組織状況の大きな変化に対応して,人事・処遇制度は,かつての年功的特徴を脱して,これまでみてきたような新たな特徴を備えたものに抜本的に改定されてきた。

これらの新しい制度は,研究者を含めて多くの人々から,端的に「成果主義

的人事・処遇制度」と呼ばれている。そして，これまた研究者を含めて，様々な機会に「成果主義」についての論評がなされている。

実は，何をもって「成果主義」と呼ぶか，あるいは「成果主義」の意味するところ（成果主義の定義とでもいえる）は，議論している人たちの間で様々に異なっている。そしてその異なりが「成果主義」にかかわる議論を混乱させ，「成果主義」に対する不必要な誤解や先入観を誘発し，助長させている。

また「成果主義」ということばが安易に，不用意に使われている。その不用意が，「成果主義」が持っている意義と潜在的な効果をゆがめさせている。

これらの点に気づくことが本書のテーマのひとつである。ただし，「成果主義的人事・処遇制度」が現実には種々の特徴を内包することは意識しながらも，この第1章では，広く一括して「成果主義」と呼ぶこととし，わが国において，「成果主義」がどのように進展してきたかについて確認をする。

そして，この作業によって明らかになったことをもとに，第2章では「成果主義をどうとらえるか」，すなわち「成果主義の本質は何か」を明確にする。

1　成果主義の導入状況

人事・処遇制度の改定が広くなされた1990年代半ば以降から2000年過ぎまでにおいて，わが国における，いわゆる「成果主義」の導入状況についてみてみよう。

例えば，2002年5月に産業能率大学総合研究所によって実施された全国企業調査（各企業の経営企画あるいは人事担当責任者が回答）に基づく報告書によれば，「自社の人事制度の基本的な性格は成果主義的である」とした企業は，全回答企業490社のうちの232社（46.9％）であった。「年功主義的である」とした企業は，残りの258社（52.1％）であった。成果主義人事制度の導入率は，規模別では大規模企業においてより高かったが，小規模企業でも40％を超えていた。

その調査の回答時点で"年功主義的人事制度"とした企業でも，その多くが「今後，成果主義人事導入を検討する」との意向を示していたことから，その後において成果主義を導入している企業は全体の半数を優に超えているものと推定される。

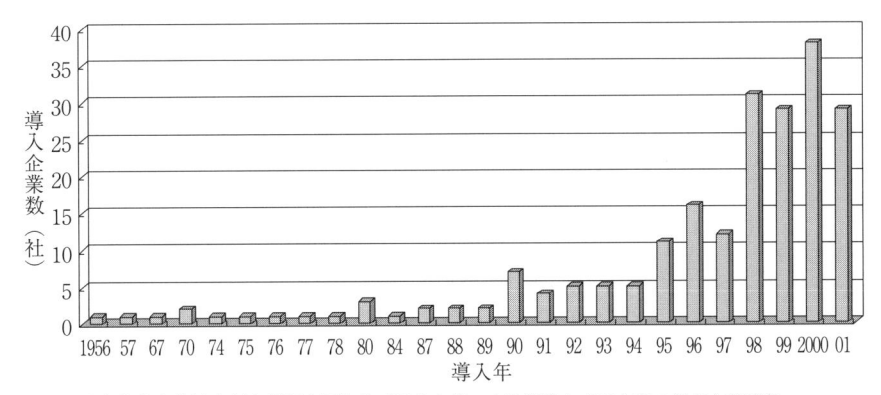

図1-1　成果主義的人事制度の導入時期

出所：産業能率大学総合研究所調査報告書「日本企業の人材戦略と成果主義の行方」2003年

　なお，産業別でみると，製造業（242社）では38.8％，非製造業のうち，金融や商社など（185社）では53.0％，情報やソフトウェアなど（42社）では64.3％であった。導入時期のピークは，製造業は1998年，非製造業は2000年であり，製造業において始まり，少し遅れて非製造業において急速に進んだことが示されていた。

　また，人事制度が成果主義的であると回答した企業に対して，その導入時期について尋ねたところ，図1-1の通りであった。成果主義的人事制度を導入した企業は，1995年以降において順次多くなり，2000年がピークとなっている。導入企業数の伸びは1999年あたりから落ち着きをみせている（詳細については調査報告書「日本企業の人材戦略と成果主義の行方」を参照）。

　導入状況に関連する比較的最近のデータとしては，2007年の厚生労働省就労条件総合調査（厚生労働省，2007）がある。それによると，次ページの表1-2に示されているように，「業績評価制度がある企業」の割合は，調査対象となった企業全体の45.6％を占めていた。この割合は，企業の規模に比例して大きくなり，1000名以上の従業員を雇用する企業では82.5％に達していた。

　人事・処遇制度の持っている特徴の何を基にして「成果主義」ととらえるかは難しいところがある。その中で，端的に業績評価を行っている（業績評価の制度がある）ことをもって「成果主義が導入されている」と見なすとすれば，先の産業能率大学総合研究所や厚生労働省のデータが示しているように，わが

表 1-2　「業績評価制度」を導入している企業の割合と運用の評価状況

企業規模	業績評価制度がある企業（％）	運用の評価状況（％）				
		うまくいっている	うまくいっているが,一部手直しが必要	改善すべき点がかなりある	うまくいっていない	はっきりわからない
1000人以上	82.5	(19.0)	(60.1)	(17.5)	(0.3)	(3.2)
300～999人	71.5	(15.0)	(53.7)	(26.7)	(0.8)	(3.8)
100～299人	57.0	(16.3)	(52.6)	(23.9)	(0.6)	(6.6)
30～99人	38.3	(22.7)	(45.6)	(24.0)	(0.6)	(7.0)
計	45.6	(20.0)	(49.0)	(24.0)	(0.6)	(6.4)

出所：厚生労働省「平成19年就労条件総合調査」2007年

　国の企業組織においては，大規模企業ほど成果主義の導入が進んでおり，それは8割を超えるほどにも達していることがうかがえる。

　2007年の厚生労働省の調査データによれば，業績評価制度がある企業の割合が2001および2004年のそれと比較して特に高まっているわけではない。

　以上のことをまとめると，わが国においては，いわゆる「成果主義」の導入は，2000年過ぎ頃までに急速に進み，全企業の半数を大きく超えており，特に従業員規模の大きいところで定着しているということができる。

2　成果主義の導入目的

　先の産業能率大学総合研究所による全国企業調査（2002年5月）において，「成果主義的」とした企業の回答者に対して，人事制度の導入目的に関する項目を，賃金・報酬システム，人材の確保・育成・活用，および文化・風土革新の3つの領域に分けて提示し，それぞれの項目についての肯定度を5段階で尋ねている。

　賃金・報酬システム領域：「高業績を挙げた個人に公正に報いる報酬・処遇体系への転換」（平均＝3.52），「個人の賃金に占める年功部分の抑制」（平均＝3.22），および「組織メンバーの貢献度と賃金のアンバランスの是正」（平均＝3.15）の肯定度が高かった。他方，「業績の長期的な低迷による賃金原資逼迫への対応」（平均＝1.97）の肯定度は高くはなかった。

人材の確保・育成・活用領域:「自社独自のビジョンや戦略が人材に要求する成果，役割，能力の明確化」(平均＝3.21),「高業績者の発掘，活用，育成」(平均＝3.17),「若年層の積極的な登用，抜擢の促進」(平均＝3.16)の肯定度が高かった。一方,「中高年層社員の退出の促進」(平均＝2.13)の肯定度は低かった。

文化・風土革新領域:「業績指向，成果指向の組織風土・文化への革新」(平均＝3.38)や「競争環境の厳しさに対する社員の危機意識の喚起」(平均＝3.06)の肯定度が高かった。

以上の回答傾向を素直に解釈すれば，成果主義的人事制度の導入は，全般的にみれば，経営環境の変化に対応することを基本としながらも，必ずしも後ろ向きで消極的な目的のもとになされているわけではなく，むしろ組織の主体的な構造転換を進め，次の成長ステージに向けた改革を基調とするポジティブな目的に基づいているとみることができる。

3　成果主義の導入効果

目標管理を柱として運用されている成果主義的人事・処遇制度に対して，批判的な意見が出されている。その多くは直観的な印象や見聞した事例に基づくものである。

例えば「失敗を恐れるあまり，高い目標に挑戦しなくなる」,「努力やプロセスが公正に評価されず，多くの従業員が人事制度に不満を持つ」,「部下の育成が疎かになる」などである（城，2004）。あるいは「そもそも成果の評価が難しい」,「その難しい評価を無理に行って，従業員の処遇に反映させても，モチベーションなどの向上には結びつかない」,「次の異動によって処遇するのがよい」,「極端な個人志向がはびこり，チームワークや職場内の連帯が損なわれる」などの意見も出されている（高橋，2004）。

ここでは少し冷静になって，かつての年功的人事制度が見直され，新たに成果主義的人事制度が導入されることの効果性はどのようなものであろうかをみていきたい。それをうかがい知るために3つの調査結果を取り上げる。

(1) **企業業績との関連性**

第1は，先に紹介した産業能率大学総合研究所による全国企業調査（2002年

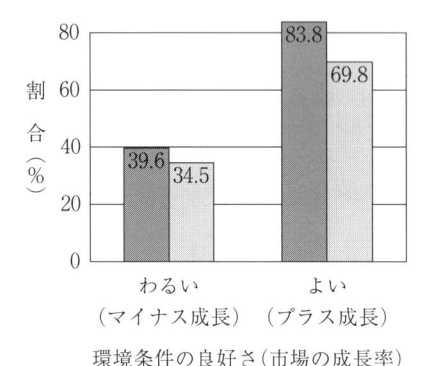

図1-2 市場成長率別にみた人事制度と売上高伸び率との関係性

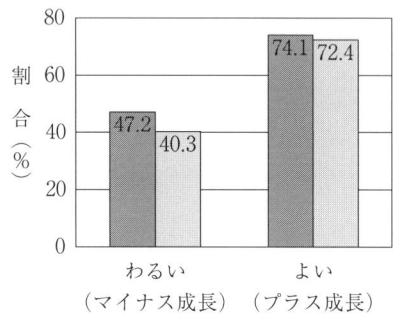

(左図の凡例)
- ■ 成果主義的制度で売上伸び率がプラスの割合
- □ 年功主義的制度で売上伸び率がプラスの割合

わるい(マイナス成長):39.6、34.5
よい(プラス成長):83.8、69.8

図1-3 市場成長率別にみた人事制度と経常利益伸び率との関係性

(右図の凡例)
- ■ 成果主義的制度で経常利益伸び率がプラスの割合
- □ 年功主義的制度で経常利益伸び率がプラスの割合

わるい(マイナス成長):47.2、40.3
よい(プラス成長):74.1、72.4

横軸:環境条件の良好さ(市場の成長率)
縦軸:割合(%)

5月)の分析結果である。それは,成果主義的人事制度の導入実施と2つの企業業績指標(1999年度〜2001年度の年間売上高の伸び率および同期間の経常利益伸び率)との関連性を検討したものである。

　そこでは,対象企業の外的環境条件の良し悪しが考慮されている。これは当該企業の主要事業領域の市場成長率が「プラス」であるか,「マイナスもしくはゼロ」であるかによった。いうまでもなく,企業にとって,前者は環境条件がよい(プラス成長)であり,後者は環境条件がわるい(マイナス成長)ことになる。

　売上高伸び率の差異:こうしておいて,年功主義的人事制度あるいは成果主義的人事制度を採用している企業のうち,「3ヶ年の年間売上高伸び率」が,それぞれプラスであった企業の割合(%)を示したものが図1-2である。環境条件がよいとき(プラス成長)では,3ヶ年の売上高伸び率がプラスである企業の割合は,成果主義的人事制度あるいは年功主義的人事制度を持つ企業のそれぞれ83.8%と69.8%であった。一方,環境条件がわるいとき(マイナス成長)では,それぞれ39.6%と34.5%であったことを示している。

これから次のことがわかる。まず，「売上高伸び率」がプラスを示す企業の割合は，いずれの人事制度の場合も，環境条件が良好なときに高い。次に，環境条件の良し悪しにかかわらず，成果主義的人事制度を導入している企業において売上高伸び率がプラスを示すことが多くなっている。これは環境条件がよいときにより顕著である。

経常利益伸び率の差異：次に，成果主義的人事制度あるいは年功主義的人事制度を採用している企業のうち，「3ヶ年の年間経常利益伸び率」が，それぞれプラスであった企業の割合（％）を示したものが図1-3である。「経常利益伸び率」がプラスを示した企業の割合は，いずれの人事制度を採用していても，環境条件が良好なときに高い。また環境条件がわるい場合でも，成果主義的人事制度を採用している企業において，経常利益伸び率がプラスである割合が少し高くなっている。

こうして，成果主義的人事制度は，経営環境の良否にかかわりなく，企業の業績指標（売り上げ高の伸び，経常利益の伸び）に対して，肯定的な方向での効果を持ち得ている可能性がうかがえる。

(2) 成員，職場，組織への効果

産業能率大学総合研究所による全国企業調査（2002年5月）では，成果主義的人事制度を導入している企業が，導入によって個々の成員，チームや職場，あるいは組織全体で，どのくらいの変化が生まれているとみているかを，「全くそう思わない」，「少しそう思う」，「かなりそう思う」，「強くそう思う」の4段階で回答してもらっている。

個々の成員については，「成果主義の心理的受容」（平均値＝3.15），「専門的知識やスキル習得の重要性の認識」（平均値＝2.46），「戦略課題と自己役割の関連づけ」（平均値＝2.45）などの肯定度は比較的高かった。しかし「新規の発想や革新性の向上」（平均値＝2.10）や「社員間での競争意識の芽生え」（平均値＝2.05）の肯定度はそれほど高くなかった。

チームや職場については，「ハイパフォーマンス志向」（平均値＝2.51）の肯定度はある程度高く，「業務の効率性向上」（平均値＝2.15）や「相互信頼・相互協力や支援」（平均値＝1.88）の肯定度は高いとはいえなかった。

組織については，「トップの意思決定の浸透」（平均値＝2.50）の肯定度は比

人事部「成果主義の理念は全社員に浸透している」
従業員「成果主義導入における経営トップの方針がクリアになっている」

	全くその通り	どちらかといえばその通り	どちらともいえない	どちらかといえば違う	全く違う
人事部(n=88)	4.5	35.2	47.7	12.5	0.0
従業員(n=3547)	3.0	26.4	40.6	23.6	6.4

■全くその通り　　■どちらかといえばその通り　　□どちらともいえない
□どちらかといえば違う　　■全く違う

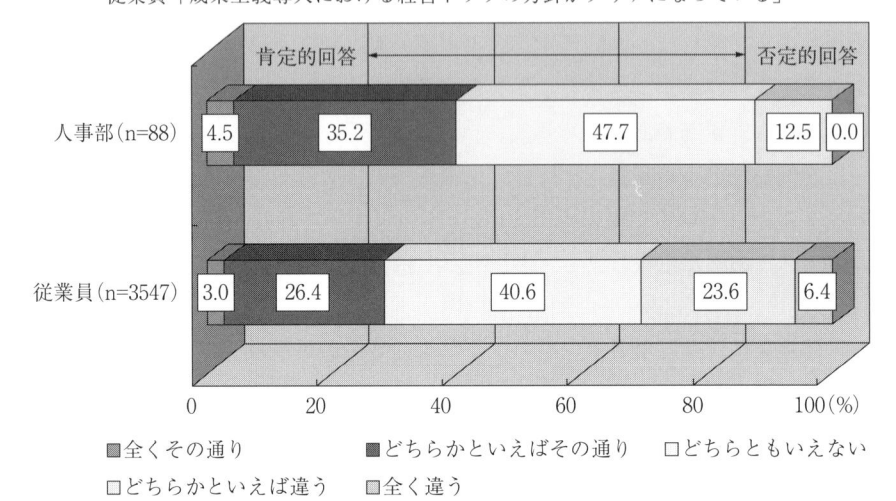

図1-4　成果主義の目的に関する人事部と従業員の認識

較的高かったが，「組織活性化の高まり」（平均値＝2.33），「競争力の高まり」（平均値＝2.28），あるいは「業績の上昇」（平均値＝2.12）の肯定度はそれほど高くはなかった。

これらの結果から，2002年の時点において，企画あるいは人事担当責任者の目には，"そうありたい"という期待を反映している可能性があるものの，成果主義の導入が一定の変化を生み出していると映っていることがうかがえる。

(3) **組織への浸透，競争力，意欲向上について**

現実に組織で働く従業員は成果主義をどのように見ているのだろうか。㈳日本能率協会（2005）は，成果主義を導入して3年以上～10年以下の企業を対象として，それぞれの人事部には「成果主義の理念が全社員に浸透しているか」，従業員には「成果主義導入における経営トップの方針がクリアになっているか」について尋ねている。図1-4にあるように，人事部では，肯定的回答（「全くその通り」と「どちらかといえばその通り」）は39.7％，否定的回答（「全く違う」と「どちらかといえば違う」）は12.5％で，浸透度について肯定的な回答が多い。他方，従業員では，肯定的回答は29.4％，否定的回答は

30.0％で，両者がほぼ拮抗している。

この他に，「成果主義の導入が，ビジネスの競争力や業務効率に役立っている」についても尋ねているが，上と同様の傾向がみられている。人事部や部門トップでは，肯定的回答は50％前後で，否定的回答は10％以下であり，競争力や業務効率へのプラス効果をみている。他方，従業員では，どちらともいえないの回答が46.3％，肯定的回答が24.1％，そして否定的回答は29.5％で，否定的意見が少し多い。

また，「成果主義の導入が，社員の意欲向上につながっている」についても同様の回答傾向がみられている。人事部や部門トップでは，肯定的回答は50％を超え，否定的回答は7％以下であり，意欲向上へのプラス効果をみている。他方，従業員では，どちらともいえないの回答が45.1％，肯定的回答が22.5％みられるが，否定的回答は32.5％で，否定的意見の方が多くなっている。

これらいずれの質問においても，「どちらともいえない」の回答の多さには，注目しておかなければならない。そしてこの点は，次の第2章でも取り上げる。

4　成果主義の進展と効果についてのまとめ

この節では，わが国におけるいわゆる「成果主義」の進展について振り返った。1990年代初頭のバブル崩壊に端を発して，景気後退や市場の成熟化などの経営環境の変化の中で業績の低迷に直面したわが国企業の多くが，事業構造の改革（リストラクチャリング）やダウンサイジングを進めたことをみてきた。そして，90年代後半から2000年代初めにかけて，自組織の将来像や経営課題を見据えつつ，固定費としての人件費抑制という問題とも関連させながら，人事・処遇制度の改定がほぼ一斉に進んだことも確認した。

その改定は，年功的特徴を持つ制度を抜本的に見直し，広く「成果主義」と呼ばれる各種の制度の導入を内容としていた。成果主義的制度の導入と運用によって，従業員のモチベーションや能力向上を促進し，従来以上の組織能力を創り出して，自組織の創造性や業績を向上させることが目指された。

成果主義導入の効果についても吟味した。その結果，総体的にいえば，成果主義は一定の効果を持ち得ていることがうかがえる。経営層や人事部は，自ら

の責任上ということもあろうが，成果主義の効果を期待し，また効果を上げているととらえていた。それからすると，「成果主義の導入が競争力や意欲向上につながっているかどうか」についての従業員の評価は，肯定と否定とが拮抗しているか，否定がやや多いというものであった。

　成果主義の効果について，昨今，「成果主義の崩壊」などと形容し，全面否定をする風潮さえある。しかし，データの上では，少なくとも成果主義を受け入れ，その効果を肯定的にとらえている従業員も相当に存在しているという事実がある。これを看過して，センセーショナルに，成果主義の非や悪をあげつらうことは慎まなければならない。

　成果主義を受け入れ，肯定的に評価している従業員の存在は何を意味しているのか。制度としての成果主義そのものの問題よりは，制度としての成果主義の「運用のあり方」の問題であることを示唆している。

　制度は手段である。手段はそれ自体でも潜在的な価値を持ってはいるが，ふさわしい目的に（何に），どのように活用するか（どう使うか）で現実の価値が決まる。人事制度も運用のあり方（使い方）で本当の価値が決まる。本書では，効果的な運用のあり方についても考えていく。

引用文献

Deci, E. L. (1975). *Intrinsic motivation.* New York, NY: Plenum Press.
古川久敬編著（2006）．産業・組織心理学　朝倉書店
Hackman, J. R., & Oldham, G. R. (1975). Development of the job diagnostic survey. *Journal of Applied Psychology*, 60, 159-170.
城　繁幸（2004）．内側から見た富士通「成果主義」の崩壊　光文社
厚生労働省（2001）．平成13年就労条件総合調査　厚生労働省
厚生労働省（2004）．平成16年就労条件総合調査　厚生労働省
厚生労働省（2007）．平成19年就労条件総合調査　厚生労働省
Litwin, G. H., & Stringer, R. A. (1968). *Motivation and organizational climate.* Boston: Division of Research Harvard Business School（占部都美（監訳），井尻昭夫（訳）(1974). 経営風土　白桃書房）．
Maslow, A. H. (1943). A theory of human motivation. *Psychological Review*, 50, 370-396.
McGregor, D. (1960). *The human side of enterprise.* New York, NY: McGraw-Hill.（高橋達男（訳）(1970). 企業の人間的側面　産業能率大学出版部）

Meyer, J. P., & Allen, N. J. (1984). Testing the "side-bet theory" of organizational commitment; Some methodological considerations. *Journal of Applied Psychology*, 69, 372-378.
守島基博 (1999). 成果主義の浸透が職場に与える影響　日本労働研究雑誌, 474, 2-14.
日本能率協会 (2005). 成果主義に関する調査　日本能率協会
産業能率大学総合研究所 (2003). 日本企業の人材戦略と成果主義の行方　総合研究所リサーチペーパー, 17
Shein, E. H. (1985). *Organizational culture and leadership*. San Francisco, CA: Jossey-Bass.
高橋伸夫 (2004). 虚妄の成果主義　日経BP社

第2章 成果主義の本質
意識化の度合いを高めること

　先の第1章では,「成果主義」の意味をあいまいにしたままで使ってきた。
　「成果主義」に持たせる意味のあいまいさが,すでに指摘したように,わが国においてなされてきた「成果主義」にかかわる議論を混乱させてきた。そして,「成果主義」に対する不必要な誤解や先入観を誘発し,助長させている。
　また「成果主義」ということばが安易に,不用意に使われている。その不用意のために,「成果主義」の持つ本質的な意義と潜在的な効果を見失わせているところがある。
　この第2章では,「成果主義的人事制度」の意味するところを整理し,さらに成果主義の本質について述べる。これは本書の第3章以下の議論の基礎となる。そしてまた,わが国における成果主義にかかわる議論にみられる無用の混乱をやわらげ,人事・処遇制度,特に目標管理制度の効果的な運用を考えることに結びつく。

I 人事制度が目指したいこと

1 経営課題への貢献
　人事制度は,経営にとって,あるいは組織マネジメントにとって有効な手段のひとつである。人事制度の価値は,その制度の内容自体にあるのではない。

また制度が作られれば自然と生まれるわけでもない。その制度が適切に運用されて，経営課題の達成や実現に"貢献できる"ときに生まれる。

その"貢献できる"とは，制度の運用を通して，個々の成員や職場（チーム）をして，①適切な課題認識と役割認識に導き，②モチベーションを高めさせ，③必要とされる能力の学習を促進するように仕向け，④課題遂行において十分な相互協力（チーム力）を引き出し，それによって⑤組織能力が高まり，経営課題の達成を確実にできることをいう。

人事制度を設けてはいても，前記の①〜⑤に必ずしもつながっていないとすれば，その制度は，端的にいえば，価値も意味もないことになる。これからして，人事制度の制定から，組織の業績確保，それを通しての組織の競争力の獲得や発展につながるまでには，相当に大きな距離があることがわかる。そして，制度の内容が妥当であることはもちろんのこと，制度の運用に十分な配慮と工夫がなされる必要があることがよく理解できる。

人事制度に対して「経営課題の実現に貢献すること」が求められるのは，何も"近年，各種の状況がとても厳しくなったから"ではない。かつてからそうであった。従来の年功序列的とされた人事制度の場合であっても，また最近の成果主義的とされるそれであっても，何も違いはない。

人事制度に期待されていることは，いつも変わらず，組織目標の実現への貢献である。先の章においてみたように，わが国の組織は，1990年代までは年功的人事制度によって，そして2000年少し前からは成果主義と呼ばれている人事制度によって，経営課題の実現に貢献していこうというわけである。

2　制度を理解する2つの視点——内容と運用

人事制度の経営課題実現への貢献を考えるとき，「制度の内容」と「制度の運用」の2つに注目する必要がある。

制度の内容について：先に，制度の価値は，その制度の内容自体にあるのではないと述べた。しかし人事制度の内容も，成員に対してインパクトを与える。すなわち制度の内容は，成員に対してメッセージ性を持っている。その制度が何を標榜したものであるのか，制度における主たる評価基準は何であるのかは，組織が重要視する価値観を象徴的に表すものである。成員はそれについ

て敏感である。

　制度の内容が，経験の長さや保持している能力に価値を置く場合と，業績とそれを生み出すために発揮される能力に価値を置く場合では，成員の受け止め方や反応は自ずと異なる。自分の意思や裁量などでコントロールできるものなのか，それとも自分を超えた外在要因に左右されるものなのかでも，成員が感じるところは異なる。そして，職場や仕事における成員の発想や言動にも違いを生み出す。

　制度の運用について：もうひとつは，手段としての制度が，それが標榜していることに向けて着実に，適切に運用（活用）されているかである。適切で効果的な運用がなされる上で，人事部などの間接部門の工夫や支援が役立つことはもちろんであるが，それに先立って，その制度の趣旨が全成員に理解されるとともに，現場第一線の管理者層のマネジメント力や運用する能力が不可欠である。

　先の第1章においてみたように（p.19），いわゆる「成果主義的制度」の効果性について，それを受け入れて肯定的な方向で評価している従業員と，逆に否定的な方向で評価している従業員の双方が存在していた。そして最も多かったのは中立的な（どちらともいえない）回答で45％を超えていた。このような回答者の分布は，次のいずれかを意味している。

　ひとつは，調査の回答者がそれぞれ所属している組織の持っている制度そのものの内容の良し悪しに起因しているのかもしれない。

　あるいは制度の内容には大差はないものの，制度の意義や意味についての理解に差があることによるのかもしれない。

　さらにはまた，回答者の上司等による制度の意義づけや運用の仕方に差があることによるのかもしれない。すなわち，制度としての成果主義そのものの内容の問題よりは，制度としての成果主義の「運用のあり方の問題」であるのかもしれない。その点で，管理者等のマネジメント力や運用する能力差の反映なのかもしれない。

　上記3つのいずれか，あるいはいずれにも起因して，成果主義に対する従業員の評価に違いが生まれてきていると考えられる。これは，先の調査における質問が成果主義についてではなく，「年功主義的制度」の受け入れや効果で

あったとしても，おそらくほぼ同様の結果が見られるであろうと考えられる。それは，どのような制度であっても，それの理解や受け入れにはかなり大きな個人差がみられると考えられるからである。

また，あらためて思い出さなければならないことは，成果主義への移行は，企業業績の頭打ちやダウンサイジングへの切実な対応という意味を持っていた一方で，かつての年功主義的制度の不具合や，それに対する従業員の不公正感や不満の打開という意味も確実に持っていたという点である。

こうして，「成果主義制度」として，それの持つ特徴の一部分だけを取り上げて，その是非や効果を議論してみても，そこには自ずと誇張と偏向が生まれてしまう。そしてその結果として，制度の本質を見失わせさせるとともに，制度の本質を踏まえた建設的な議論をかき消してしまうことになる。

Ⅱ 成果主義をどのようにとらえるか

1 これまでの成果主義のとらえ方──評価と処遇の側面に偏向

成果主義ということばはかなり多義的に用いられている。成果主義の主なとらえられ方をいくつかみてみよう。いずれも2000年前後のものである。

高橋（1999）は成果主義の特徴づけを，それ以前になされていた評価処遇制度との比較を基にして行っている。また守島（1999），二村（2001），および江戸波（2001）らの議論は，成果主義の進行や浸透が職場に及ぼし始めているインパクトについて述べているが，いずれも，基本的には，成果主義を評価や処遇の側面からとらえている。

その他にも例えば，奥西（2001）は，成果主義について賃金査定と分配の観点からとらえている。すなわち，①賃金決定要因として，成果を左右する原因となる諸変数（技能，知識，努力など）よりも，結果としての成果をより重視すること，そして②長期的な成果よりも短期的な成果を重視すること，③実際の賃金により大きな格差をつけること，と定義している。

玄田・神林・篠崎（2001）もやはり，成果主義を評価と処遇の観点からとらえており，「社員の企業に対する顕在的な貢献度を成果として評価し，それを処遇に結びつけること」と述べている。

笹島（2002）は，成果主義の最も一般的な理解は，「企業活動への貢献度に比例して処遇する制度」とし，「会社の期待に応えた者を高く処遇する仕組み」と言い換えることができるとしている。ここでも評価と処遇が柱としてとらえられている。なお，その議論において，処遇の"タイムスパン"と"個人格差"に着目して，成果主義と年功主義や能力主義との対比を行っている。そして，年功主義の処遇は長期決済型で個人格差小，能力主義は中期決済型で個人格差中であり，成果主義の処遇は短期決済型で個人格差大としている。

　このように，これまでの成果主義のとらえ方は，評価と処遇の観点に立つものであり，①個々の従業員が上げた短期的な成果（業績や貢献）に注目し，②その成果を評価する。そして③その評価結果に基づいて賃金などの処遇を決めるものとされている。

　これらはいずれも2000年前後のとらえ方である。その後，このとらえられ方はエスカレートし，ビジネスジャーナリズムも含めて，経営者や現場管理者の発言から感じさせられることは，抱かれている成果主義のイメージは多岐にわたるところがあるものの，「評価と処遇に格差をつけること」という点では共通している。場合によっては，結果が全ての「結果主義」の趣でとらえられている。そして最近でも，それは続いている（例えば，藤田，2008など）。

　ちょうど，かつてのリストラクチャリング（restructuring）の受け止められ方と類似したところがある。そもそも事業の再構築，事業の選択と集中を意味するものであるにもかかわらず，それには人員の見直しも含まれていたことから，それが突出し始めて，人員削減や解雇を意味するものとして使われるようになった。ビジネスジャーナリズムにおける使い方が，これに拍車をかけた点もよく似ている。

2　成果主義の適切なとらえ方——構成する原理に注目

(1)　成果主義的人事制度に流れている5つの基本原理

　成果主義といえば，先にまとめたように，個人の上げた成果に対する評価と処遇というとらえ方が一般的である。

　しかし，2000年を過ぎてからわが国の組織において急速に進行した成果主義的人事制度の具体的な内容はもっと幅が広い。それもそのはずで，経営課題の

表 2-1　成果主義的人事制度に流れる 5 つの原理と関連する人事制度の具体例

成果主義的人事制度—5つの原理	制度の具体例
(1)成員についての個別評価	目標管理制度 評価基準の公開 コンピテンシーを基礎とする評価・処遇制度 評価のフィードバック，など
(2)処遇上の格差づけ	年俸制度 個人成果連動型賞与 バリアブル・ペイシステム 選抜・抜擢人事 降格人事，など
(3)企業業績と連動した賞与（給与）	業績連動型賞与，など
(4)社員への自律性要請	キャリア・カウンセリング制度 キャリア・デベロップメント・プログラム（CDP） 選択型研修制度，など
(5)人材の短期的・流動的雇用	有期契約正社員採用 FA 制度，など

実現に貢献できるための人事制度は必ずしも評価と処遇だけに限られるものではないからである。その他の制度も採り入れられてきている。したがって，成果主義について議論をするにあたって必要とされることは，評価や処遇など結果主義的な側面のみに片寄ることのない，総合的な検討と議論である。

　これを踏まえて，あらためて成果主義的人事制度に流れている原理とは何かを考えてみると，「成員についての個別評価」，「処遇上の格差づけ」，「企業業績と連動した賞与（給与）」，「社員への自律性要請」，および「人材の短期的・流動的雇用」の 5 つで表すことができるように思われる。それら 5 つの原理に関連する制度の具体例を示したものが，表 2-1 である。

　これをもとに，筆者（古川，2003）は，全国企業調査（産業能率大学総合研究所との共同研究）によって，「成果主義的人事制度を導入している」とする企業（232社）が，具体的にどのような人事制度を実施しているかを調べた。その結果をまとめると，

①　5 つの原理のうち「成員についての個別評価」原理が最も多く採用されていた。これを反映する制度のうち，「目標管理制度」，「評価基準の公

開」,および「評価のフィードバック」の実施率はいずれも,成果主義的人事制度を導入しているとした企業の70％を超えていた。これらは成果主義とされる人事制度の運用の中心をなしている制度といえる。コンピテンシーを基礎にした評価・処遇制度の実施は27％であった。

　なお,個別評価は,前の章でも述べたが,個々の成員に限られるわけではなく,部門や職場単位についてもなされるようになっていることは指摘しておかなくてはならない。

② 「処遇上の格差づけ」原理については,成果主義的人事制度導入企業のうち,年俸制度は52％,降格制度は65％,抜擢人事制度は57％であった。また,成果配分型賞与も50％を超えており,バリアブル・ペイシステムやキャピタルゲイン（ストック・オプション）型給与は30％程度に達していた。

③ 「企業業績と連動した賞与（給与）」原理の実施率はかなり高く,成果主義的人事制度を導入している企業の74％に達している。

④ 「社員への自律性要請」原理に関わる人事制度の実施率は,選択型研修制度において46％であった。2002年の調査当時,自律や自立がキーワードであったが,キャリア・ディベロップメント・プログラム（CDP）の実施は23％,キャリア・カウンセリング制度は15％にとどまっていた。

⑤ 「人材の短期的・流動的雇用」原理に対応する有期契約正社員の採用を実施している企業の割合は50％に達していた。

(2) **成果主義運用の柱は目標管理制度**

こうして,2002年当時においては,5つの原理の中では「成員についての個別評価」が最も実施されていた。そして,個別評価のための制度としては,全体の7割にも上る多くの企業で,目標管理（MBO：management by objectives）制度が採用され,運用されていることがうかがえた。

成果主義といえば,一方で「成果主義には多様なものがある」とされながらも,端的には「業績の評価とそれに基づく処遇を明確に行うこと」ととらえられることが多い理由は,ここにありそうである。言い方を変えれば,評価と処遇を行う目標管理制度を導入,実施していることをもって,わが社は成果主義であるとみなしているといえるのかもしれない。

目標管理制度について，本書の第8章において詳しく述べるが，ここでの議論と関係することから，ここでもごく簡潔に触れておく。

目標管理制度の名称は，企業間で異なっていることも多い（例えばチャレンジ制度，ターゲットプラン，成果評価制度など）が，実施手順は次の通りでほぼ共通している。

① 期首の「目標設定」段階では，個人ごとの目標設定と上司との目標設定面談がなされる。一般的には，評価基準が明示（公開）されていることが多い。

② 期末の「設定目標と達成度に基づく評価」段階では，上司による個人ごとの達成度（業績）評価がなされる。一般的には，評価結果の本人へのフィードバックが含まれる。

③ 評価に続く「評価に基づく処遇」段階では，個人の業績水準に基づく給与決定，個人の業績水準による賞与決定，業績に基づく抜擢や降格，および会社の業績水準と連動した賞与決定が含まれる。

④ 「目標設定」段階と「設定目標と達成度に基づく評価」段階の間には，日常の仕事課題に取り組んでいる「中途の活動プロセス」と「最終的な結果（成果）」が含まれる。

なお，米国の研究者の間では，パフォーマンス（performance）というとき，この「活動プロセス」（取り組みの様子）を指している場合と，「結果（成果）」（できばえ）を指している場合があり，必ずしも統一されているわけではない。米国においても，成果主義にあたる言葉を探すとすれば，"pay for performance" が最も近いかもしれないが，この場合の performance は「活動プロセス」と「結果（成果）」のいずれか，もしくは双方を指しているものと考えられる。

(3) 目標管理の本質は目標設定段階の「意識化」の促進にある

ここまでは，成果主義に流れる原理の柱である「個別評価」を実施するために目標管理制度が採用されていることをみた。また，その目標管理制度を，目標設定→実践→評価→処遇の一連のサイクルとして描いた。

目標管理は，これまでも指摘したが，「評価と処遇」の手法として理解されているところがある。そして「評価と処遇」ということから，管理者を中心と

して，目標管理は「人事部が必要としており，そのために行っている」ととらえられている可能性は高い。実は，ここに成果主義に対する誤解や偏見の源があると思われる。

目標管理は，もちろん「評価と処遇」とも関連しているが，それに先立って，「目標の設定」がある。そしてその目標設定は，何も人事部のために取り組んでいる作業ではない。「成員である自分（たち）が，課題に取り組むにあたって，これまで以上に，種々のことをより"意識して"取り組むためのもの」である。そして"意識して"課題に取り組むことは，本書の後続の章で詳しく理解することであるが，意欲づけ（モチベーション）や能力（コンピテンシー）学習を促進することに密接に結びついている。この点こそが目標管理の本質である。

この本質を，関係者が自覚できていれば，目標管理は「自職場や自分自身のために実施するもの」という認識が生まれる。そして目標管理の運用に工夫が生まれ，それゆえに効果性も大きく違ってくる（野上・古川，2010）。

このような成果主義や目標管理の持っている本質の理解こそが本書の主たるテーマである。この点は本章の第Ⅲ節においてより詳しく議論する。

3　成果主義に伴う問題点についての従来の指摘

さて，成果主義的人事制度についての議論が，いつのまにか，目標管理制度にかかわる議論になっている可能性があることをみてきた。確かに，成果主義にかかわる問題点が指摘されるとき，それはむしろ目標管理の各ステップ（段階），すなわち目標設定，評価，および処遇にかかわるものであることが多い。次に，成果主義に関してよく指摘されている4つの懸念の妥当性について確認しておこう。

(1) 未達懸念の高まりとチャレンジ性低下

成果主義に伴う懸念のひとつとして頻繁に挙げられることは，成員の「チャレンジ性の低下」である。成果主義の柱である目標管理制度においては，個別に設定する目標の達成度が評価され，そしてそれによって給与や賞与などの処遇が決められることが多い。

そのために，設定する目標は，難しさの点で高くないもの，未達にならない

程度にやさしいものになりやすいとの指摘がある（城，2004）。このような傾向は，言い換えれば，なじみのある課題において目標水準を高めたり，必要とされる新規課題に取り組んでみるなどの姿勢が弱くなることを意味している。これはチャレンジ性の低下という見方もできるが，それよりも未達（つまずきや失敗）懸念を，かつてよりも強く抱くようになる可能性があると表現することの方が的を射ていると思われる。

　また，評価の対象となるタイムスパン（期間）が短いことから，息の長い仕事，未来に備える開拓的で挑戦的な仕事も，すぐには成果が顕れにくいことから，後回しされたり，見捨てられやすくなる。いうまでもなく，課題遂行において難度や新規性は，今日より求められるようになっていることから，未達懸念の強まりやチャレンジ性の低下は克服されるべきことである。

　これの克服については，よく指摘されるものとして，結果だけをあげつらう「結果主義」から脱却し，取り組みの過程（プロセス）をしっかりと評価することがある。結果（成果）だけしか評価されない，結果がすべてということになれば，なんとか結果が出るように取り繕うことに汲々としてしまう。そして，成果に至るまでの過程の重要性が低くみられるようになる。

　しかし，自分が取り組んだことについて，その根拠とともに，進捗状況や取り組み過程（プロセス）について，しっかりとした説明ができれば，それについて評価してもらえることから，未達懸念は緩和される。

　そして過程（プロセス）が評価されること以上に，未達懸念の緩和の緩和効果が期待できることは，それ以前の目標設定段階における課題の意義づけと，効果を上げうる取り組みの想定とシナリオ作成であろう。この点については，第4章のモチベーションのメカニズムにおいてより詳細に検討する。

（2）成果（貢献度）測定の難しさ

　よく指摘される懸念の第2は「成果測定の難しさ」である。成果主義においては，「成果」を適切に測定することは必須である。なぜなら，その測定した成果を基に評価がなされ，給与や賞与などの処遇が決まるからである。

　仮に成果の測定が不適切であるとすれば，従業員は公正感や納得感を得られないことから，組織や評価者（管理者）に対して信頼感が持てなくなったり，その後のモチベーションが損なわれたりしてしまう可能性がある。

とはいえ，成果を測定することは易しくはない。その理由として次の3つが挙げられる。

何をもって成果（貢献度）とするか：成果主義とは「企業活動への貢献度に比例して処遇する制度」あるいは「組織の期待に応えた者を高く処遇する仕組み」であるとすれば，成果とは貢献度であり，組織の期待に応えた程度ということになる。

そしてそれに先立って，何をもって貢献とするのか，期待に応えたとするかについて明示される必要がある。しかし，何をもって貢献とするかは自明ではなく，それぞれの組織において，組織内の各部門や部署において，したがってそこの責任者（管理者）によって意識化され，言語化され，明示されなければならない。

これについて，人事部は，貢献度や達成度の評価基準についてのガイドラインは提示できるものの，何を成果とするかについて具体的に明示することは難しい。何を成果とするかの特定は，基本的には，関係部署の管理者層が責任を持って行う。

また，スタッフ（間接）部門ほど，成果の明瞭度は低いとされる中で，そこの責任者には自分たちの成果をどのようにとらえるかについて定性的な表現ないしは数値的な表現での明示が求められる。成果測定は難しいとされる理由の根源のひとつは，ここにある。

成果に対する個人のコントロール可能性：第2は，成員による成果のコントロール可能性の問題である。通常，成果を測定するときには，売上高や販売数などの「業績」を扱うことが多い。そういう業績は，個人の能力や頑張りだけでなく，組織外の環境的要因や同僚からの影響（支援や妨害など）などにも左右される。あるいは定型的な職務の場合は，仕事のペースが決められており，自分の裁量で変えることができない場合もある。

また，組織においては，課題の多くが単独個人で完結するものは少なく，職場やチームとしての相互協力によって遂行されるものが多い。したがって，業績は個人の裁量を超えたところから生まれることも多い。そのことから，個人別の成果を厳密に特定し，そしてそれを測定することには難しさが伴うことになる。

成果を数量化することの難しさ：さらには，成果の数量化の問題である。成果主義では，評価や処遇を施す際の単位として「個人の成果」を扱ってきた（武脇・陶山，2002）。この場合に次の2つのことを明確にしなければならない。その第1は個人の成果を何らかの数字として表せるかという数値化可能性である。営業であれば受注件数や売上高，生産部門であれば生産高などのように定量化できればよいが，組織では定量化しにくい職務成果も存在する。

第2は，個人間での成果の分割可能性である。これは上記の成果のコントロール可能性の問題とも密接に関連している。すなわち，ある個人の成果には他者による貢献が少なからず含まれており，その個人の貢献による成果として他者のそれと分離させにくい。また，最近では，特にチームで協力しながら課題に取り組む機会も多くなり，個人による成果を特定しにくい状況も増している。

以上，成果測定に付随している難しさの原因をみてきた。「難しくてできない」，「むしろしない方がよい」などの極論を述べる識者もあるが，それは妥当ではない。

成果主義の本質，目標管理の本質は，そのような難しさを十分に承知しながら，責任者を中心として，皆で自分たちが目指している成果とは何かを意識化すること，そしてそれを皆で可能な限り言語化して，「見える化」するところにある。

成果の意識化，言語化，そして見える化は，評価し，処遇することのためだけに行うのではない。それに先立って，課題になぜ取り組むのか，どのように取り組むのかについて考えるためである。この点も，本章の第Ⅲ節においてより詳しく議論する。

(3) 公正感（納得感）の低下

成果主義的人事制度は，高い目標を達成した人や成果を上げた人に対して，それに応じた報酬を与えることから，公平性の高い制度であるといえる。それにもかかわらず，成果主義を導入した多くの企業では，組織の従業員の不公正感が募るという懸念が示されることもある。

厚生労働省による2007年の調査データ（厚生労働省，2007）をみると，成果主義的制度を導入している企業（1000人以上の企業）のうち，"評価に関連し

て問題点がある"と回答した企業は65.3%であった。問題点の具体的な内容をみると，与えられた5つの選択肢の中では，「評価システムに対して納得が得られない」が22.8%，「評価結果に対する本人の納得が得られない」が41.8%で，上位を占めていた。

この2つはそれぞれ，自組織における評価制度の意義づけ，評価の手続きや手順（プロセス）に関わる「手続き公正」と，評価結果や処遇に関わる「分配的公正」の問題とみることができる（Folger, & Cropanzano, 1998）。公正感や納得感は，当該個人の認識（認知）の問題であるが，納得できるような制度運用がなされていない，他と比べて低く評価，処遇されていると当事者が感じるときに不公正感は募る。

それ故に，評価に関して，従業員にその評価基準や評価のプロセスをあらかじめ公開したり，また評価結果を通知したり，さらには評価システムを随時見直すなどの手続きをすることで，従業員の公正感が高まることが示されている（開本，2005）。

(4) 職場内の協力関係のゆらぎ

成果主義は，職場やチーム内の協力行動を脅かしたり，さらには抑制的な影響を及ぼすとの懸念もよく示されることがある。成果主義では，基本的には，個人別の評価をもとにした処遇がなされる場合が多い。そのために，各従業員は自分自身の目標達成を優先する。その副作用として職場内の相互連携や協力がおろそかにされてしまいやすいとされている。

また，そのような個別評価に起因する影響に加えて，成果主義のひとつの特徴として挙げられている職場における人材の流動化も，職場内の協力関係に抑制的な影響を与える可能性がある。かつて，Axelrod（1980a, 1980b）が実施した囚人のジレンマゲームを用いた対人相互作用にかかわる実験室実験の研究結果も，確かにそれを示唆している。

すなわち，ジレンマゲームにおいては，メンバー同士の関係が短期的あるいは一時的である場合には，メンバーにとっては，利己的で，相手に対して「裏切り」的な振る舞いが最大の利益を生む。そのためにメンバーの間で協力関係は起きにくい。ところが，メンバー同士の関係が長期的で継続的である場合には，「協調」や「協力」的な振る舞いが持続的な利益を生む。そのことから協

力関係が起きやすいことが示されている。

これらのことから，成果主義のもとでは，個人別の評価がなされ，メンバーの流動性が全体として進んでいることもあって，職場内の相互協力が抑制され，利己的で個人志向的な行動が誘発されやすくなるところを潜在的に持つ可能性が指摘されている。

なお，本書の第6章や第7章において，成果主義的制度が実施されても，職場における成員相互の協力関係が壊れることなく維持される条件について明らかにする。

Ⅲ 新たに成果主義の本質を考える

1 成果主義とは意識化する度合いを高めること

成果主義的人事制度の本質とは何か。それは「何についても意識化すること」である。「意識化の度合いを高めること」である。

先にみたように，成果主義とは「評価と処遇」ととらえられてきている。それは成果主義運用の柱として目標管理（MBO）が広く採用されており，そして目標管理が，評価と処遇にかかわる判断を行うことにも起因していると考えられる。

しかしながら「評価と処遇」，すなわち典型的には待遇に格差をつけるなどは，成果主義のとても重要な要素ではあるが，本質ではない。また，目標管理には，評価と処遇以前の重要なことが含まれている。

成果主義の本質は，目標管理のサイクルに関連させていえば，「目標設定」における意識化の度合い上げること，日常の「目標達成に向けた課題遂行」における意識化の度合いを上げること，そして「成果（結果）が出た後」における意識化の度合いを高めることである。

結果（成果）に対する評価や処遇のみが強調されてしまうと，それは当然のこととして，「結果主義」に陥ってしまう。これは，組織内に，"結果が全て。結果さえよければ"の雰囲気を生み出し，諸々の望ましくない副作用の温床となる。

また，結果の評価と処遇は，それ自体はとても重要な意味を持ってはいるも

のの，評価や処遇に気を奪われてしまうと，仕事に取り組み始めて，それをやり遂げていく段階の重要性を見落とさせてしまうところを持っている。結果はいきなり生まれるわけではない。良い結果であれそうでない結果であれ，それに先立って，必ず取組み始める段階があり，活動がなされているはずである。

(1) 意識化の反対は「漫然」と「惰性」

今一度繰り返せば，成果主義の本質は「何についても意識化すること」であり，「意識化の度合いを高めること」である。

「意識化すること」と反対の言葉は，「漫然と」，「惰性で」，「流されて」である。少しの誇張を持っていえば，漫然や惰性でも通用した時期がある。それは，先の章でもみたように，わが国の組織が全体として右肩上がりで成長と拡張を続けることができた時期，すなわち1970年代後半から80年代である。何についても深く考えることなく，今まで通りの課題に，今日もしっかり，明日もしっかり取り組んでさえいれば，結果につながった時代である。反復と継続によって実りが着実に得られた時代ともいえる。

今日そして今後の状況は，その逆で，何についても「なぜ」をはっきりさせること，「根拠」と「論理」を添えること，「どのように」の明示が必須になってきている。これは経営トップをはじめとして全成員についてあてはまる。個人単位だけでなく部門や職場についてもあてはまる。そして，外部に対してはもとより内部に対してもあてはまる。

(2) 意識化に始まる言語化と明文化の効果

このようにして「意識化」したものは「言語化」できるようになる。すなわち話し，伝えることができる。頭の中に意識化したり，思い浮かべていないことは言語化できない。もちろん，自分の頭の中に意識化したとしても，他の人には伝わらないし，わからない。自分が意識し，考えていることは，言語化してはじめて他の人に伝わり，理解され，共感を得られる可能性がでてくる。

そして「言語化」できるものは「明文化」することができる。すなわち書くことができる。「明文化」にかかる手間や難しさは誰もが知っている。しかし「明文化」（文書化）したものは説得力を持つことを経験的に知っている。

例えば，文書のない会議はほとんど何も進まないし，残らない。文書化された「たたき台」が提示される会議や打ち合わせは，言葉が飛び交うだけの会議

や打ち合わせを数回行うよりもはるかに事態を進めることができる。対外的にも，文書やメモは不可欠であり，その威力の大きさは，誰もが実感していることである。

また，いろいろと議論をするだけでは，そのときに，たとえ盛り上がりが感じられたとしても，ほとんど何も残らない。結論や合意を「明文化」することで明確にし，共通理解として意識化されなければ，その後，ことは進まない。

このように，意識化に始まり，言語化し，明文化するプロセス，その明文化によってさらに意識化を高めるプロセスが，今日の組織においては，かつて以上に問われている。

ただ，わが国においては，かつては以心伝心を尊んできたこともあり，言語化や明文化をしっかりと行う機会を多くは持ってこなかった。それ故に苦手意識さえ持っている人は，年齢を問わず多い。

ちなみに目標管理制度における目標設定シートとは，職場について，担当業務について，自分について意識化したことを言語化し，明文化するためのものである。

2　目標管理制度とは意識化のための制度

成果主義の本質とは意識化であることを理解した。その「意識化」の意味について，成果主義的人事制度の実践の柱である目標管理制度のサイクルに関連させてさらに具体的に考えてみよう。

(1)　課題と目標の設定における意識化

意識化が問われるのは，まずは取り組みを始める段階における「課題と目標」についてである。課題とは，理想やあるべき姿を意識したときに，それを

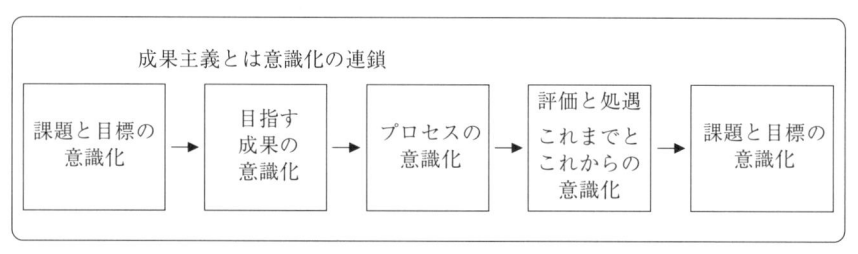

```
成果主義とは意識化の連鎖
[課題と目標の意識化] → [目指す成果の意識化] → [プロセスの意識化] → [評価と処遇 これまでとこれからの意識化] → [課題と目標の意識化]
```

図2-1　成果主義の本質——意識化すること

実現するために取り組むべきものである。全社の経営課題，部門課題，職場の課題など皆で取り組む課題と，それらと関連づけた個々の成員レベルの課題がある。目標とは，その課題の実現を目指して，どのような事柄にどのように取り組むかを具体的にしたものである。

　個人が何を「課題」とするかは，よく指摘されるように，2つのことを考慮（意識化）してなされることになる。ひとつは，理想やあるべき姿や状態（競争環境や価値観の動向，マーケットの動向，あるいは技術の変化など）を意識し，それを反映させて設定するものである。価値ベースの課題設定とでもいえる。もうひとつは，現在の状態（これまでの実績，現状，他からの要請やクレームなど）を意識して設定するものである。現状ベースの課題設定といえる。

　いずれに基づく課題であったとしても，それを設定するについて「根拠」や「論理」をかつてよりも明瞭に意識する。そしてそれにより，言語化や明文化もできるようにするというのが，成果主義が期待するところである。

　そうして設定した課題の実現をめざして各人が設定する「目標」についても，「根拠」や「意義」を添えて，これまで以上に明確に意識化する，言語化する，そして目標管理シートなどに明文化し，上司をはじめとする周りの関係者に説明できるようにするというのが，成果主義的人事制度の柱として導入されている目標管理制度が期待しているところである。

　このことは，課題や目標の漫然とした設定，特に考えることのない惰性による設定から脱却することの勧めといえる。意識化は，かつては必要性が薄く，したがって慣れていないことでもある。しかもさらに進めて明文化まで求められるとすれば，誰にとっても，やっかいで面倒な作業，それ故に余分な作業として映ることになる。

(2) **目指す成果の意識化**

　次に意識化が求められるのは，自分が設定する目標が達成されたときの「成果」である。これについては意識化の度合いを2つの点で上げることが期待されている。そして，このことこそが成果主義の最も本質的なところである。

　目指す成果について：第1は，取り組む前の段階から，自らが達成を目指す成果を，可能な限り具体的に意識することである。そして，その思い描いた成

果に到達するために必要とする方法や手順（シナリオ）についても意識化の度合いを上げることである。

　先述したような1970年代後半から80年代の右肩上がりで，年功序列が動いていた頃は，成果を特に意識する必要性は少なく，従前からのことにしっかりと取り組めば，自ずと成果はついてくる状況ともいえた。しかし今日では，従来のことを継続していても成果につながる保証はなくなっている。単なる頑張りだけでは，成果にたどりつける確率が年々歳々下がってきている。

　昨今のこのような状況変化に対処するには，取り組む前から，しっかりとした根拠を添えながら必要とされる成果を意識し，それに到達するために必要とされることを逆算する形で意識化する必要がある。すなわち想定した成果から，それに至るプロセスを明確に割り出しながら課題に取り組む方法である（なお，この意識化によってコンピテンシー，すなわち業績直結能力の学習も促進されることになる。能力学習については第4章で述べる）。

　その先の成果について：第2は，成果について，さらにその先の成果を意識化することである。想定する成果の範囲を拡張することと言い換えることもできる。これによって，想定する成果が生み出す周囲へのインパクトがより強くなる。また当事者が，独自に，自律的に考え，裁量を発揮する幅も広がる。

　その先の成果を意識するとは，具体的には次のようなことである。

　例えば，営業であれば，成果としては「受注を確実に取り，営業成績を上げる」や「ノルマの達成」が想定されることが一般的であろう。その先の成果を意識するとは，受注した案件がしっかりと顧客に納められ，着実に稼働し，顧客に価値が生まれ，喜ばれ，信頼が寄せられることをもってはじめて成果と考えることをいう。さらには別件にかかわる相談やリピートがかかることまでを成果と考えることをいう。

　これの例を，今日広く紹介されている自動車販売会社にとると，成果は「売り上げ台数」だけではなく，「売り方の質」にまで広げている。成果はノルマ達成にあるのではなく，その先の「顧客からの信頼」にこそあると考え，「前任者から引き継いだ客への販売」，「購入者の紹介客への販売」，「他者で購入した車の整備」などを成果ととらえ高く評価するという具合である。

　システム設計や開発などにおいては，納期までに確実に完了すること，ある

いはトラブルが解消するなども成果ではあるが，それらは成果のごく始まりである。その先に起きる各事象についても，それぞれをひとつの成果としてはっきりと意識し，発注者に価値がもたらされ，それによって信頼が定着し，次のビジネスにもつながることまでを成果と考えることをいう。

スタッフ部門についていえば，会議を開催できたとしても，それはひとつの成果ではあるが，それで終わりとは考えない。開催した会議によって計画が承認され，新しい動きが始まり，計画が進むことを成果と考える。さらには計画が実現し，そのことによって価値が生まれることまでを成果と考えることをいう。成果をこのように拡張してとらえると，会議のタイミングや参加者の構成などに配慮が行き届くようになることはもちろん，会議で用いる資料の内容と作り方に違いが生まれる。さらには会議の進め方にも工夫が施されるようになる。最終成果をどのようにとらえるかで，それに至る途中の成果の質がはっきりと違ってくる。

さらに人事部門をあえて取り上げて，その先の成果を強く意識するという成果主義の本質を当てはめるとすれば，例えば成果主義的制度を策定できたことをもって成果を上げたとは考えない。その制度が成員の理解を得て，適切な運用がなされ，それによって本章の冒頭で述べた「経営課題の実現」に貢献できることをもって成果を上げたと考えることをいう。成果をこのように拡張してとらえると，成員の理解を高めるにはどのような手だてが効果的であるかに工夫が生まれる。現場での運用が円滑になされるようにするには，あわせてどのような支援策があるべきかを具体的に考え，それを実現するように努める確率が高くなる。

(3) プロセスの意識化

必要とされる課題や目標を明確な根拠を添えながら意識化し，目標の達成を通して実現する成果，そしてその先の成果までを意識化することが，成果主義の本質であることをみてきた。

さらにそのことに付随して，達成すべき成果を意識して，それにたどり着くために必要とされるプロセスを意識化する作業も重要である。すなわち課題に取り組むにあたって，想定した成果から，それに至るための効果的な手順や方法論を想定することである。

効果的な方法とシナリオ：何事についても，原理的には，最も効果的な方法や手順（シナリオ）があるはずである。それを意識して取り組み，結果が出たあとに，結果の良し悪しに一喜一憂することなく，プロセスを振り返ることで，成功につながる法則や，失敗を避けるための法則が浮かび上がってくることになる。

目標管理においては，成果（結果）評価とともに，プロセス評価があることは知られている。プロセス評価は，成果評価が「結果主義」に陥り，個人が目標水準を上げることに躊躇したり，新規の目標に積極的にチャレンジしたり，時間を要する目標に気長に取り組む意欲が影を潜めることを防ぐ上での効果的な方策であることは間違いない。ただ現実には，プロセス評価は，成果が上がらなかった個人に対して，"おまけ"や緩衝剤の意味あいでなされている場合が多かったりする。

すぐにも理解できることであるが，漫然と取り組んだとしても，そのような"おまけ"や"おこぼれ"が出るとすれば，チャレンジや息の長い仕事への取り組みが促進されることはない。

プロセス評価が事実に基づいて適切になされるためには，先ずは各個人が，ここでいうプロセスを明確に意識化すること，そしてそれを言語化し，必要に応じてしっかりと明文化できなければならないことがわかる。

(4) **目標管理制度は廃止できても「意識化」はやめられない**

成果主義の運用における柱が目標管理制度であることを理解した。そして成果主義と目標管理制度の本質が「意識化」であることをみてきた。さらには，意識化することによって言語化も明文化もできるようになることにも気づいた。

これらの点は，成果主義や目標管理の本質は「評価と処遇」とする見解とは大きく異なっている。「評価と処遇」も重要な要素ではあるものの，成果主義の本質とみるには的が少し外れていると思われる。そして何よりも，評価や処遇に先立って，課題に取り組み，活動する段階があるからである。

成果主義や目標管理制度に対して，すでにみたように，評価や処遇に伴う難しさがあることなどをもって問題点の指摘や批判がなされている。わが国においても，目標管理などの成果主義的な制度を導入していないけれども，しっか

りとしたマネジメントがなされ，優れた業績を上げている企業も存在しているはずである。これをもって，一部には成果主義の廃止論さえも語られることがある。

　しかしながら，少なくともしっかりとしたマネジメントを行い，業績を確実に確保できている企業組織であれば，諸々の課題に対して"これまでの惰性で，ただ漫然と取り組む"などはなされていないはずである。すでにみたように，右肩上がりとされた時代，環境条件の変化が緩慢であった時代であれば，惰性と漫然でも成果につながることがあったかもしれないが，今日では，惰性と漫然では，日に日に通用しなくなっている。

　目標管理制度がなくても，その組織では，何に取り組むのか，なぜ取り組むのか，どのようなものを成果とするのか，その成果の達成にはどのような方法や手順がふさわしいか，結果の良し悪しは何が原因かなどについて，確実に意識化し，言語化し，明文化をしているはずである。そのくらい「意識化」は効果的であり，成果達成への可能性を高めさせる。そういう意識化は意義がある。社内全員がこぞって実行することで組織能力の向上にもつながる。

　したがって，「意識化を，社内で，もれなく全員が確実に実行する」ために制度として仕立てたものが「目標管理制度」であるとみることができる。

　こうして，今後，目標管理制度はやめることができるとしても，課題や目標の設定において，成果の想定において，成果に至るプロセスの記述において，「意識化」を放棄することはあり得ないと考えられる。

引用文献

Axelrod, R. (1980a). Effective choice in the prisoner's dilemma. *Journal of Conflict Resolution*, 24, 3-25.
Axelrod, R. (1980b). More effective choice in the prisoner's dilemma. *Journal of Conflict Resolution*, 24, 379-403.
江戸波哲夫（2002）．成果主義を超える　文春新書
Folger, R., & Cropanzano, R. (1998). *Organizational justice and human resource management.* Thousand Oaks, CA: Sage.
藤田英樹（2008）．成果主義とモティベーションの変化．若林直樹・松山一紀（編）（2008）．企業変革の人材マネジメント　ナカニシヤ出版
古川久敬（2003）．目標による管理の新たな展開—モチベーション，学習，チーム

ワークの観点から　組織科学, 37(1), 10-22.
玄田有史・神林龍・篠崎武久 (2001). 成果主義と能力開発：結果としての労働意欲　組織科学, 34(3), 18-31.
開本浩矢 (2005). 成果主義導入における従業員の公正感と行動変化　日本労働研究雑誌, 543, 64-74.
城　繁幸 (2004). 内側から見た富士通「成果主義」の崩壊　光文社
厚生労働省 (2007). 平成19年就労条件総合調査　厚生労働省
守島基博 (1999). 成果主義の浸透が職場に与える影響　日本労働研究雑誌, 474, 2-14
二村英幸 (2001). 成果主義の評価で変わったこと，変わっていないこと　HRRメッセージ, 47, 9-17.
野上真・古川久敬 (2010). 目標設定に関わる運用方略の効果性に関する研究の概括　産業・組織心理学研究, 23(2), 129-144.
奥西好夫 (2001).「成果主義」賃金導入の課題と将来展望. 組織科学, 34(3), 6-17.
笹島芳雄 (2002). 成果主義の概念. 楠田丘（編）日本型成果主義　生産性出版　pp. 32-41.
高橋俊介 (1999). 成果主義　東洋経済新報社
武脇　誠・陶山博太 (2002). 業績給と成果主義の検証　同友館

第3章
相互充足性原理

人的資源とビジネスモデルの相互充足性

　この章では，組織マネジメントのひとつの柱である人的資源マネジメントの実践を考えるにあたって，あるいは実践の妥当性と効果性を振り返るにあたって，基本的で普遍的な枠組として活用できる「相互充足性原理」を提示する。

　それに続いて，この相互充足性原理の枠組みをもとにして，成果主義的人事制度の効果性について検討する。

　とても重要なことであるが，この相互充足性原理をもとにすれば，かつての年功的人事管理制度の効果性についても同様に確認することができる。

I　組織の存続と成長を可能にするもの

1　ビジネスモデルの卓越性とその確実な実行

　組織が業績を確保し，競争力を創り出し続けて，成長を持続できるためには，図3-1に示されているように，次の2つの条件が満たされなければならない（組織業績というとき，組織の健全性や成員の満足などを含めて広義にとらえる必要がある。この章でも基本的にはそのとらえ方をする）。

　ビジネスモデルの卓越性：第1の条件は，どういう組織も独自のビジネスモデルを持っているが，それが卓越していることである。ビジネスモデルの卓越性は，まずはモデルの独創性から生まれる。それに加えて，その組織の財務基

盤がしっかりしており，また確実な知識や技術資源が存在していることが望ましい。

卓越性は，組織内の各種制度や仕事システムにも影響を受ける。制度やシステム整備の効果は2種類ある。ひとつは，組織に，これまでにはなかった新たな状況やメリットを安定的にもたらす効果である。もうひとつは，これまでネックとなっていた仕事上の制約や障碍を除去して，活動をスムースにしてくれる効果である（Brown, & Mitchell, 1991）。

ビジネスモデルの確実な実行：第2の条件は，そのビジネスモデルが確実に実行（実践）されることである。その実行主体は人間（個人やチーム）である。

組織が競争力を維持しながら成長していけるための究極の条件は，組織の中に，必要にして十分な「個々の成員の意欲と能力」および「チームの能力」が備わっているときである。これはこれまでも，そしてこれからも変わらない基本原理である。人的資源マネジメントや人材育成の重要性が語られる理由はここにある。

そして，人事制度が組織の成長に貢献できるとすれば，その制度が年功的なものであっても，成果主義的なものであっても，図3-1にあるように，卓越した個々の成員およびチームの意欲と能力を高めることができるときである。しかし，それは人事制度それ自体で実現できるわけではない。管理者をはじめとする関係者による人事制度の"運用を通して"である。

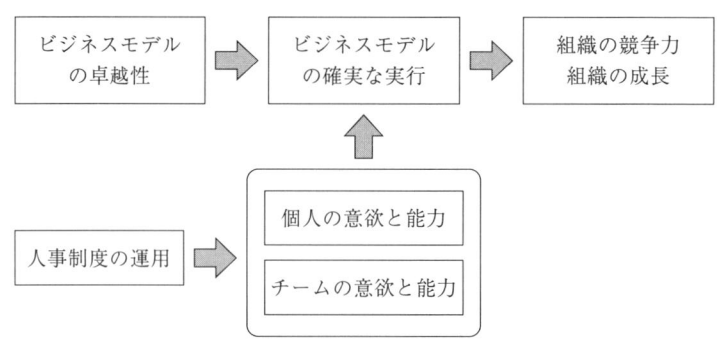

図3-1 組織の成長の源泉——ビジネスモデルと人的資源の卓越性

2　3つの人的資源要因

　この章では，これらのことを認識しながら，特に第2の条件としてのビジネスモデルが完遂されることの重要さを取り上げる。そして，完遂を可能にするための人的資源要因について，Porter, & Lawler（1968）に端を発すると考えられるMARS（motivation, ability, role perception, situational factors）モデルや古川（2002b, 2003）の分類に基づきながら，個人レベルのものとして「モチベーション」と「能力」の要因を，チームレベルのものとして「社会的文脈」の3つの要因を，それぞれ取り上げる。

　人的資源要因の具体的内容およびビジネスモデルの実行との関連性は，図3-2のように表すことができる。この図は2つのことを示している。

　図の右側半分は，ビジネスモデルを実行し，機能させる上で必要とされる3つの人的資源要因と，それぞれの主なる内容を示したものである。そして，ビジネスモデルの内容特性とそれらの3つの人的資源要因とが相互に充足できて

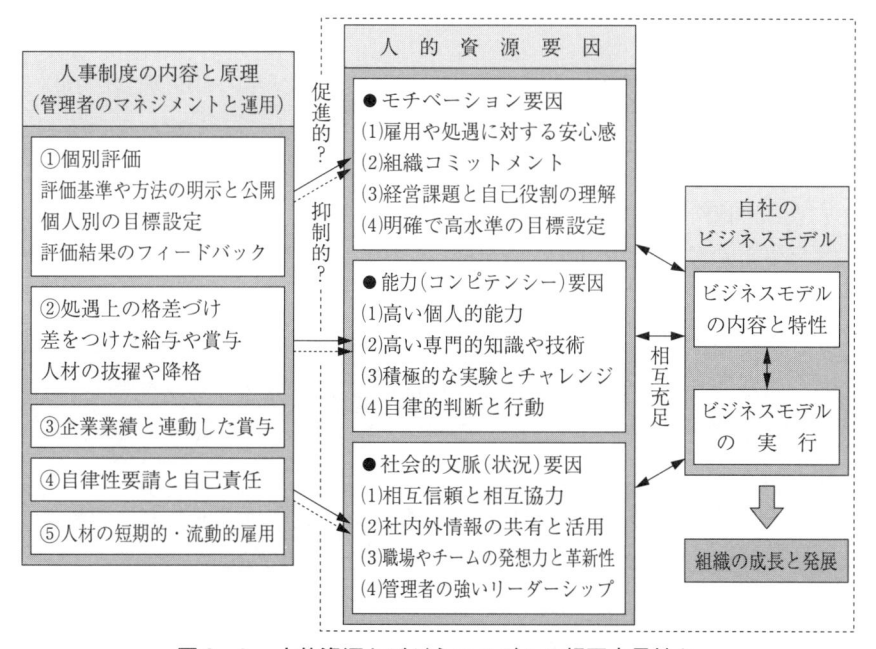

人事制度の内容と原理 （管理者のマネジメントと運用）		人的資源要因		自社のビジネスモデル
①個別評価 評価基準や方法の明示と公開 個人別の目標設定 評価結果のフィードバック	促進的？ 抑制的？	●モチベーション要因 (1)雇用や処遇に対する安心感 (2)組織コミットメント (3)経営課題と自己役割の理解 (4)明確で高水準の目標設定	相互充足	ビジネスモデルの内容と特性
②処遇上の格差づけ 差をつけた給与や賞与 人材の抜擢や降格		●能力（コンピテンシー）要因 (1)高い個人的能力 (2)高い専門的知識や技術 (3)積極的な実験とチャレンジ (4)自律的判断と行動		ビジネスモデルの実行
③企業業績と連動した賞与 ④自律性要請と自己責任 ⑤人材の短期的・流動的雇用		●社会的文脈（状況）要因 (1)相互信頼と相互協力 (2)社内外情報の共有と活用 (3)職場やチームの発想力と革新性 (4)管理者の強いリーダーシップ		組織の成長と発展

図3-2　人的資源とビジネスモデルの相互充足性と
　　　　それに対する人事制度のインパクト

いなければ，ビジネスモデルの円滑かつ効果的な実行は難しくなることを表している。

次に，図の左側半分は，人事制度の内容およびそれの管理者による運用が，3つの人的資源要因それぞれに"促進的に"作用するのか，それとも"抑制的に"作用するのかを示したものである。なお，ここに挙げられている人事制度の内容は，先の第2章において「成果主義的人事制度」に流れているとした5つの原理が示されている。

まずは，図3-2にある3つの人的資源要因，すなわちモチベーション要因，能力要因，社会的文脈（状況）要因それぞれの内容について，後々の議論のために，簡潔に確認しておこう。

(1) モチベーション要因について

このモチベーション要因は，組織行動の基礎である。前向きのモチベーションなしにビジネスモデルの効果的な実行は考えられない。

5つの基本的な心理機制：モチベーション要因を理解するために人の基本的な心理機制をつかんでおこう。

第1に，人は快を求め，不快（苦）を避ける。強化理論や期待理論が示してきたように，人は肯定的な結果を最大限に得られるような選択をする。

第2に，人は肯定的な自尊感情を持ちたい，持ち続けたいと願っている。このために，種々の出来事について，人は自分に都合のいい方向で解釈し，構成し，とらえ直し，そして記憶する（例えばGreenwald, 1980；Fiske, & Taylor, 1991など）。

また，その肯定的な自尊感情の作り方に日本人固有のプロセスがみられる可能性もあること，すなわち欧米人が主には自己省察によるのとは対照的に，日本人は周囲との交流によることが示唆されている（Markus, & Kitayama, 1991）。

日本人の場合，肯定的な自己像や自己概念は，競争での優位や経済的報酬の多さなどの自己証明よりも，他者との温かい交流や他者からの好意的フィードバックなどの他者評価を基として作られる。肯定的な自尊感情の内在化にかかわるこの特徴は，後述する社会的文脈（状況）要因とも密接に関連しているが，日本人のモチベーションの源泉を理解する上で重要である。

第3に，人は自分が統制できる事態や活動を欲しがり，それを好む。仕事においては，職務特性理論や内発的意欲理論が説いているように，自律性，多様性，そして内発的興味（Malone, & Lepper, 1987），あるいは有能感や自己効力感（Bandura, 1986, 1998）を，人は感じたがる。

　第4に，人は社会的な比較をする。自分自身や他者について，あるいは出来事や事態に対する反応の妥当性について判断をするとき，人は他者との比較に頼ることが多い（Adams, 1965）。これは日本人管理者においても顕著であることも示されている（古川，1975）。これはまた，報酬分配にかかわる成員の公正さ認知とも関係している。

　そして第5に，人は未来に指向し，目標や意図を持ち，それをやり遂げようとする。これは目標設定理論（Locke, & Latham, 1990）が着目する心理機制であり，「目標管理制度」の理論的な拠り所ともなっている。

　4つのモチベーション要因：これらの心理機制が総合されて，個人は，①雇用における安定感，処遇上の安心感や納得感を求める。いかに労働の流動化が進み始めているとはいえ，組織で活動する個人は，この種の安定感や安心感をほとんど持ち得ない中では不安に駆られてしまう。ある程度は「明日は今日の延長」ということがないとすれば，人は不安を過度に持ち，落ち着かない。したがって視野を広げ，先を見据えながら，心おきなく職務に取り組むことが難しい状態に陥る。

　また，②自分の組織や職務に対するコミットメントの高さもモチベーションの基礎的な要素である。さらにビジネスモデルの適切な実行には，③成員が経営課題を理解し，それと関連づけをして自己の役割や課題を認識し，あわせて④何をどのくらいという明確な目標を持った課題遂行も必要である。

(2) 能力（コンピテンシー）要因について

　次は能力要因である。4つのことがかかわっている。すなわち，①成員は，携わる職務について，適切な能力を持ち合わせていることが望まれる。これには知能とともに，適性，さらには個人差を生むパーソナリティが含まれる。

　また，②職務にかかわる高い水準の専門的知識や技術，③様々のことについて積極的，能動的に実験し，チャレンジする姿勢，そして④自律的に判断し，行動できる能力も含まれる。

この個人能力に関連して,わが国でも,新しい概念として,業績直結能力と呼べるコンピテンシー(competency)に関心が高まっている(古川,2002；高橋・金井,2001)。

　これまでの個人的な内在的な能力指標(知能やパーソナリティなど)が,業績指標と必ずしも高い関係性を示さない反省から,個人が仕事の上で行動として顕現化させているものをベースとして個人能力を割り出そうとする考え方である(McClelland, 1973)。

　端的に表現すると,入社試験で数種の能力を測定,評価し,いい資質を内に秘めている社員を採用したはずにもかかわらず,入社後においてそれがなかなか仕事に反映されない。この事実を踏まえて,個人の能力を「内に秘めた能力ではなく,表に出された能力,発揮された能力」をもとに把握しようとする考え方である。なお,このコンピテンシーの考え方とその学習については,次の第4章において再び取り上げる。

(3) 社会的文脈(状況)要因について

　この社会的文脈要因は,文字どおりにいえば,個人以外の要因,あるいは個人を取り囲む要因ということであり,多くのものを含む。経営ポリシー,各種の規則や制度(人事,待遇,教育,福利),仕事のシステムにとどまらず,仕事上の制限や制約,障碍なども該当する。

　本章では,これらを十分に意識しながら,特に組織風土(文化や規範)や対人的な状況要因にかかわる4つに絞る。すなわち①成員間に相互信頼と協力関係が存在し,いわゆる切磋琢磨の様子がみられること,②社内外における有用な知識や体験が探索され,収集され,それらがチームとして共有,活用されていること,③職場内に発想力と革新性が保有されていることである。

　そしてさらには,それらを推奨し,促進させるための,④管理者による強いリーダーシップも見落とすことはできない。これは,意思決定の的確さやスピードとともに,方向性の明示や具体的指示を意味する。また管理者の専門性,情報性,そしてポジションに基づくパワー行使もこれと関連する。

Ⅱ 相互充足性原理について

1 人的資源要因とビジネスモデルの相互充足性

　これまで3つの人的資源要因（モチベーション，能力，社会的文脈要因）について述べてきた。これらの人的資源要因は，ビジネスモデルの実行とどのように関係しているのか。人的資源要因のいずれが，ビジネスモデルの実行，ひいては組織業績に対して最もクリティカルに影響するのか。

　このような問いには，「取り上げるビジネスモデルの持つ特性に依存する」，あるいは「そのビジネスモデルの実行にとって不可欠であるかどうかで決まる」と答えなければならない。すなわちモデルの内容と特性を把握し，それをどのように実行するかが明確にされると，それに欠かせない人的資源がみえてくる。ビジネスモデル次第で，必要度の高い人的資源が決まる。

　もちろん逆の発想もある。現在保有している人的資源要因の特長を活かすように自社のビジネスモデルの内容や特性，そしてその実行をデザインすることもできる。

　本書で提案している相互充足性原理とは，「ビジネスモデルの効果的な実行には，それに必要とされる人的資源が準備されていなければならない。また，人的資源の適切性によってビジネスモデルの実行と成功が決まる」ことを意味する。

2 相互充足性原理の持っている意義

　こうして，ビジネスモデルの実行と人的資源とは不即不離，相互充足の関係にある。ビジネスモデルを実行するのが人間であることを考えると当然ではある。

　したがって，相互充足性の意識化はたえず必要である。自社のビジネスモデルの特性と，自社の人的資源の状態は，同時に自覚されなければならない。

　今日，経営環境の変化に対応させて，ビジネスモデルの内容と，その実行が更新されている。その新しいビジネスモデルを支える人的資源も変わる。人的資源の中には，かつてと変わることなく必要にして不可欠のものあれば，必要

度を低下させるものも，逆に高めるものもある。人的資源とビジネスモデルの相互連鎖，すなわち相互充足性を意識化することの重要性はここにある。

　同業種の企業，したがって経営環境は基本的に同じであるが，異なる経営戦略と組織文化を持ちながら，それぞれが成功する複数の企業が存在しうる。これは configuration の観点（Meyers, Tsui, & Hinings, 1993）から説明されているが，この議論も，ビジネスモデルと人的資源要因との相互充足性原理を取り込むことによって，より説得力を持つものになりうる。

　すなわち，異なる経営戦略（ビジネスモデルと言い換えることもできる）が採用されていても，その実行を支える上で必要とされる固有の人的資源が，それぞれの組織に用意されているのである。逆に，同じ環境の下で，同じ経営戦略を採ったとしても，その実行を支える人的資源を用意できなければ成功はない。

3　人的資源要因の必要性チェック

　それでは，ビジネスモデルの実行に必要とされる人的資源要因について，より具体的に検討しておこう。

　モチベーション要因に関連して：まずモチベーション要因に関連していえば，次の通りである。

① ビジネスモデルの実行において，成員に対して，長期の安定的な雇用や処遇を用意して安心感を提供する方がよいのか，それとも短期の変動的な雇用や処遇によって緊迫感を与える方がよいのか。

② 個人の組織へのコミットメントが強く，また長期の勤続意思があることが望まれるのか。

③ 成員が経営課題や戦略を十分に理解することでビジネスモデルの実行はおおむねすむのか，それとも課題や戦略を自主的，自律的に考え，提案するようでなければモデルの実行は難しいのか（Grant, & Ashford, 2008）。

④ 遂行すべき課題が定型化されているために目標設定の意味が薄いのか，それとも裁量の余地が多くチャレンジングな目標設定が望まれるのか。また目標設定は，結果について行えばよいのか，それとも計画段階や過程までを含めた方が望ましいモデルなのか。

能力（コンピテンシー）要因に関連して：能力やスキルとモチベーションとは，明確に区別すべきである。いかにモチベーションが旺盛であっても，個人に能力やスキルが備わっていなければ結果は出ない。

よく「モチベーションさえ高ければ，大抵のことはできる」とか，「為せば成る。成らぬは意欲がない証拠」などとモチベーションの万能が説かれることがある。これは一部で妥当性を持っているものの（例えば能力アップにも意欲が不可欠である），誤解を増幅させてしまうところがある。

能力の重要性は，個人の"能力"指標が，その他の個人的な指標と比較して，種々の職務において，業績と最も強く関係していることが研究レビューをもとに報告されていることからもよくうかがえる(Ree, Earles, & Teachout, 1994)。

こうして，能力（コンピテンシー）要因に関連するチェックとしては，次のような点があげられる。

① ビジネスモデルの実行においてマニュアル化による定型化が難しく，極めて高い個人的能力や資質を要するビジネスモデルであるのか。また，個人的能力の差が業績の差として明瞭に出るのかどうか。

② 定型化は意味をなさず，たえず新たな高い専門的知識や技術を必要とする。そのために，それらを適切に学習しながら遂行することで成り立つビジネスモデルであるのか（Ellis & Davidi, 2005 ; Ellis, Mendel, & Michal, 2006）。そして専門性や技術の差が業績差にはっきりと出るのか。

③ ビジネスモデルの効果的な遂行方法は確立しているのか，それとも種々の探索や実験を通して不断に開発し，改善していく必要があるのか。

④ 不確定要素が多くて，成員の適時の主体的，自律的な判断や裁量がなければ進まないビジネスモデルであるのかどうか。

社会的文脈（状況）要因に関連して：これについてのチェックとしては，以下のとおりである。

① ビジネスモデルに関わる職務活動が，連続性や相互依存性を持っており，成員相互の高い信頼と協力，緊密な連携がなければ成り立たないものであるのか（Rousseau, Aubé, & Savoie, 2006）。逆に，チームワークを前提とせずにモデルが遂行できるのか。

② ビジネスモデルの実行には、コミュニケーションと情報交換によって互いの知識や経験、あるいは組織外の情報を共有し、練り上げ、活用することが必要であるのか。また定常的にビジネスモデルの改変や進化を図る必要があるのか。

③ 一人の有能者がアイディアを提案し、誘導すればすむようなビジネスモデルであるのか。それとも職場内に、互いの発想を刺激しあい、尊重しあう雰囲気（規範）があり、創発が生まれ、そこからイノベーションが図られる必要があるのか。

④ 管理者やリーダーに権限や判断を集中させるトップダウン型のビジネスモデルが適切なのか、それとも権限や資源を分散させるボトムアップ型が適切なのか。

Ⅲ 相互充足性原理による成果主義の効果性の検証

いよいよ議論を絞っていくことにする。ここでは成果主義を例にとって、相互充足性原理の観点から検証する。

成果主義が期待する効果を上げられる条件は、これまで述べてきたことからして明白である。それは成果主義の原理が持っているインパクトが、相互充足性原理を満たし得るかどうかである。満たせるときのみ、ビジネスモデルは機能し、業績につながる。

蛇足ながら、従来の年功的制度についても、この章で述べられた相互充足性原理を基にした効果性の検討は、全く同じように可能である。改めて指摘するまでもなく、年功的制度が効果を上げられる条件は明白である。相互充足性原理を十分に満たせるかどうかである。

1 成果主義に流れている原理

再び、図3-2を参照いただきたい。その左側部分には、すでに第2章において検討した「成果主義」に流れている5つの原理を挙げている。

すなわち、①個別評価（評価基準や方法の明示と公開、個人別の目標設定、評価結果のフィードバック）、②処遇上の格差づけ（差をつけた給与や賞与、

人材の抜擢や降格), ③企業業績と連動した賞与, ④自律性要請と自己責任, および⑤人材の短期的・流動的雇用である।
　なお, 以下の議論においては, 成果主義に流れるこれら5つの原理を, 次の3つにまとめることにする。「個別評価」(前記でいえば①),「格差をつけた報酬と処遇」(前記でいえば②と③), および「人材のフロー化と短期化や自律性と自己責任の要求」(前記でいえば④と⑤) である。これによって成果主義の持つインパクトにかかわる議論は少し大まかになる可能性があるが, しかし全体的にはよりわかりやすくなると思われる。

2　経営者や管理者と一般成員との認識差

　成果にかかわる関心は, 経営者や管理者と一般成員との間で, その立場や役割の違いに起因して, もともと大きな開きがあると思われる。
　雇用者と成員間の契約には, "必要とされる行動を行うこと" を条件とする契約 (過程指向契約) と, "ある結果を生み出すこと" を条件とする契約 (成果指向契約) とがあると考えられる (Eisenhardt, 1989)。雇用者は基本的には成果指向契約を選びたい。成果 (結果) を確保できると考えるからである。
　成員は, 逆に, 過程指向契約 (ある行動を確実に行う契約) を選びたがる。必ずしも怠けたいわけではない。成果に至るまでには不確定要素が存在するために, 精一杯頑張っても, 不本意ながら成果が上がらない事態に不安を感じるからである。これは未達成のときに受けるマイナス処遇が大きいときほど強くなる。
　また, 目標設定に関する実証研究は, 管理者は, 自部署の目標設定において, 活動のインプットやプロセスに関連する目標よりは, 活動の結果や成果に関連するそれを設定する傾向にあることを裏づけている (Mathews et al., 1994)。そしてこの傾向は, 成員が取り組む課題が難しく, かつ課題遂行が相互依存的であるときほど増幅されることも示されている。
　こうして, 経営者や管理者は, その立場や役割からして, プロセスよりも成果に指向した発想をもともと持っている。

Ⅳ 成果主義が人的資源に及ぼすインパクト

　成果主義に流れる原理が，ビジネスモデルと相互充足的な人的資源要因に対して"促進的"に働けば，組織業績は上がる。逆に"抑制的"に働けば，組織業績は振るわない。

　この点を念頭において，次に，成果主義が内包する原理（個別評価，格差をつけた報酬と処遇，人材のフロー化と短期化と自己責任の要求）が，3つの人的資源要因（モチベーション，能力，社会的文脈）それぞれに対して，どのようなインパクトを及ぼすかについて整理をする。

1　個別評価のインパクト

　まず最初に，「個別評価の実施」のインパクトについてである。

　モチベーション要因に対して：個別評価は，①雇用や処遇上の安心感や，②組織コミットメントに対するインパクトは，コンスタントに高い処遇を受けられる見通しを持つ成員にとっては"促進的"に働く。しかしその見通しの持てない成員には"抑制的"であろう。③経営課題の理解や，それとの自己課題の関連づけなどについては確実に"促進的"である。そして④明確で高水準の目標設定については，制度が適切に運用されれば"促進的"に作用するであろう。

　能力（コンピテンシー）要因に対して：個別評価は，①個人的能力の向上や，②専門的知識や技術の向上には，"促進的"に働くと考えられる。目標設定や評価を通して，必要とされる能力，知識や技術が明確になり，学習が奨励され，鼓舞される可能性があることによる。ただし先に指摘したように，周囲の人々との交流によって，自尊感情だけでなく，知識や技術を獲得している成員（わが国に多いことが推察される）の場合は，対人関係の緊迫化によってその機会が脅かされたり奪われることから，"抑制的"に働くことも考えられる。

　また，③積極的な実験とチャレンジや，④自律的な判断と行動に対しても"促進的"方向で働くと思われる。ただし，これには重要な前提条件が必要で

ある。個別評価の対象が，結果だけでなく，プロセスもしっかりと含まれているという条件である。これによって，試行（トライアル）や新規の挑戦（チャレンジ）が生まれやすくなる。また比較的長いスパンを想定した取り組みも発生しやすくなる（これは後述の人材の短期雇用化とは逆方向に作用する）。

こうして個別評価は，従来の潜在能力に代わる能力概念であるコンピテンシー（業績直結能力）の学習に対して促進的な効果を与えうる可能性を持っている。

ただし，このコンピテンシーラーニング（competency learning）がなされるためには，明確な学習目標からスタートし，探索と実験，自己省察などを通して包括的効力感が獲得されることと併せて，自分にとって新規の，かつこれまでよりも難しい課題に手を出す「着手モチベーション」が不可欠である（古川，2002）。

したがって結果の評価だけでなく，目標の設定から始まり，結果に至るまでのプロセスについても適切なフィードバックを伴った評価がなされる必要がある。

社会的文脈（状況）要因に対して：個別評価は，まず①相互信頼と協力関係，および②情報の共有化については，基本的には"抑制的"に働くであろう。ただし，個別に評価すること自体がそれを招くわけではなく，評価の内容が鍵を握っている。信頼や協力関係の樹立，情報の共有化や活用への取り組みなどを高く評価するようにしておくことで，個別評価は，協力と情報の共有に対して"促進的"なものになる（Rioux, & Penner, 2001）。

また③職場の発想力と革新性に対する影響も，評価の内容次第であると考えられる。そして④管理者の強いリーダーシップには"促進"方向で作用し，リーダーシップ発揮の基盤は強化されるであろう。ただし成員による管理者の影響力の受容が，管理者が評価権限（ポジションパワー）を持っていることのみに由来しているのでは，成員の自発性や自律性は育たない。

2 格差をつけた報酬と処遇のインパクト

次に，「格差をつけた報酬と処遇」のインパクトについて検討する。全体として次の3つのことがいえる。

第1に，格差の認知や格差の受け止め方には個人差がみられる。第2に，厚い処遇や抜擢を受ける個人と，そうではない個人とでは，対照的な反応を示すと考えられる。そして第3に，評価者の評価能力に対する信頼感の大きさに左右される。評価内容の良否（distributive justice）とともに，その評価がどのような手続きと手順でなされたか（procedural justice）によってインパクトの大きさと方向が違ってくる。

　このように格差をつけた報酬と処遇は，厚遇を受けるか受けないかで，成員に対して正反対のインパクトを与え，人的資源への効果を相殺させる可能性を基本的に持っている。

　モチベーション要因に対して：格差をつけた報酬と処遇は，まず①雇用や処遇上の安心感や，②組織コミットメントに対しては，他の成員よりも高い報酬と処遇を受ける成員にとっては"促進的"であろう。また③経営課題の理解や自己課題の設定と，④明確で高水準の目標設定に対しては，高報酬を受けた個人には"促進的"に作用するであろう。

　逆に，低い報酬や処遇しか得られない個人は，自尊感情を揺さぶられて意気消沈し，モチベーションに"抑制的"に働くであろう。ただしその後において自己努力によってリカバリーができる見込みや，周囲からの有効な支援（学習の機会など）が用意されれば促進的なものに転じうる。それが望めないとき，その組織で不満を抱きながらもそれに甘んじて他律的かつ受動的になるか，他組織に移るであろう。

　能力（コンピテンシー）要因に対して：厚遇を受ける成員においては，①個人的能力や，②知識や技術の向上，コンピテンシーの獲得に対して"促進的"に働き，成員は自信を深め，自己効力感を獲得すると考えられる。そしてそれらを源とする自尊感情や自己のアイデンティティを高めるであろう。

　しかし厚遇を受けたとしても，同僚との交流から主たる自尊感情やアイデンティティを得ていた成員の場合は，大きな格差がついた厚遇には小さくはない戸惑いを感じるであろう（Erez, & Judge, 2001）。

　また③積極的な実験とチャレンジや，④自律的な判断と行動に対しては，全体としては"促進的"方向で働くと思われる。ただし，これも重要な前提条件がついている。すなわち，モチベーション要因の場合と同様のことが用意され

ることに加えて，個別評価の対象として，単に結果だけでなく，チャレンジングな目標設定，それに向けた行動やプロセスも含まれる必要がある。

　社会的文脈（状況）要因に対して：処遇や人事面で格差が明瞭につけられることから，その面でのカテゴライゼーションが組織やチーム内で発生する。これは不可避である。そのことから①相互信頼や協力，②情報の共有，活用，蓄積に対しては"抑制的"に働くと考えられる。

　またその点で，チーム内において前向きの規範が生まれにくくなり，③職場の発想力と革新性に対しても"抑制的"に働くであろう。いわゆるボトムアップ的なマネジメントは基本的に成立しにくい状況となろう。

　そして④管理者のリーダーシップ基盤に対しては，業績に関する評価権の明瞭化によって"促進的"に働く一方で，低い報酬や処遇しか受けない成員の反発が発生することになれば，全体としては基盤強化にはつながらない可能性もある。

3　人材のフロー化と短期化および自律的選択と自己責任のインパクト

　最後に，「人材のフロー化と時間単位の短期化」および「自律的選択と自己責任」のインパクトはどうであろうか。

　モチベーション要因に対して：人材のフロー化や短期化は，まず①雇用や処遇上の安心感や，②組織コミットメントに対しては，"抑制的"に働くであろう。また③経営課題の理解や，それとの自己課題の関連づけについても，コミットメントの低下と相まって"抑制的"であろう。そして④覚醒水準は高まるものの，高水準の目標設定に対しては，他の原理と干渉しあい，促進的にも抑制的にもなりうるであろう。

　能力（コンピテンシー）要因に対して：能力要因のうち①個人的能力の向上や，②専門的知識と技術の向上に対しては直接的なインパクトは少ない。学習によって獲得する必要のある能力については"抑制的"に働く。ただし，それらをすでに持ち合わせた個人を採用することで促進される。また③積極的な実験とチャレンジに対しては直接的なインパクトは弱いが，④自律的判断と行動に対しては"促進的"に働くとみられる。

　社会的文脈（状況）要因に対して：個人の自律性が問われ，かつ人の流動性

が進むことで，①相互信頼や相互協力には全体としては"抑制的"に働くであろう。相互信頼の源泉は，情緒的関係だけではなく機能的・役割的関係にもあるとしても，これまでの信頼や協力は揺さぶられ，場合によっては低下する。信頼の構築には実績を必要とするが，それには時間がかかる。また②情報の共有と活用については基本的には"抑制的"に働く。特に有用な情報の蓄積については進みにくい。

しかし③新規の知識や情報がもたらされることから規範の形成や革新性の向上や，④管理者のリーダーシップ発揮の基盤強化には"促進的"に働くであろう。

4　インパクトについてのまとめ

成果主義人事制度に流れている原理を3つに大別し，それぞれが人的資源に対して与える影響をみてきた。

各原理は，人的資源要因のあるものには促進的に働き，別のものには抑制的に働くことをみた。また，いずれかへのインパクトは他の要因とともに二次的，三次的に促進的（抑制的）に働くこともうかがえた。さらに成果主義の内容および運用方法も強くかかわることもみた。

その意味で，成果主義の原理が持っているインパクトは多様であるが，あえて単純化してまとめると，

① 人材のフロー化と短期化や，自律的選択と自己責任の原理は，モチベーション要因および社会的文脈（状況）要因を中心として，総体として"抑制的"方向の効果を持つ。

② 個別評価の原理は，とりわけ能力要因に対しては積極的で，"促進的"効果を持つ。

③ 処遇と報酬の格差原理は，能力要因には"促進的"であるが，社会的文脈（状況）要因には"抑制的"影響を与える。

こうして全体としていえば，促進的効果と抑制的効果とが相半ばしているが，くり返し述べたように，効果の総体は，人的資源とビジネスモデルの相互充足性原理の観点から，ビジネスモデルの特性を考慮しながら検討されなければならない。

それからすれば，成果主義は，相互信頼や協力，チームワーク，そして共同学習を脅かすことから，成員の勤続や固定性のメリットを生かして，協同性を前提として進めるようなビジネスモデルにおいてはデメリットが露見する。しかし，個人的能力の伸張，目標課題の明確化，リーダーの影響力強化を確実に促進することから，協同性を前提とせず，トップダウン型運営が望まれるビジネスモデルにおいてはメリットが得られるであろう。

このように，成果主義に流れる原理の効用は，ビジネスモデルの効果的な実行において不可欠の人的資源要因の特性しだいで決まる。

V　相互充足性原理の普遍性

本章の目的は，効果的な組織マネジメント，特に人的資源マネジメントにおいて普遍性を持つ理論として，人的資源とビジネスモデルの相互充足性原理を提唱することにあった。これによって，時代を超えて，文化を超えて，景気のいかんを超えて，人的資源マネジメントの適切性を検討できる視点が得られることになる。

わが国で業績を上げている組織は，この相互充足性原理に適っているはずである。米国のそれも全く同様である。ビジネスモデルの実行にあたって，それに欠かせない人的資源（モチベーション，能力，そして状況規範要因）を整えることに成功しているはずである。そしてまた，そのような不可欠の人的資源を育成し，醸成できる原理と内容を持つ人事制度が設定され，適切に運用され，管理者層のリーダーシップもその方向で発揮されているはずである。その人事制度は，成果主義的であっても，年功主義的であっても，原理的には構わない。

ビジネスモデルの効果的な遂行に不可欠の人的資源を用意できなくて，成果が得られるはずはない。相互充足性原理はそのことを主張するものである。

成果主義の成果について：ここまでは，相互充足性原理の点から検証するために，成果主義を取り上げ，それが人的資源に与えるインパクトをまとめたが，これだけをもって成果主義の効用は明らかにはならない。

というのは，一口に成果主義といっても，やはりその内実は組織間でかなり

違っている。成果主義導入の趣旨と経緯，それの持つ原理のウェイトのかけ方，そして評価内容や運用のあり方に差異がある。それどころか，ビジネスモデルも違っている。

したがって，「成果主義は効果がある」とか，「いや，あれは間違い。日本では根付かない」などの結論は，軽々には出せるわけではない。そもそも意味がない。相互充足性原理は，このことも主張するものである。

わが国では今，成果主義の効用について振り返りがなされている。それの導入に当たって，名目は適当に装われているとしても，人的資源とビジネスモデルの双方を，同時に自覚する（相互充足性を意識する）ことなく，実質は「人件費を減らすため」，「給与格差をつけるため」，「社員へのショック療法」などをもくろんでいたとすれば，その成果主義は成果を上げえない。相互充足性原理に適合していないからである。

成果主義的な人事処遇制度をいち早く導入した大手企業が，かつて成果主義の運用について見直しをすると新聞に報道されたあたりから，直観的で，根拠に必ずしも基づかない議論が横行し，その延長として，「わが国では成果主義はなじまない。効果がない」の雰囲気が流布した。

しかしここで述べられた相互充足性原理からいえば，その大手企業でなされた制度の改定や運用の見直しは，そこのビジネスモデルの実行に欠かせない人的資源要因をより確実に産み出すことにつなげるものに他ならなかった。

すなわち，第1にチャレンジングな目標設定を重視し，第2に結果もさることながらプロセスについても適切に評価し，そして第3に各事業部のビジネスモデルに即した評価基準を設定（カスタマイズ）することが，その改定の内容であった。

VI 成果主義と相互充足性原理の関連性を検討した実証データ

これまで「相互充足性原理」の意義と枠組みについて，理論的な観点から理解してきた。この相互充足性原理は，人事制度が目指しているはずの「経営への貢献」のあり方を検討し，実現する際の有用な切り口になりうることもみてきた。

Ⅵ　成果主義と相互充足性原理の関連性を検討した実証データ　63

　この章の最後に，企業の経営企画あるいは人事担当責任者が，自社のビジネスモデル遂行にとって，①どのような「人的資源要因」を必要（不可欠）とみているのか。また②その「人的資源要因」に対して，成果主義に流れる原理がどのくらい"促進する"もしくは"抑制する"とみているのかを検討しておこう。

　これは，すでに先の章においても幾度か引用したが，産業能率大学総合研究所と筆者との共同研究として，全国の企業490社を対象（企業の経営企画あるいは人事担当責任者が回答者）に，2002年に実施した調査結果に基づいている。

1　ビジネスモデルの遂行に必要不可欠の人的資源要因

　その調査では，人的資源要因について，これまで本章でみてきた「相互充足性原理」において取り上げたものと同じく「モチベーション要因」，「能力要因」，「社会的文脈要因」の3カテゴリーに分けられた。そして，それぞれのカテゴリーには3ないし4つの構成要素が設定されていた（それらの具体的内容は図3-3を参照）。

　回答者には，それら10の構成要素の中から「自社のビジネスモデルの遂行に

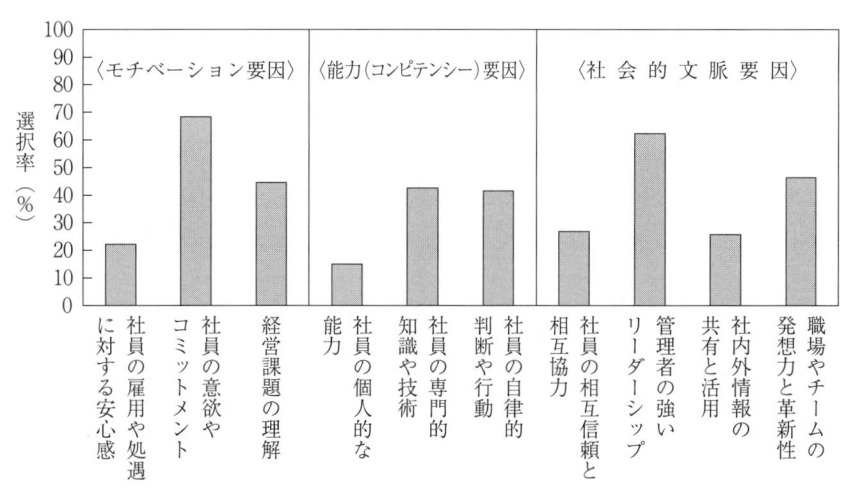

図3-3　ビジネスモデル遂行に不可欠の人的資源要因（構成要素）の被選択率

とって必要度の高いもの」として4つずつを選択してもらった。

人的資源要因の各カテゴリー内の構成要素それぞれが，回答者によって選択された割合を示したものが，前のページの図3-3である。これから2つのことが読みとれる。

① 人的資源要因に関わる10の構成要素について個別にみると，自社のビジネスモデルの遂行にとって必要にして不可欠の要素として被選択率が高いものは，「社員の意欲とコミットメント」(68％) や「管理者の強いリーダーシップ」(62％) であった。社員の仕事に向かう姿勢や意欲が必要であり，管理者による強い牽引に期待が寄せられていた。

これらに「職場やチームの発想力と革新性」(46％),「経営課題の理解」(45％),「社員の専門的知識や技術」(43％), および「社員の自律的判断や行動」(42％) が続いていた。

他方，これらとは対照的に「社員の個人的な能力」や「雇用や処遇の安心感」などの必要度は低いものとなっていた。

② これを要因別にみると，「モチベーション要因」3要素の被選択率の合計は135％,「能力（コンピテンシー）要因」3要素のそれは98％, そして「社会的文脈要因」4要素のそれは161％であった。成員のモチベーション要因と職場やチームにかかわる社会的文脈要因の被選択率が高く，それからすると能力要因のそれはいくぶん低かった。

2　成果主義原理の人的資源要因に対する促進効果

成果主義的人事制度には，「個別評価」,「処遇上の格差づけ」,「企業業績と連動した賞与（給与）」,「社員への自律性要請」, および「人材の短期的・流動的雇用」の5つの原理が流れているとみることができることは先に述べた。

その調査では，回答者に対して，これらの5つの原理が，ビジネスモデル遂行に必要とされる人的資源要因にとって"促進的と思うか","中立的と思うか", それとも"抑制的と思うか"を尋ねた。

5つの原理が，人的資源要因カテゴリーの各構成要素を"促進する"とした回答者の割合を示したものが，表3-1である。

この表において，促進するとする割合が50％を超えているもの（表中の網か

表3-1　成果主義の各原理が人的資源要因を促進すると回答した企業の割合（％）

5つの原理	モチベーション要因			能力(コンピテンシー)要因			社会的文脈要因			
	雇用や処遇に対する安心感	意欲やコミットメント	経営課題の理解	個人的能力	専門的知識や技術	自律的判断や行動	相互信頼や相互協力	管理者の強いリーダーシップ	社内外情報の共有と活用	職場やチームの発想力と革新性
個別評価	69	91	57	86	79	82	33	73	30	49
処遇上の格差づけ	16	68	32	68	63	59	12	57	16	37
企業業績と連動した賞与（給与）	34	67	68	42	38	46	41	59	35	56
社員への自律性要請	32	74	45	80	77	86	30	55	33	50
人材の短期的・流動的雇用	6	14	9	23	24	21	7	18	13	17

注：1．この表は，例えば「個別評価」原理は，「雇用や処遇に対する安心感」に対して"促進する"とみなしている企業が全体の69％であったことを示している。
　　2．網かけのセルは，"促進する"と回答した企業が全体の50％を超えていることを示している。

け部分）に着目してみると，次のことがうかがえる。

① 「個別評価」原理は，モチベーション要因と能力要因に対して促進的であるとみられている。特に，社員の意欲やコミットメント，個人的能力，専門的知識と技術，自律的判断や行動について顕著である。他方，社会的文脈要因については，管理者の強いリーダーシップを除くと，個別評価が促進的であるとみられている割合はそれほど高くない。

② 「処遇上の格差づけ」原理は，意欲やコミットメントとともに，能力要因のいずれに対して促進的であるとみられており，個人的能力，専門的知識と技術，そして自律的判断に効くとされている。

③ 「企業業績と連動した賞与（給与）」原理は，モチベーション要因や社会的文脈要因の一部に対して促進的であるとみられている。

④　「社員への自律性要請」原理は，能力要因に対して促進的であるとみられている。その他，モチベーション要因や社会的文脈要因にも促進的であるとみられている。

⑤「人材の短期的・流動的雇用」原理は，いずれの人的資源要因に対しても促進的とは思われていない。

3　成果主義原理の人的資源要因に対する抑制効果

次に，成果主義の5つの原理が，人的資源要因カテゴリーの各構成要素を，逆に"抑制する"とした回答者の割合も検討された。その結果を簡潔にまとめると，

① 　「個別評価の実施」，「企業業績と連動した賞与（給与）」，「社員への自律性要請」の各原理は，いずれの人的資源要因に対しても抑制的であるとはそれほど思われていなかった。

② 　「処遇上の格差づけ」原理は，モチベーション要因カテゴリーの中の処遇や雇用に対する安心感を脅かし，また社会的文脈要因カテゴリーの中のチームの相互信頼や相互協力を妨げるとみなされていた。

③ 　最後に，「人材の短期的・流動的雇用」原理は，処遇や雇用に対する安心感を脅かすとみている回答者の割合はとても高い。また意欲やコミットメントやチームの相互信頼や相互協力を妨げるととらえられているなど，全体として他の原理よりも，人的資源要因に対して抑制的であるとみられていた。

4　結果のまとめ

この調査は，成果主義的人事制度の導入が大きく進んでいた2002年において実施された。当時のわが国企業の経営企画や人事の責任者にとって，成果主義に流れている5つの原理は，人的資源要因の中の「能力（コンピテンシー）要因」に対しては促進的な効果を与えるとみられていたことが明瞭にうかがえた。他方，社会的文脈要因に対しては，促進的であるとはみられていなかった。

すなわち，成果主義は，個々の成員の能力や専門的知識習得などに対しては

プラスに働くものの，社会的文脈要因に対しては，管理者のリーダーシップを除くとプラスに働くとはとらえられていなかった。

逆に，抑制的なインパクトの点でいえば，妨害的に働くとする回答者は，促進的に働くとする回答者よりも大幅に少ないものの，社会的文脈要因（相互信頼）やモチベーション要因（安心感やコミットメント）には，妨害的に働くとみている回答者も存在していた。

注記）この章の第Ⅰ節～第Ⅴ節は，筆者の論稿（人的資源とビジネスモデルの相互充足性原理．一橋ビジネスレビュー，50(1)，54-68.）に加筆したものである。

引用文献

Adams, J. S. (1965). Inequity in social exchange. In L. Berkowitz (Ed.), *Advances in experimental social psychology*, vol. 2. New York, NY: Academic Press. pp. 267-299.

Bandura, A. (1986). *Social foundations of thought and action: A social cognitive theory*. Englewood Cliffs, NJ: Prentice Hall.

Bandura, A. (1997). *Self-efficacy : The exercise of control*. New York: W. H. Freeman & Company.

Brown, K. A., & Mitchell,T. R. (1991). A comparison of just-in-time and batch manufacturing: The role of performance obstacles. *Academy of Management Journal*, 34, 906-917.

Eisenhardt, K. M. (1989). Agency theory: An assessment and review. *Academy of Management Review*, 14, 57-74.

Ellis, S., & Davidi, I. (2005). After-event reviews: Drawing lessons from successful and failed experience. *Journal of Applied Psychology*. 90(5), 857-871.

Ellis, S., Mendel, R., & Michal, N. (2006). Learning from successful and failed experience: The moderating role of kind of after-event review. *Journal of Applied Psychology*. 91(3), 669-680.

Erez, A., & Judge, T. A. (2001). Relationship of core self-evaluation to goal setting, motivation, and performance. *Journal of Applied Psychology*, 86(6), 1270-1279.

Fiske, S. T., & Taylor, S. E. (1991). *Social cognition*. New York, NY: McGraw Hill.

古川久敬（1975）．管理者の給与に対する不公正感に関する心理学的研究．応用心理学研究，3，1-8．

古川久敬（監修・著）（2002 a）．コンピテンシーラーニング　日本能率協会マネジメントセンター

古川久敬（2002 b）．人的資源とビジネスモデルの相互充足性原理．一橋ビジネスレ

ビュー, 50(1), 54-68.
古川久敬 (2003). 目標による管理の新たな展開―モチベーション, 学習, チームワークの観点から. 組織科学, 37(1), 10-22.
Grant, A. M., & Ashford, S. J. (2008). The dynamics of proactivity at work. *Research in Organizational Behavior*, 28, 3-34.
Greenwald, A. G. (1980). The totalitalian ego: Fabrication and revision of personal history. *Psychological Bulletin*, 82, 1-20.
Locke, E. A., & Latham, G. P. (1990). *A theory of goal setting and task performance.* Englewood Cliffs, NJ: Prentice-Hall (松井賚夫・角山剛 (訳) (1984). 目標が人を動かす ダイヤモンド社).
Malone, T. W., & Lepper, M. R. (1987). Making learning fun: A taxonomy of intrinsic motivation for learning. In R. E. Snow, & M. J. Farr (Eds.), *Aptitude, learning, and instruction: Constructive and effective process analysis.* vol. 3, pp. 223-253. Hillsdale, NJ: Erlbaum.
Markus, H. R., & Kitayama, S. (1991). Culture and the self: Implications for cognition, emotion, and motivation. *Psychological Review*, 98, 224-253.
Mathews, L. M., Mitchell, T. R., George-Falvy, J., & Wood, R. E. (1994). Goal selection in a simulated managerial environment. *Group & Organizational Management*, 19(4), 425-449.
McClelland, D. C. (1973). Testing for competence rather than for "intelligence". *American Psychologist*, 28, 1-14.
Meyers, A. D., Tsui, A. S., & Hinings, C. R. (1993). Configurational approaches to organizational analysis. *Academy of Management Journal*, 36(6), 1175-1195.
Porter, L. W., & Lawler, E. E. (1968). *Managerial attitudes and performance.* Homewood, IL: Irwin.
Ree, M. J., Earles, J. A., & Teachout, M. S. (1994). Predicting job performance: Not much more than "g." *Journal of Applied Psychology*, 79, 518-524.
Rioux, S. M., & Penner, L. A. (2001). The causes of organizational citizenship behavior: A motivational analysis. *Journal of Applied Psychology*, 86(6), 1306-1314.
Rousseau, V., Aube, C., & Savoie, A. (2006). Teamwork behaviors: A Review and an Integration of frameworks. *Small Group Research*, 37(5), 540-570.
産業能率大学総合研究所 (2003). 日本企業の人材戦略と成果主義の行方 総合研究所リサーチペーパー, 17
高橋潔・金井壽宏 (2001). 元気の出る経営行動科学(1)―コンピテンシーとは何なのか. 一橋ビジネスレビュー, 49(3), 92-107.

第4章
意識化することの促進効果
モチベーションと能力学習

　先の第2章において，組織内の活動において，あらゆることに「意識化」の度合いを高める必要があることを述べ，成果主義の本質，ひいては目標管理制度の本質は，そこにあることを理解した。

　また第3章においては，自組織のビジネスモデルが完遂され，競争力を創り出し，維持していけるためには，そのビジネスモデルに不可欠の3つの人的資源要因，すなわちモチベーション要因，能力（コンピテンシー）要因，および社会的文脈要因が整えられ，活用される必要があることも理解した。

　この章では，「意識化すること」が，モチベーションと能力（コンピテンシー）それぞれにもたらす促進効果について理論的な考察を行う。そして，それを裏づける2つの実証的な研究結果を，第Ⅳ節で提示する。

Ⅰ　モチベーションについて

1　モチベーションの3要素

　モチベーションとは，「個人に行動を起こさせる個人内の力，あるいは行動の準備状態」を意味し，日常的には"意欲"や"やる気"と呼ばれるもののことである。

　モチベーションは，これまで「覚醒」，「持続性」，および「方向性」の3つ

の要素で成り立つとされてきている（Steers, Mowday, & Shapiro, 2004など）。

　覚醒（arousal）：人が意欲づけられ，行動を始めるには，覚醒がある水準以上に高まらなければならない。目が開かれ，気持ちが前向きになっている状態，無気力感や退屈感とは反対の状態が必要である。前向きの姿勢や活発な言動は，覚醒の状態を示すものとみなすことができる。日常的な表現では「元気のよさ」といえる。

　この「覚醒」は個人の行動を引き起こさせるものではあるが，それによって起きる行動の効果性とは直接には関係しない。この点は重要なことである。というのは覚醒が高まったとしても，それによって成果につながる具体的な目標や効果的な行動が自動的に浮かび上がるわけではないからである。

　組織において，現状の危機感を強調し，全成員の意識改革の必要性が叫ばれることがよくみられる。しかし，これによって，個人の覚醒を引き出すことはできても，将来につながる効果的な方略や行動が具体的に明確にされない限りは，危機が打開され，最終の成果に結びつくことには必ずしもならない。

　持続性（persistence）：覚醒され，行動が起きたとしても，線香花火のように，ぱっと燃え上がって，すぐに消えてしまうというのではさしたる成果は望めない。持続性とは，ねばり強い反復や継続，あきらめることのない姿勢を意味する。日常的な表現をすれば「根気の強さ」といえる。反復や継続が効くような課題においては，この持続性は大きな効果を持っている。

　しかしながら，これまで取り組んだことのない新規の課題や探索的な課題（状況）にたずさわる場合には，単なる反復や持続では望む成果が得られる可能性は低い。反復や持続の前に，次に述べる方向性や活動の内容が明確にされる必要がある。

　持続性（継続やねばり）は，課題や目標が明確になっており，それへの取り組み方も明瞭である場合には，成果に結びつく可能性が高い。

　方向性（direction）：モチベーションは，それが向けられる方向性も重要である。かつてのわが国では，モチベーションの3要素のうち，"覚醒"と"持続性"の2つには高い関心を寄せてきていたが，"方向性"についてはほとんど重要視していなかった。元気よく，根気よくさえしていれば，周囲から「よ

くやっている」と評価をしてもらえていた。やるべきことが決まっていた（変わらない）感じがあったことから，何に向けて（what），なぜ（why）頑張るかを意識する必要性は低く，どのくらい（how）頑張るかを考えればよいと思われていたからであろう。

しかし，昨今問われ続けていることはwhatとwhy，すなわち方向性とその根拠である。「元気も，根気も必要であるし，とても尊い。けれども自分が向かっている先（方向性）は何であり，そしてそれは意義や価値のあるものなのか？」が問われるようになっている。

"覚醒"と"持続性"の重要性はこれからも変わらないものの，その前に，"方向性"が格段に重要性を高めているといえる。方向性を持ち合わせない覚醒と持続性は空滑りをする可能性がある。意義や価値を持つ成果は，いうまでもなく，目指している成果が明確であると同時に，それに先立つプロセスが確かなときに生まれる。

方向性の意識化と成果主義：第2章において，成果主義の本質は，成果（結果）の良し悪しを評価し，それに対する処遇を決めるところにあるのではない。「自分（たち）が生み出す成果について，その成果に至るための方法論やシナリオについて，意識化の度合いを格段に高めること」，あわせて「生まれる成果とそれに至るプロセスを振り返り（意識化し），次に生かすこと」にあると述べた。

これは，ここでいうモチベーションのひとつの要素である「方向性」，かつて"右肩上がり"と形容された時代には希薄なままですまされていた「方向性」を明瞭に意識化することと同じ意味を持っている。

2　モチベーション・マネジメントの効果を高めるために

モチベーションについて理解し，その理解をもとにして，モチベーションの効果的なマネジメントを実践するにあたって，意識化と関係させて念頭に置いておくべきことが2つある。ひとつは個人が取り組む「課題の特性」であり，もうひとつは「課題の遂行過程」である。

課題特性の違いについて：第1の課題特性とは，取り組む課題が，これまで従事した経験がある"反復的な課題"であるのか，経験のない"新規挑戦的な

課題"であるのかである。

　前者には，一定の経験を重ねてきた成員が担当している日常業務が当てはまる。後者には，組織の新入成員が携わる業務（何もかもが新しい），配置転換や異動後の成員が従事する新たな担当業務，新しい販路開拓や新製品開発にかかわる業務などがあてはまる。

　両者の間では，求められるモチベーションのタイプが異なると考えられる。すなわち，反復課題の場合は，それを安定的かつ着実に遂行するための"続けていこう"という継続モチベーションが主には必要とされるであろう。それとは対照的に，新規挑戦的課題（必然的に困難さを伴う課題でもある）の場合は，"やってみよう"，"試してみよう"という着手モチベーションが不可欠であろう。

　これまで提唱されてきている主要なモチベーション理論は，基本的には，反復や継続タイプのモチベーションを取り扱ってきていたといえる。そして着手タイプのモチベーションについては十分に考慮してきていない。本章では，この着手にかかわるモチベーションについても議論する。

　課題の遂行過程について：第2の課題の遂行過程とは，課題遂行が進んでいく段階のことをいう。「着手」段階，「遂行途上」段階，そして「完了・結果」段階の3つに分けることができる。この3つの段階の時間的長さ（期間）は，例えば目標管理制度の運用の場合のように半年，あるいはそれ以上に長きにわたることもあれば，比較的小さな課題に取り組む場合のように短いときもある。

　これまで，モチベーションやそのマネジメントを議論する際に，この3つの段階を意識する試みはなされてこなかった。しかし，モチベーション過程を，このように分けることによって，成員に対する効果的な働きかけについて，従来からなされてきている各種のモチベーション理論に基づく羅列的な記述にとどまることから脱して，より整理した形で検討できるようになる。また，実務的な観点からよく取り上げられるPDSサイクルやPDCAサイクルとの対応もつけられるようになる。

　そして何よりも，成員が「意識すること」によるモチベーションの促進効果を鮮明にすることができる。成員のモチベーションは，活動（仕事）が完了

し，結果が出た段階における評価や処遇だけに左右されているわけではない。

活動の着手段階に始まり，遂行途上の様々な機会における上司などの周囲からの働きかけや刺激によって，成員の外発的（他律的）モチベーションや内発的（能動的）モチベーションは影響を受けている。外からの働きかけは基本的に重要である。

とはいっても，上司などによる働きかけがあれば必ず効果が生まれるというわけではない。働きかけは，受け手である成員の意識に確実に響き，成員の前向きの心理プロセスを生み出せなければ意味がない。すなわち，上司など周囲の人々の根拠のない，独りよがりの働きかけは無駄な努力に終わる。多くの機会に耳にする「いろいろ働きかけているのに，なぜか効き目がなくて」のグチや嘆きの原因は，そこにある。

周りからの働きかけは，成員に受け止められ，成員の「意識化」度を高めさせ，成員の内面に変化を起こさせるものでなければならない。それによって，「着手段階」では"やってみよう"や"試してみよう"のチャレンジングな気持ちを，「遂行途上」では"やり続けよう"の継続やねばりの気持ちを，そして「完了・結果段階」では"やってよかった。次もまた"や"次こそは……"の気持ちを，それぞれ引き起こさせることができる。

読者はすでに気づいておられると思われるが，先に理解した，モチベーションについての3要素でいえば，「着手段階」では"覚醒"と"方向性"が刺激を受け，「遂行途上」では"持続"が図られ，そして「完了・結果段階」では次の課題に向けた"覚醒"と"方向性"が醸成されるとみることができる。

Ⅱ　意識化とモチベーション

以下では，3つの課題遂行段階のそれぞれにおいて，モチベーションが高揚されるために，成員内部において生まれるべき意識化の内容について整理をする。これをまとめたものが表4-1である。

1　「着手」段階における意識化

「着手」（課題に取り組み始める）段階では，成員の中に次の2つの意識化が

表4-1　課題遂行の段階とモチベーションプロセス

	着手（取り組む前）段階 → やってみよう（覚醒と方向性）	中途段階（遂行途上）→ やり続けよう（持続）	完了・結果段階 やってよかった，また次も
メンバーの意識 ↑	●取り組む課題の意義がわかる 1　興味の実現や自己成長（知識やスキルの獲得） 2　顧客や組織の発展への貢献 　職場や同僚（チーム）への貢献 ●方法論やシナリオがみえる	●自分の活動の確認（自省） ●進捗や進歩が自覚できる ●効力感（手ごたえ）を感じる ●解決や達成への糸口や筋道がみえる ●周りの協力を感じる　周りの頑張りを感じる	●達成感を感じる ●自己成長感 ●公正感 （自己内／他者比較）
周囲の働きかけ	●課題と役割を明確にする（意味づけをする） ●期待や信頼を寄せる ●指示や要請をする	●関心を寄せ注目をする ●助言や相談にのる ●激励や支援をする ●フィードバックをする ●判断や裁量を尊重する	●ねぎらい，感謝をする ●工夫や努力の承認や賞賛 ●評価をし，報酬を用意する

促進されることで，"やってみよう"や"試してみよう"という覚醒と方向性にかかわるモチベーションが高まると考えられる。

　課題に取り組む意義の理解：取り組もうとする課題やそれに関係する目標の意義を理解することである。意義の理解と受け入れは，課題が次の3つの点につながると感じられるときほど強くなる。これは"反復的な課題"においても"新規挑戦的な課題"においても共通していえることである。

　第1は「自分の興味の実現と自己成長」である。人は自己の得意なことや興味のあることについては自発性が誘発される（Atkinson, 1964）。そしてそれを通して自己の成長が望めると思えるときに，内発性は高まる（Deci, 1975）。

　第2は「顧客や組織の発展への貢献」である。取り組むことが社会や組織外を含めたより大きな存在，あるいは所属する組織に対して，意味のある価値を生み出せそうであると思えるときに，内発性は高まると考えられる。

　第3は「同僚や職場（チーム）への貢献」である。自分が取り組む課題の実現を通して，同僚や職場（チーム）全体の業績達成や発展に役立ちそうであると思えるときにも，内発性は高まると考えられる。自分の活動の成果によって

同僚の仕事がより円滑かつ効率的になるなどは自らの大きな喜びになる (West, 2004)。

方法論やシナリオの想定：取り組む課題の意義がよく認識できた上で，その課題達成までに必要とされる方法論（取り組み方）やシナリオ（道筋や行動イメージ）がはっきりすると，内発的モチベーションの生起は確実なものになる (Grant, & Ashford, 2008)。

これは特に，"新規挑戦的な課題"に携わっている際に重要性を持っている。新規の課題の進め方について，想像力を最大限に働かせながら，またこれまでの経験と共通するところにも気づきながら，「こんなことでいけるのではないか」と仮説を立て，具体的なやり方や筋道について考えることが重要な点である（古川，2003）。

先に述べたように、組織への新入成員の場合は，あらゆるものが新規挑戦的課題とみなせることから，ことさらこの方法論とシナリオの想定は効果を上げると考えられる。いわゆるコーチング（coaching）がモチベーション向上において役立つとすれば，それはこの方法論とシナリオ作成を通してであろう。

2 「遂行途上」段階における意識化

「遂行途上」段階とは，成員が課題を日常的に実行している段階のことである。この段階は，着手段階や完了・結果段階と比べると，時間的には長い期間にあたる。したがって，モチベーションマネジメントにとってとても重要な段階といえる。まずはこの点を明確に認識しておく必要がある。

課題の実現に向けて遂行を続ける中途の段階では，成員の中に次の5つの意識化が促進されることで，"やり続けよう"という持続にかかわるモチベーションが高まると考えられる。

自分の活動の確認（自省）：自分の活動の様子を自ら率直に振り返り，着手段階において考え，予定していたことに照らし合わせて，現時点での状況について前向きに自省（self reflection）をする機会を持つことである。この自省する姿勢は，学習が促進させる (Ellis, & Davidi, 2005) とともに，内発的モチベーションが生まれてくる基礎になる (Bandura, 1986)。

進捗や進歩の自覚：課題の進捗状況を省みたときに，課題の達成に向けて着

実に進みつつあると感じられることである。あわせてまた，その進捗を通して，活動に関する知識が増え，スキルが身につくなど，自分の成長が感じられることも内発的モチベーションの持続につながる。

　特にこれは，Dweck, & Leggett（1988）の提唱する「学習目標志向性」（learning goal orientation），あるいはAmes, & Archer（1988）の提唱する「熟達志向性」（mastery orientation）を持っている個人，すなわち活動に興味を持ち，経験を通して学習することに興味を覚えるタイプの成員において，より該当すると考えられる。

　効力感の自覚：自分の工夫や頑張りによって，課題が少しずつ進んでいる，関係する人々にインパクトを生み出せている，成果に近づきつつあるなどの手ごたえを感じることである。この効力感は，ひいては自分の有能感（Deci, 1975）につながり，内発的モチベーションが持続される。

　解決への糸口や筋道の発見：課題に取り組んでいく中で，当初の当てがはずれたり，状況が変わったりすることは多い。難しさもあることから，迷いやためらいも頭をもたげてくることは少なくない。そのようなときに，他者からのヒントや助言，あるいは自らのひらめきによって，困難や障害を乗り越えられそうな糸口が見つかったり，筋道が開けたりすることで，内発的モチベーションは持続される。

　周りの協力や周りの頑張り：仕事の上でわからないところがあるとき周りに尋ねることができる，困ったときなど同僚の協力や支援を受けることができると思えるとき，人はそれだけで気持ちが楽になる。そして，依存的な姿勢よりも，かえって自発的な意欲を湧かせたり，自律的な頑張りをみせたりする。

　あるいはまた，相互協力的な雰囲気のもとでは，うまくいかないことなどが少々あったとしても，同僚が気丈にも粘り強く踏ん張っている様子を目の当たりにすることで，必ずしもとりつくろいや無理をするわけではなく，自分に言い聞かせて頑張りを見せることも多い。

　このように，協力的な関係や，意欲にかかわる前向きの雰囲気が職場に定着していることは，経験的に気づかれていることであるが，成員の前向きの意欲の維持にとって促進的に働く。

3 「完了・結果」段階における意識化

　課題が完了して，一応の結果が出た段階では，成員の中に3つの意識，すなわち達成感，自己成長感，そして公正感が生まれることで，"やってよかった"という気持ちと，"次もしっかり"や"次こそは"という，次の課題への着手につながる内発的モチベーションが高まると考えられる。

　それら3つのうち，達成感と自己成長感は自らに対する精神的（心理的）報酬であり，公正感は経済的報酬や人事にかかわる処遇である。

　達成感：達成感とは，課題に着手する際に，自分が期待した通りの成果を上げたことで生まれてくる"やり遂げた。よかった"という感情である。それ故に，新規の課題や難しい課題に取り組んだときにより大きい。言い換えれば，手慣れた易しい課題の場合には，それを成し遂げたとしても"やった！"という感激は生まれない。

　達成感の源泉には2つの種類がある。第1は"こうありたい"という自己基準を満たせることである。第2は同僚，職場（チーム），あるいは組織からの期待（他者基準）に応えることである。これまでの議論（Deci, & Ryan, 1985など）からすれば，内発的モチベーションは，前者の自己基準の満足においてより持続される。

　自己成長感：自己成長感とは，仕事ができるようになり自信がついてきている，知識やスキルが増して実力が身についてきているという感覚が持てることである。成長の実感は，遂行途上における効力感や，先の達成感とともに，成員が感じる精神的な報酬の中核をなすものであり，次の仕事，新たな仕事，あるいはより高いレベルの仕事に向けて，自主的に取り組むモチベーションがさらに湧くという好循環（self regulation）が回り始めると考えられる。

　公正感（自己内／他者比較）：自己内の公正感とは，自分のこれまでの頑張り（inputやeffort）の度合いと，経済的および精神的報酬や各種の処遇によって報われている（reward）と感じる度合いとの間に，釣り合いがとれていることをいう。釣り合いがとれていれば，満足感や納得感が生まれる。逆に，不釣り合いがあれば不満足感を持つ。人は一般的に，不釣り合いについて，自分が報われすぎていると思うよりも，報われていないと思う方向で感じることも知られている（Wills, 1981）。

一方の，他者比較の公正感とは，職場や組織内の同僚との比較において，自分が妥当，適切に評価され，経済的報酬や人事的な処遇を受けていると感じられることをいう。

　実は，このような公正さに着目するモチベーション理論として，「公正理論」（equity theory：Adams, 1965など）がある。自己内および他者比較が個人のモチベーションに結びつく理由は，比較から生まれる不釣り合いを解消するために，自分の頑張り（inputやeffort）を見直し，増減させるという点で，その後のモチベーションに影響を与えるからである。

Ⅲ　意識化と能力の獲得——コンピテンシーラーニング

1　コンピテンシーについて

　ビジネスモデルの効果的な実行を規定する第2の人的資源要因は「能力要因」である。高いモチベーションが生まれたとしても，それに能力が伴わない限り，望む成果にはつながらない。

　よく知られているように心理学では，これまで能力といえば，パーソナリティ，知能，あるいは適性などを指していたが，本章で取り上げる能力は「コンピテンシー」（competency：業績直結能力）である（古川，2002b）。

　成果を出せる能力の個人差：職場において周囲の人たちを見渡したとき，仕事において確実に成果を出し，業績を上げることにおいて，「やはり個人差がある」と感じるのか。それとも「個人差などない。皆同じ」と感じるのか。組織で働く人々に，そのいずれと感じるかを尋ねると，ほぼ全員が「やはり個人差があると思う」との回答が返ってくる。

　そうであれば，「コンピテンシー」という概念を考えることに意味がある。もし「差などない」というのであれば，コンピテンシーを考えることなど無駄なことである。

　成果を出せる人とそうでない人は「何がどのように違うのか」を明らかにすることで，結果につながる能力を明確にすることができる。どうすればそのような成果につながる能力を身につけさせることができるかという，育成にかかわる議論も具体性を持ってできるようになる。

III　意識化と能力の獲得——コンピテンシーラーニング

コンピテンシーの測定：何をもってコンピテンシーと考えるのかは必ずしも自明ではない。具体的にどのような知識やスキルの行使，行動の発揮をもってコンピテンシーを測定するのか。コンピテンシーには職務を超えて一般的なものと，職務に固有のものとの双方が考えられるからである。それ故に，それぞれの組織において，それぞれの職務（業務）について，関係者が意識化し，言語化する必要がある。

かつて1990年代の後半頃は，その意識化，言語化をコンサルティング会社が請け負い，開発作成してくれていた。コンピテンシー・モデルあるいはコンピテンシー・ディクショナリーと呼ばれるものである。それらをすでに持っている組織では，それを基本として，経営状況や課題の変化を念頭に置きながら確認や見直しをするとよい。

もっとも，その当時に作成されたコンピテンシー・モデルやディクショナリーの記述を，現時点でみたとき，「現在の業務場面に少し合っていない」と感じられることがあるかもしれない。それをもって，「コンピテンシーは役に立たない。もう古い」と断じている人たちに出会うことがある。しかしその受け止め方は間違っている。それはコンピテンシーの意義をよく理解できていないことに由来している。

現在の業務場面に少し合っていないというのは，「コンピテンシー・モデル」の記述が十分ではないことに起因している。決して「コンピテンシー概念そのものに意味がない」ことを示しているわけではない。どのような仕事においても，効果的で成果につながる知識やスキル，そして行動の行使，すなわちコンピテンシーは必ずあるはずである。

育成を考えるには，創造的で，高い業績につながるコンピテンシーを意識化し，言語化し，明文化（記述）できることが重要である。職務にかかわるコンピテンシーを意識化し，言語化できる関係者の能力は，まさに組織能力の基盤をなすものといえる。

能力育成とコンピテンシー：人材育成の重要さが多くの機会に説かれている。しかしながら，それが力説されている割には，「何を育成するのですか」との質問を受けて，それに明快に回答できる人は多くはない。

その「何」にあたるものがコンピテンシー（業績直結能力）である。この

「何を育成するか」，すなわち「成果につながる確率の高いコンピテンシー」が，管理者を中心として「意識化」され，言語化されていないとすれば，人材育成はとても重要，とても大切とのかけ声だけに陥ってしまい，育成活動に具体性は生まれない。したがって，かけ声が実を結ぶことはない。

　組織において，育成の重要性を認識しているとすれば，最初になすべきは，それぞれの業務において成果につながるコンピテンシーを意識化し，言語化することである。

　コンピテンシーが注目されるに至った背景には，①企業間競争が高進する中で，意識レベルの変革に止まるのではなく，行動レベルのそれが強く求められるようになったこと，②知識やスキルの陳腐化が早まり，勤続，年齢，職種を超えて個人ベースでの評価基準が求められるようになったことなどがある（Sparrow, 2002）。わが国では年功序列の見直しがなされ，成果主義が導入される時期とちょうど重なった。

　こうして，コンピテンシーは，①組織活動や職務状況を念頭に置き，②創造性や業績を強く意識し，③知識とスキルなどの内的なものとともに，表に出される行動に注目する点において大きな特徴がある。

　コンピテンシーと，知能，パーソナリティ，学業的知識などの従来の能力は，同一個人が保有するものであるために無関係ではあり得ないが，両者は基本的には独立している。知能が高くても，ある特定のパーソナリティを持っていたとしても，コンピテンシーが高いとは限らない。「高学歴で高知能の学生を採用しているのに，入社後，なぜ今ひとつ伸びないのか……」の疑問はよく耳にする。コンピテンシーという新しい概念を設定することの意味はここにある（古川，2002b）。

2　人は経験を通して能力を学習する

　そういうコンピテンシーは学習されるものである。これを検討するに先立って，人の学習が進むプロセスについて簡潔に整理をしておこう。

　学習とは「経験を通して個人の中で起きる比較的永続性を持つ行動の変化」であり，「行動と結果との結びつきの理解，およびその結びつきに及ぼす環境の効果についての理解が生まれたとき」に成立する（Wick, & Leon, 1993）。

学習の源となる経験は，自分自身のそれのときもあれば，他者のそれのときもある。双方を効果的に行えるほど，学習は促進される（古川，2002b）。

(1) 自己経験による学習

第1の学習機会は自らの経験である。経験を構成するものは，「行動」への着手であり，それに続く中途の「プロセス」（経緯）であり，それがもたらす「結果」である。我々の経験は，行動→プロセス→結果の連鎖で構成されていると考えることができる。

効果の法則：学習を，自己経験の視点から説明するアプローチは長い歴史を持っている。きっかけが自律的であれ，他律的であれ，ある行動（活動）がなされることによって結果が生まれる。その行動は，ポジティブな結果（報酬）につながるときはくり返され，ネガティブな結果（報酬）になるようであれば姿を消す。これは人の学習を支配する基本原理で「効果の法則」（law of effects）と呼ばれ（Skinner, 1969），我々の直観にも一部はよく合っている。しかしこのとらえ方は，結果の良し悪しのみに着目し，経験を構成する中途のプロセスの重要さと，人の認知的な側面を看過している点で十分ではない。

経験的学習理論（ELT）：経験を通しての学習について，Kolb（1984）がExperiential Learning Theory（ELT）を提唱している。これによると，学習は①結果ではなくプロセスであり，②経験から生まれ，③矛盾する要請の弁証法的な解決を人に求め，④包括的，かつ統合的であり，⑤個人と環境の相互作用を要求し，そして⑥知識創造をもたらすものであり，「経験の変換を通して知識が創造されるプロセス」としてとらえられるとしている。

さらに学習は，個人と環境との相互作用を通して，相反する，「具体的経験」（受け入れ）と「抽象的概念化」（解釈），および「自省的観察」（知識の蓄積）と「能動的実験」（知識の展開），それぞれの折り合いづけのもとに進行するとされている。そして，これら4つには順序性があり，具体的な経験→自省的観察→抽象的概念化→能動的実験のサイクルによって進行するとしている。Kolbらは，サイクルを構成するそれら4つのいずれを中心として学習を進めるかには個人差があることに注目し，個人の学習スタイルの違いと特徴について議論している（Kolb, & Kolb, 2005）。

このELT理論は，経験を構成する中途のプロセスを重視するあまり，行動

そのものや結果について十分な考慮をしていない。なお，ELT理論そのものとともに，理論に基づく学習スタイル・インベントリーの実証的妥当性などをめぐって，多くの議論が蓄積されている（Kayes, 2002など）。

外形的経験の効果：人が経験から学ぶことに関する議論としては，McCall (1998) のものもある。リーダーに対するインタビューによって，「不慣れな任務に就くこと」，「新しい方向への事業展開を行うこと」，「外的プレッシャーに打ち勝つこと」，あるいは「トップが支援に乗り気でない状況下で職務にあたること」など20数種の出来事の経験から得られる教訓が，個人をリーダーとして成長させるとしている。類似の議論は，わが国でも行われており，「一皮むけた経験」として「ゼロからスタートすること」，「既存のものの立て直しをはかること」，あるいは「ビジネス上で失敗すること」などが挙げられている（ワークス研究所，2001）。

これらのアプローチも経験に着目している。しかし，経験を構成する行動と結果，あるいはその間の経緯が十分に意識されていない。リーダーが，それらの出来事を経験していたからといって，誰もが卓越リーダーに育つわけではない。類似の経験を持つ人は少なからずいるが，だからといって卓越したリーダーに育っているとはいえない。

すなわち，外形的な経験の有無や経験の特徴によってリーダーがコンピテンシーを学習し，卓越していく様子を描くことには限界がある。肝心なことは，外形的な経験ではない。経験の仕方である。出来事の経験を通して，自分の中で，リーダーとしてのコンピテンシーを獲得するために必要な「認知的な処理」を身につけられるかどうかである。

(2) 他者経験の取り入れによる学習

自己経験と並ぶもうひとつの重要な学習機会は，他者の経験の取り入れである。他者（例えばロールモデル）の行動や経験を参考にする学習である。これは観察者に次のような効果を与えると考えられる。

第1は，既存学習の掘り起こしである。すなわち，①自分がすでに学習していた知識や行動をあらためて意識しなおし，実際に試す気持ちにさせる，および②迷いや不安などのために抑止していた行動の効果性について見通しをつけられる，などである。

第2は，気づきと新しい学習の掘り起こしである。すなわち，①これまで注意してこなかった事象や環境に注意を向けさせる，②それまで自分が持ち合わせなかった新しい判断基準，認知スキル，行動パターンを獲得できる，などである。

3 コンピテンシーラーニング

筆者ら（古川，2002b）は，これらの先行研究の知見も参考としながら，①コンピテンシーは学習できるものであり，それは経験をもととしてなされること，②経験は，先述したように，行動，結果，およびそれらの間のプロセス（経験がなされる文脈も含まれる）の3つによって構成されること，そして③コンピテンシーの学習は，単に経験の有無ではなく，経験について意識的に，継続的に振り返り，「経験を通して学習する習慣」を持つことによって促進されると考えている。

筆者らは，これを確認するために，「経験を通して学習する習慣」を把握するための30項目よりなる測度を開発している（古川，未発表）。その測度は，図4-1に示す各要因を測定するものであり，その概要は以下の通りである。そして，「経験から学習する習慣」の獲得とコンピテンシーラーニング，ある

```
         ┌─────────────┐
         │ 1 視野の拡張 │
         └─────────────┘
        ↗              ↘
┌──────────────────┐    ┌─────────────┐
│ 4 振り返り習慣    │    │ 2 視点の転換 │
│ ●結果の振り返り   │    └─────────────┘
│ ●プロセスの振り返り│         ↙
│ ●他者経験の取り入れ│
└──────────────────┘
        ↖    ┌──────────────────┐
              │ 3 行動習慣        │
              │ ●効果的行動の探索 │
              │ ●意図的行動の実行 │
              └──────────────────┘
```

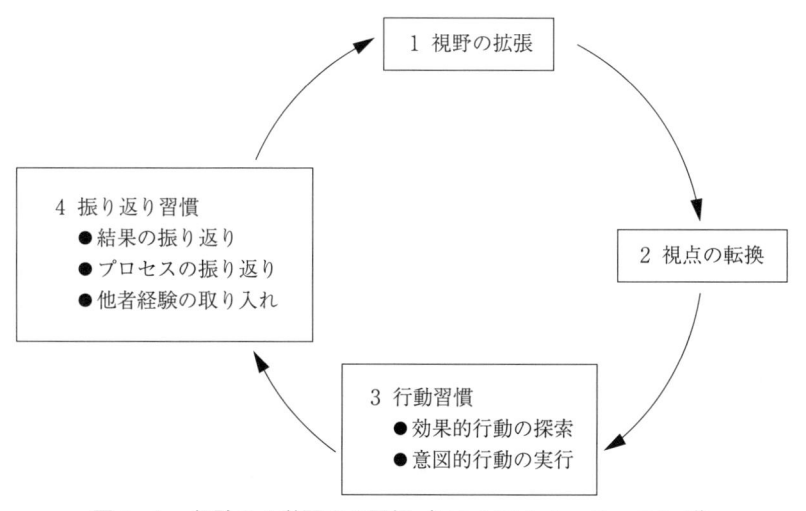

図4-1　経験から学習する習慣（コンピテンシーラーニング）

いは仕事における業績確保との関連性を検討する実証研究を進めている。それらの実証研究の結果の一部は，本章の次のⅣ節で紹介する。

(1) 視野拡張と視点転換

コンピテンシーは，状況を超えて一般性を持つと同時に，状況によく対応した判断と行動を含む。したがって，新たな環境状況を適切に把握し，自らが取り組む課題を判断し，選択するためには，「視野の拡張」（例えば，自分の専門領域や仕事に関する技術やテーマの動向に気を配る）と「視点の転換」（周囲の人が自分に何を期待しているかをよく考慮して仕事を進めている）は不可欠である。

(2) 行動習慣

視野拡張と視点転換は，言い換えれば，適切な情報や知識の収集を行い，判断し，選択するための知的な思考を深めるための基本を意味する。これに続くのは，「行動習慣」を持つことである。行動に着手することなしに経験は始まらない。

ただし，行動さえすればよい，何でもよいから行動するという意味ではない。それは，前述した視野の拡張や視点の転換によって生まれる知的活動に裏打ちされた行動である。確かな根拠に立って，明瞭な仮説や意図に基づく探索や実験などの行動である。

具体的にいえば，何事についてもベストの方法はあるはずであり，「効果的行動の探索」（何についてもより効果的な方法はないかを考え，試している）を行うことである。また，行動に関わって仮説を持ち，シナリオを描いて取り組むなどの「意図的行動の実行」（仕事をするときには目的や具体的成果をはっきりとイメージしている）である。

(3) 振り返り習慣

次の「振り返り習慣」には，図4-1に示されるように，「結果の振り返り」と「プロセスの振り返り」の2つが含まれる。

結果の振り返り：結果の振り返りとは，結果から学習する習慣のことであり，具体的には，①既有経験との共通性の認識（仕事が一段落したらその仕事とこれまでの自分の仕事との関連性を整理している），および②既有経験との差異性の認識（仕事の結果が悪かったときは，良かったときと何が違っていた

か振り返っている）を行い，そして③成功原理の抽出と一般化（押え所や成功に至る方程式は何であるかを意識しながら仕事をしている）を試みることである。

　筆者は，共通性の認識と差異性の認識こそが，コンピテンシーラーニングを促進するための最も重要な鍵を握るものととらえている。現に，日常の職務において共通性や差異性を認識する程度の高い個人（170名の管理者）ほど"自分の経験からいろいろと学ぶことができる"とより強く感じていることが裏づけられている（古川・池田，2003）。

　プロセスの振り返り：プロセスの振り返りとは，行動から結果に至るまでのプロセスから学習する習慣のことである。これには2つが関わっている。

　ひとつは，自己経験の振り返りであり，具体的には，①経験の言語化（自分の仕事の内容や経過について記録をとり，しっかりと残している），②失敗原因の明確化（失敗したときはなぜそうなったのかをスタート段階まで戻って振り返っている），そして③成功要因の明確化（成功したときは，自分のどのような準備や判断が良かったのかを振り返っている）が含まれる。

　他者経験の取り入れ：もうひとつは，他者経験の取り入れである。具体的には，①準拠他者の設定と交流（他者の仕事のやり方のよい点を吸収し自分の行動に生かしている），②準拠他者の行動の言語化（よくできる人に共通するポイントは何かを日頃から意識して考えている），そして③他者からのフィードバックの受容（他者からのフィードバックやアドバイスは可能な限り取り入れ，自分に生かしている）が含まれる。

　ここまで，「経験から学習する習慣」の概要と，それによってコンピテンシーラーニングが進むメカニズムをみてきた。

　経験から学習する習慣において，視野拡張や視点転換は漫然とした形でなされても効果はない。取り組む行動も明瞭な目標とともに，それに仮説や意図が添えられるなどの意識化がなされていることが望まれる。結果やプロセスの振り返りも同様である。すなわちコンピテンシーラーニングは，定期的な目標設定と評価がなされることによって効果が上がる。こうして目標管理の運用は，コンピテンシーラーニングに対しても効用を持ちうることがわかる。

　筆者らは，「経験から学習する習慣」の獲得とコンピテンシーラーニング，

さらには仕事における業績との関連性を検討する実証研究を進めている（古川・池田，2003など）。後続のⅣ節（p. 88）では，それらの実証研究の結果の一部を紹介する。

4 コンピテンシーラーニングとキャリア開発

　コンピテンシーラーニングは，キャリア開発とも重要な関係性を持っている。その点を，図4-2をもとにして，簡潔に理解しておきたい。
　「やるべきこと」と「やりたいこと」：組織における個人は，一方で，現在の仕事において，組織や職場から期待されていることを持っている。組織目標から割り出された役割期待であり，端的に「やるべきこと」と呼ぶことにする。他方で，将来の自分のキャリアや仕事について自分自身が願望するものがある。自分のキャリア目標であり，端的に「やりたいこと」と呼ぶことにする。
　この両者が合致すれば理想である。しかし現実はといえば，両者にはズレがあることが多かったりする。キャリア開発において，また個人と組織とのマッチングのところで話題になるテーマといえる。もし両者にズレがあるときにどのように対応すればよいのか。組織が折れるのか，個人が譲るのか。いずれにしても悩ましさが残る。
　個人の側に立って冷静に考えてみると，「やりたいこと」があるとしても，それが確実に「やれること」になっていなければ，思いや願望は現実のものとして機能しない。コンピテンシーラーニングの考え方は，どのような仕事であっても，確実にそれを「やれること」にするためのものである。それは「経験から学習する習慣」を学習することで可能になる。
　少し具体的にいえば，図4-2の一番下にあるように，日常の仕事において，業務目標（やるべきこと）を明確に持つ。目標管理でいえば明確な目標設定といえる。それには，組織の期待を反映させるとともに，自分のキャリア目標を考慮し，反映させる。そしてその業務目標を「意識化」の度合いを高めて実現していく。そしてその次は，前述したコンピテンシーラーニング（視野の拡張，視点の転換，行動習慣，振り返り習慣）の実践である。これによって，コンピテンシー，すなわち「やれること」が習得される。
　経験から学習する習慣を身につけ，コンピテンシーラーニングができる個人

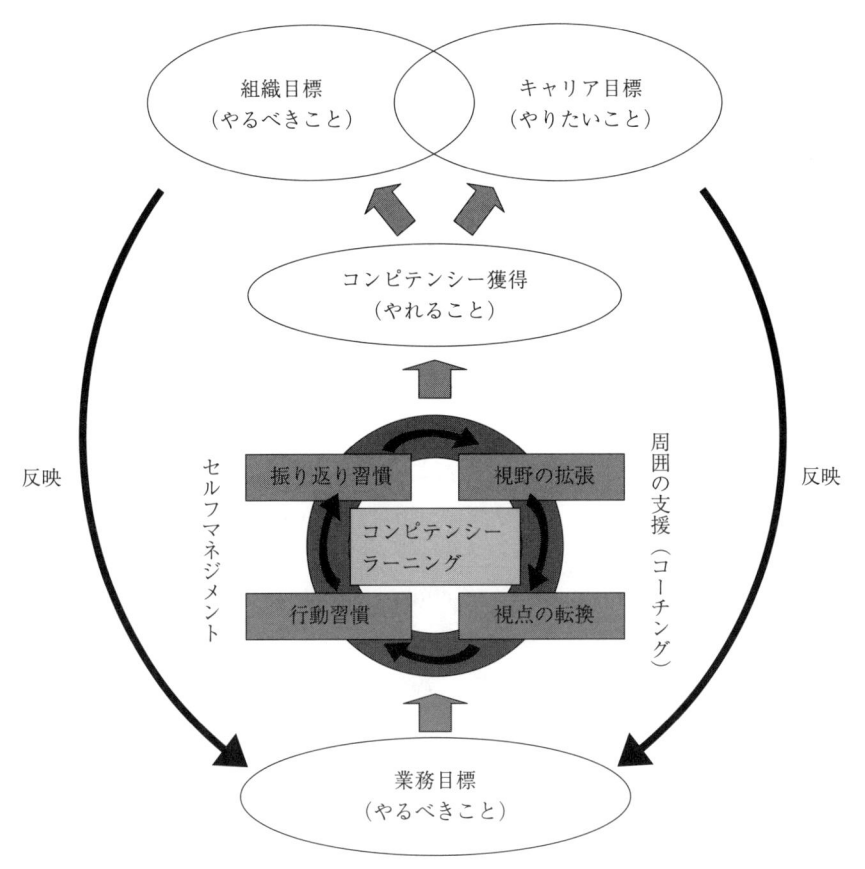

Ⅲ 意識化と能力の獲得──コンピテンシーラーニング 87

図4-2 コンピテンシーラーニングとキャリア開発

は，「やりたいこと」が何であれ，その習慣を活かして，新しいことを学習することができる。「やりたいこと」を持ってはいても，「やれること」にしていく力がない限り，その願いが実現することはない。

　キャリア開発にとって，コンピテンシーラーニングは必須のことである。なお，図4-2に示されているように，学習のセルフマネジメント（第5章）や，周囲からのコーチングは，日常の業務遂行を行いながらコンピテンシーラーニングを進める上で効果を持つことになる。

Ⅳ 経験から学習する習慣とコンピテンシー学習

　この章の前節までは，成果主義の本質としての「意識化」の度合いを高めることが，モチベーションと能力学習に及ぼす効果について理論的に整理を行った。
　この節では，それを一歩進めて，意識化することがモチベーションとコンピテンシーの学習，そして業績に対して及ぼす促進的な効果について，企業組織の協力を得て筆者らが行った2つの実証的な共同研究の結果を紹介する。

1　「経験から学習する習慣」の学習と能力向上との関連性：実証研究1

　第1研究は，前の節でみた「経験から学習する習慣」を習得することの効果性を検討したものである。
　仕事に意識化の度合いを高めて取り組み，その結果とプロセスを意識的に振り返るという「経験から学習する習慣」を身につけることが，結果として，上司から受ける業績評価の向上と密接に関連していることを明らかにしたものである。学習習慣と業績評価向上との間に，コンピテンシーと業績の向上が介在していることがうかがえる。

　(1)　調査の概要

　調査協力者：この研究は，国内の大手電機メーカーとの共同研究に基づくものである。調査協力者は，同社に勤務し，2004年度に実施された中堅社員研修の受講者851名であった。職種は複数にわたっていたが，その中で回答者の多かった職種は開発職260名，SE職239名，営業職173名であった。

　「経験から学習する習慣」の測定：調査協力者の「経験から学習する習慣」を測定するために，「自己診断ツール」（30項目によって構成）に回答を求めた（古川，未発表）。各項目について得点1（まったくしていない）〜得点5（いつもしている）の5段階評定で回答はなされた。ちなみに得点2は"少ししている"，得点3は"ときどきしている"，得点4は"かなりしている"であった。

　自己診断ツール30項目の概要は，先の節で述べた通りである。すなわち，

「視野の拡張」と「視点の転換」，意図を持って仮説とシナリオを描いて行動に取り組む「行動習慣」，結果やプロセスを意識的に振り返ることで法則を編み出していく「意識化習慣」，そして「他者経験から学習する習慣」が含まれていた。

調査協力者は，この「経験から学習する習慣」について，1年間にわたって3回回答した。すなわち，第1回目回答は2004年3月～2005年1月の間に実施された研修受講時に，第2回目回答は研修修了の約6ヶ月後にあたる2004年6月～2005年5月の間において，そして第3回目回答は研修修了の約12カ月後にあたる2004年12月～2005年11月の間においてなされた。

この3回にわたる回答の変化をもって，調査協力者の学習習慣の習得とその強度が把握されることになる。

上司による業績評価：意識的に意図と仮説を持って行動をし，行動（活動）の結果やプロセスを意識的に振り返って，成功法則や失敗を避ける法則を探すという「経験から学習する習慣」の習得が，その個人の業務における能力（コンピテンシー）の学習に及ぼす効果性を，本研究では検討したい。それ故に，厳密にいえば，各調査協力者のコンピテンシーを測定する必要がある。

しかし，その企業において，その時点ではコンピテンシーそのものの測定はなされていなかった。そこで本調査では，「コンピテンシーの高さは，対象者の業績の高さに反映され，それはさらに上司から受ける業績評価の高さに反映

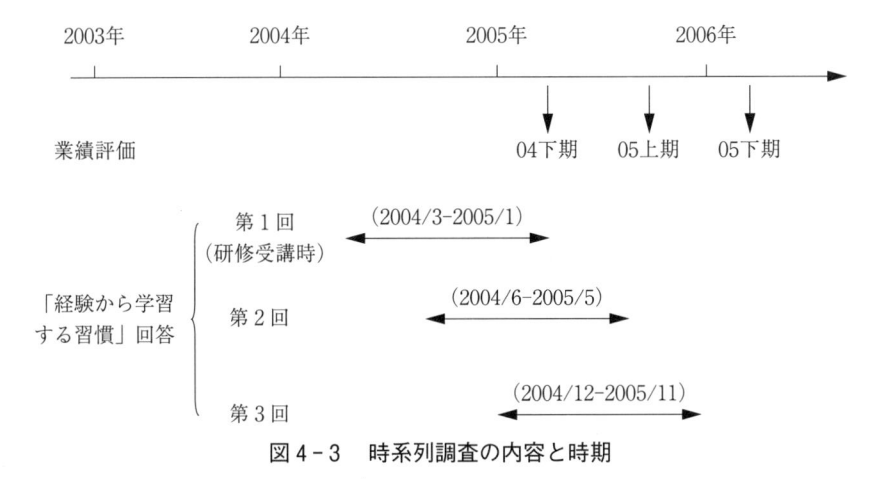

図4-3　時系列調査の内容と時期

される」とみることとした。言い方を変えると，上司から受ける業績評価の高さは，本人の業績の高さ，そしてそれを生み出すコンピテンシーの高さを反映しているものととらえた。

このような考え方のもとで，個々の調査協力者の受けている「業績評価」にかかわるデータの提供を受けた。「経験から学習する習慣」を習得することの効果性を検討することから，図4-3に示されている通り，学習する習慣への回答を行った以降の期間の業績評価，すなわち2004年度下期（2005年3月）以降の3期分（04下期，05上期，05下期）の業績評価を取り上げた。

指摘するまでもないことであるが，調査データの収集にあたって，このような時系列の調査デザインを用いることによって，学習習慣の習得から業績評価に向けた因果関係を検討することが可能となっている。

		1回目	2回目	3回目
	視野の拡張	3.29	3.43	3.61
	視点の転換	3.32	3.52	3.69
行動習慣	効果的行動の探索	3.53	3.78	3.89
	意図的行動の実行	3.28	3.44	3.59
振り返り習慣（結果の振り返り）	既有経験との共通性の認識	2.83	3.04	3.21
	既有経験との差異性の認識	2.95	3.12	3.27
	成功原理の抽出と一般化	3.26	3.45	3.55
振り返り習慣（プロセスの振り返り）	自己経験の言語化	2.91	3.08	3.24
	失敗原因の明確化	3.13	3.28	3.35
	成功要因の明確化	2.58	2.73	2.98
振り返り習慣（他者経験の取り入れ）	準拠他者の設定と交流	3.38	3.40	3.54
	準拠他者の行動の言語化	2.70	2.80	3.00
	他者フィードバックの受容	3.35	3.52	3.58

図4-4　学習習慣（行動習慣と

業績評価のランク：この企業の業績評価のランクは，最高が特優，次いで優，良，可の4段階であった。個人間の相対評価がなされ，各ランクの配分率は基本的に決められている。

また，とても重要なことであるが，今回のデータが収集された期間中において，上司は部下にあたる調査協力者について業績評価をする際に部下の「経験から学習する習慣」の毎回の得点や，1年間の得点変化について，何も知らされてはいなかった。すなわち，上司の業績評価と調査協力者の学習得点とは，互いに独立したデータであった。

(2) **「経験から学習する習慣」の下位カテゴリーの変化**

「経験から学習する習慣」を構成する下位の習慣カテゴリーそれぞれの3回にわたる回答の全体平均得点の変化は，図4-4の通りであった。

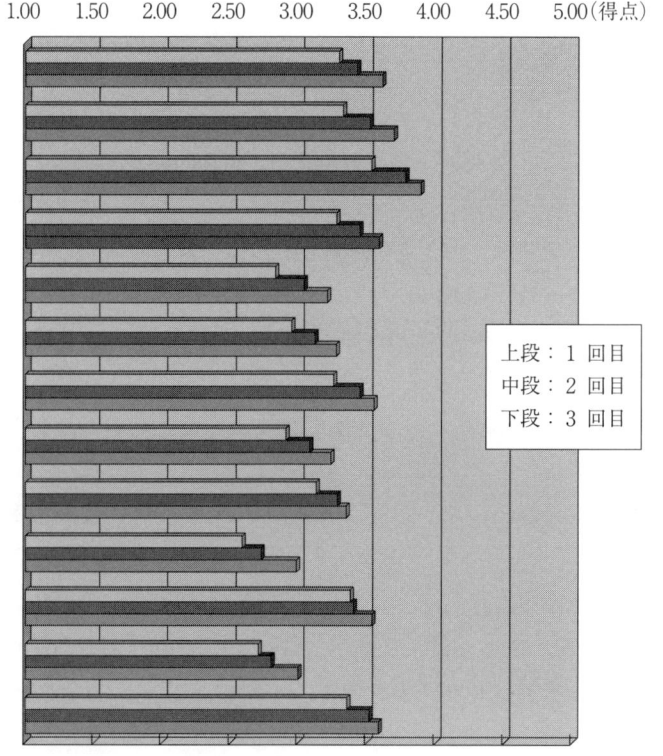

上段：1回目
中段：2回目
下段：3回目

意識化習慣）の1年間の変化

筆者らの考えは，何事にも意識化の度合いを高めて取り組み，振り返り，それによってうまくいく法則，つまずきを避ける法則を探す習慣を意味している「経験から学習する習慣」を身につけることで，コンピテンシーは次第に向上するというものである。

　いずれの下位カテゴリーの習慣についても，回を追うごとに全体平均得点が上昇し，習慣の上昇がみられた。その中で，個人差はあるものの，「視野の拡張」，「視点の転換」，および「行動習慣」の全体平均得点の伸びは大きく，第3回目の調査時には3.50（得点3は"ときどき"）を上回るようになっていた。これと比較して，「意識化習慣」のうち「結果の振り返り」，そして特に「プロセスの振り返り」は，第1回回答の時から2点（ほとんどしていない）台の低水準であったが，1年後も，それを脱するまでには至っていなかった。

(3) 学習習慣の習得と業績評価との関係性

　さて，いよいよ学習習慣の上昇の度合い（意識して取り組み，振り返る習慣の習得を示唆する）と，上司から受ける業績評価との関係性を検討する。

　そのために，研修時（回答1回目）から研修修了1年後（回答3回目）までの学習習慣の向上度によって，研修修了者を類別した。具体的には，回答1回目から3回目まで，得点が2点台から3点台に一貫して向上した群（2点台から3点台への向上者），および得点が3点台から4点台に一貫して向上した群（3点台から4点台への向上者）を選出した。なお，これらに該当しない修了者（変化なし，2回目上昇したものの3回目は下降，2回目下降したが3回目は上昇と不安定）を「その他」群（560名）とした。

　それぞれの回答者群別に，各期における業績評価段階の割合を示したものが，図4-5である。

　「2点台から3点台への向上者」は，"ほとんどしていない"から"ときどきしている"レベルへの移行者であるが，全851名のうちの183名が該当した。また，「3点台から4点台への向上者」は"ときどきしている"から"かなりしている"レベルへの移行者であり，108名が該当した。

　学習習慣の向上による業績評価の向上：図4-5に示されている分析結果は，学習習慣得点の高さ，そして得点の向上が，業績評価の向上につながっている可能性を明瞭に示している。すなわち，得点が低いもしくは安定しない

IV 経験から学習する習慣とコンピテンシー学習　93

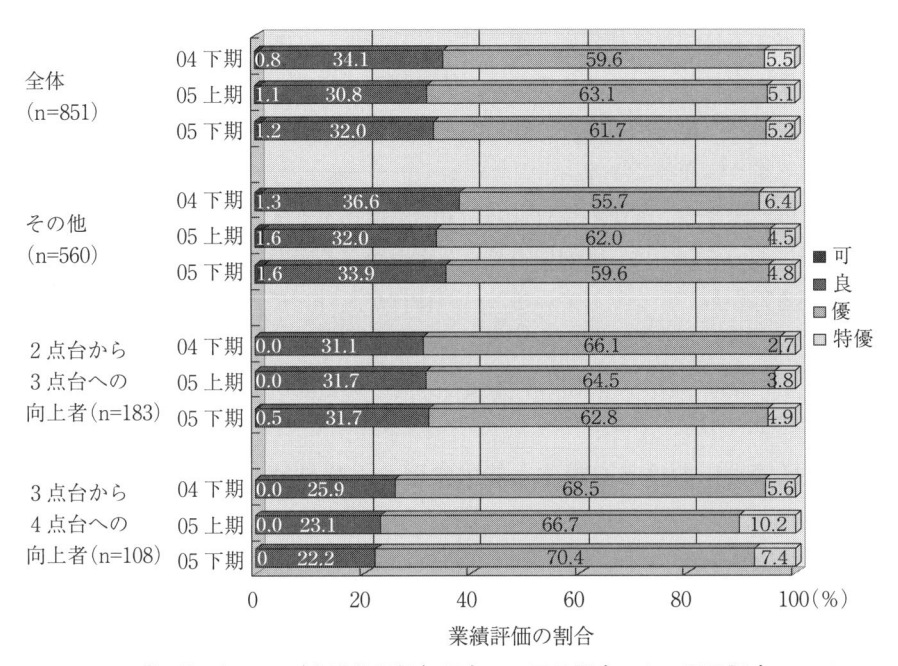

図4-5 「行動習慣および意識化習慣」調査の1回目評定から3回目評定にかけて学習習慣が伸長した回答者の受けた業績評価の分布

「その他」群の業績評価の分布は、「全体」と比較しても、評価「良」の割合においてより高く、評価「優」の割合においてより低いことがみてとれる。また、最高ランク「特優」の割合は、04下期では6.4％であったのに対し、05上期では4.5％、そして05下期では4.8％と低下をみせている。相対評価がなされ、また特優ランクの配分率は決まっていることから、学習習慣得点の上昇が不安定である個人の業績評価は、もともと低いか、相対的に下降していったといえる。

次に、「2点台からの3点台への向上者」群の分布をみると、「全体」のそれと比べて「優」の割合が少し多くなっている。また評価「特優」の割合は、04下期で「2.7％」、05上期で「3.8％」、そして05下期で「4.9％」と連続上昇をみせている。

そして、「3点台から4点台への向上者」を見ると、もともと受けている業績評価は相対的に高く、評価「良」の割合は30％を下回っている。学習習慣得

点が上昇するにつれ業績評価「優」の割合は増加し，05下期では「70.4％」を占めるまでになっている。さらには，業績評価「特優」の割合も，その他の回答者群に比べて相対的に高く，特に05上期からその割合が全体平均をはっきりと上回るようになっている。

以上の結果から，仕事の遂行において，意識化する度合いを高めること，この調査についていえば，学習習慣得点3点台からの向上，すなわち"ときどきしている"から"かなりしている"への移行が，コンピテンシーラーニングを促進させ，それが業績の確保や向上に結びつき，結果として上司による業績評価の向上に反映されていく可能性をよく示している。

2　目標管理における意識化と能力学習および業績との関連性：実証研究2

第2の実証研究は，成果主義的人事制度の中心的な役割を果たしてきている目標管理制度の効果性を検討するものである（古川，2007；野上・古川・柳澤，2004）。

すなわち，①目標設定をすることによって成員にどのような意識化を促すのか，②その意識化の強さに，成員の個人要因と組織要因はどのくらい影響を与えるのか，そして③目標設定時の意識化の度合いは，その後の課題遂行時における経験から学習する習慣の習得，成員の学習（自己成長）や業績達成，および上司による評価とどのように関係しているのかを明らかにするものである。

(1)　調査の概要

調査協力者：国内の大手医薬品製造企業との共同研究に基づくものである。その企業では目標管理制度が実施されている。調査協力者は，その企業のある工場に勤務するライン職128名，スタッフ職36名の合計164名であった。

調査は，時系列のデザインが組まれ，第1回調査は2002年度下期期首（2002年11月下旬）に，第2回調査は2002年度下期期末（2003年4月下旬）に実施された。それぞれにおいて測定された要因は多く，ここでの議論において必要でないものは記述を割愛する。

第1回調査時の測定要因：この時点では，①目標設定によって成員に生まれる意識化の領域（自己および他者）と強さ，②成員の個人的な特性要因（仕事

意欲の強さ6項目，他者との比較志向性2項目，成果報酬志向性2項目，結果重視の仕事観2項目)，③運用における上司の指導性要因（評価基準の明示度3項目，設定時の成果重視度3項目，教育的助言2項目）を測定した。いずれの要因の下位項目についても，調査協力者によって6段階で評定がなされた。

第2回調査時の測定要因：第1回調査から半年経過後に，調査協力者は，①自分の仕事習慣（経験から学習する習慣）に関して，「視野拡張と視点転換」（5項目），「効果的行動の探索」（5項目），「プロセスと結果の振り返り習慣」（8項目），「共通性と差異性の認識」（5項目)，および「学習の応用」（4項目）に回答した。いずれについても6段階の評定がなされた。

その他に，②半年間の自分自身を振り返って，「学習の進捗や達成」（6項目）と「業績の達成感」（2項目）について6段階で自己評定した。さらに③調査協力者それぞれについて，「上司による評価」（5段階評定）を提供してもらった。

時系列の調査デザインのメリット：調査を2回に分けて行う時系列の調査デザインを採用した。これによって，第1回調査で測定した要因と第2回調査のそれとの間の因果関係の検討と議論が可能になるメリットがある。

すなわち，第1回調査時の「目標設定における意識化」が，その後の「経験から学習する習慣」にどう影響を及ぼすのかを検討できることになる。そしてまた，調査協力者自身の「学習習慣」の習得と，「学習の進捗や達成」，「業績の達成」，および「上司による評価」との関係性についても理解がしやすくなる。

(2) **目標設定による意識化について**

自分および他者の意識化：期の初めに目標設定をすることによって，他者を意識する度合い（自分より優れているメンバーの存在，他メンバーの仕事ぶりの2項目の平均得点）の全体平均得点は3.66（6点満点）であった。他方，自分自身を意識する度合い（これから努力しなければならない点，仕事で力点をおくべきポイント，到達すべき水準，獲得すべき知識やスキルの4項目の平均得点）の全体平均得点は4.40であった。

この結果は，目標設定をした時期には，調査協力者は，他者のことよりも自分のことにより強く意識を向けていることを示している。ただし，本研究で

は，他者を意識化する度合いと自分を意識化する度合いに差が認められたものの，この結果をもとにして，"目標設定は他者のことを気にさせなくなる"のか，それとも"目標設定は自分のことに目を向けさせるようになる"のかの判断や議論はできない。

なお，意識化の度合いは，自分と他者のいずれについても，スタッフ職よりはライン職において統計的に有意性を持って高かった。この結果は，当該企業においては，ライン職と比較して，スタッフ職にとって，目標管理の運用が全体として覚醒水準を高めるものとはなっていない可能性を示唆しているともいえる。

自分および他者の意識化を促進させる要因：自分および他者に対する意識化を，成員の個人要因と上司の指導性要因がどのくらい促進させているかを明らかにする。このために，意識化の度合いを従属変数として重回帰分析を行った。その結果は表4-2に示す通りである。

自分についての意識化を促進する要因と，他者の意識化を促進するそれが異なっている点は興味深い結果である。

すなわち，「自分についての意識化」と密接に関係する要因は，個人要因の中では「仕事意欲の強さ」と「結果重視の仕事観」，上司の指導性要因の中では「評価基準の明示度」と「設定時の成果重視度」であった。全体としてこれ

表4-2 目標設定時の意識化を左右する要因の影響力（重回帰分析）

	自分の意識化	他者の意識化
<個人内要因>		
仕事意欲の高さ	.44**	
他者との比較志向性		.24**
成果報酬志向性		.20*
結果重視の仕事観	.16*	
<上司の指導性要因>		
評価基準の明示度	.33**	.22*
設定時の成果重視度	.15*	
教育的助言		.18*
R^2	.55**	.33**

注：** $p<.01$　* $p<.05$

表 4-3　目標設定時の意識化と経験から学習する習慣の関連性(偏相関係数)

	経験から学習する習慣				
	視野拡張視点転換	効果的行動の探索	振り返り習慣	共通性と差異性の認識	学習の応用
自分の意識化	.27**	.25**	.33**	.25**	.34**
他者の意識化	.09	.04	.06	.14†	.09

注：**$p<.01$　†$p<.10$

らの要因の説明力はかなり高いものであった（$R^2=0.55$）。仕事に対して前向きの意気込みや意欲を持っている個人ほど，また上司が面談において評価の際に重要視する点を伝えているほど，自分についての意識度は高くなることがうかがえる。

　これとは対照的には，「他者についての意識化」と関係する要因は，個人要因の中では「他者との比較志向性」と「成果報酬志向性」，上司の指導性要因の中では「評価基準の明示度」と「教育的助言」であった。ただし，全体として関係の強さはそれほど大きいものではなかった（$R^2=0.33$）。

(3) 目標設定時の意識化と「経験から学習する習慣」

　目標設定時の「自分についての意識化」（これから努力しなければならない点，仕事で力点をおくべきポイント，到達すべき水準，獲得すべき知識やスキル）および「他者の意識化」（自分より優れているメンバーの存在，他メンバーの仕事ぶり）が，その後の半年間にわたる仕事場面における「経験から学習する習慣」（ここでは視野拡張と視点転換，効果的行動の探索，振り返り習慣，共通性と差異性の認識，学習の応用の5つ）とどのくらい関連しているかについて，偏相関係数を算出することで検討した。その結果は表4-3の通りである。

　表にあるように，自分についての意識化の度合いと5つの学習習慣それぞれとの偏相関係数は比較的高く，また統計的な有意性も持っていた。このことから，目標設定時に，自分についての意識化（これから努力しなければならない点，仕事で力点をおくべきポイント，到達すべき水準，獲得すべき知識やスキ

表4-4　学習習慣と自己成長感，業績達成感，上司評価との関係性
（ステップワイズ法による重回帰分析）

経験から学習する習慣	成員の自己評価		上司の評価
	学習の進捗	業績達成感	
視野拡張・視点転換			
効果的行動の探索		.25*	.31*
振り返り習慣	.25*	.26*	
共通性と差異性の認識			
学習の応用	.38**		
R^2	.33**	.20**	.20**

注：1．表中の係数値は，従属変数の説明要因として，統計的基準を満たし，有効性を持っているもののみを記載している。
　　2．**$p<.01$　*$p<.05$

ル）をより高くしている成員ほど，その後の半年間にわたる日常の仕事場面において，5つの「経験から学習する習慣」の実践度が高いことを示している。

一方，他者の意識化は，先にみたように，もともと意識化の水準そのものが低いものであったが，「経験から学習する習慣」に対してほとんど促進的な関連性を持っていなかった。

(4)　「経験から学習する習慣」と自己成長と上司評価

5つの「経験から学習する習慣」はそれぞれ，活動に取り組む前から成果を意識して仮説を立て，効果的なシナリオを描いて実行し，結果とプロセスを意識的に振り返り，編み出した法則や原理を次に活かすことを意味している。

これらを実践することに意味はあるのか。これまでもみてきたように，我々は，学習習慣はコンピテンシーの学習や自己成長，あるいは業績向上，そしてそれに連動して上司からの高い業績評価に結びつくと予測している。

これを検討するために，経験から学習する習慣が，「学習の進捗や達成」や「業績の達成」の自己評価とどのくらい関係しているのか，さらには「上司による評価」とどのくらい関係しているかについて，重回帰分析を用いて検討した。その結果は，表4-4の通りである。

成員の自己評価：成員の自己評価のうちの「学習の進捗や達成」に対しては「結果やプロセスの振り返り」と「学習の応用」の2つの学習習慣が促進的な

効果を持っていた。仕事をやりっぱなしにしないで，結果とプロセスを振り返り，そこから法則を編み出し（学習し），それをその後の活動につなげることで，自分の学習が進み，達成感に結びついていることがうかがえる。

自己評価のうちの「業績達成感」に対しては「効果的行動の探索」と「結果とプロセスの振り返り」の２つが促進的な効果を持っていた。課題に取り組むにあたって効果的行動を考え，仮説を立て，シナリオを描いて意識的に活動する習慣を持ち，併せて結果とプロセスを振り返って法則を見出していくことが，やるべきことがやれたという業績達成感が生まれると推察できる。成果主義の本質である"意識化の度合いを高めること"が，成員の自己評価につながっていることがわかる。

上司による評価：上司による評価は，先に述べたように，成員（調査協力者）の評定とは全く独立したものであった。分析の結果は，表４-４にあるように，経験から学習する習慣のうち，「効果的行動の探索」のみが，上司から受ける評価の高さと関連していることを示していた。

当該企業においては，上司（管理者）は，課題に取り組むにあたって効果的行動を考え，シナリオを描いて活動をする習慣を持っている部下を高く評価することがうかがえる。これは，部下のそのような習慣を持っていることに上司が直接的に反応していることの結果であるのかもしれない。あるいはそのような習慣が，部下のコンピテンシーを高めさせて，業績を生み出していることへの反応であるのかもしれない。

ここではいずれであるかの結論は出せないが，課題に取り組むにあたって，"意識化の度合いを高めている姿勢"が上司の評価に，直接的にもしくは間接的に反映されることが起きていることが理解できる。

引用文献

Adams, J. S. (1965). Inequity in social exchange. In L. Berkowitz (Ed.) *Advances in experimental social psychology*, New York, NY: Academic Press. pp. 267-299.
Ames, C., & Archer, J. (1988). Achievement goals in the classroom: Students' learning strategies and motivation strategies. *Journal of Educational Psychology*, 80(3), 260-267.
Atkinson, J. W. (1964). *An introduction of motivation*. Princeton, NJ: Van Nostrand

Reinhold.
Bandura, A.（1986）. *Social foundations of thought and action: A social cognitive theory.* Old Tappan, NJ: Prentice-Hall.
Deci, E. L.（1975）. *Intrinsic motivation.* New York, NY: Plenum Press.
Deci, E. L., & Ryan, R. M.（1985）. *Intrinsic motivation and self determination in human behavior.* New York, NY: Plenum Press.
Dweck, C. S., & Leggett, E. C.（1988）. A social-cognitive approach to motivation and personality. *Psychological Review,* 95, 256-273.
Ellis, S., & Davidi, I.（2005）. After-Event Reviews: Drawing Lessons From Successful and Failed Experience. *Journal of Applied Psychology,* 90(5), 857-871.
古川久敬（2002a）．人的資源とビジネスモデルの相互充足性原理．一橋ビジネスレビュー，50(1)，54-68.
古川久敬（監修・著）（2002b）．コンピテンシーラーニング　日本能率協会マネジメントセンター
古川久敬（2003）．目標による管理の新たな展開—モチベーション，学習，チームワークの観点から．組織科学，37(1)，10-22.
古川久敬（2007）．成果主義のもとでの目標管理が組織活性化を可能にする条件の心理学的研究．平成17・18年度科学研究費補助金（基盤研究(B)(2)：研究代表者　古川久敬）研究成果報告書．
古川久敬・池田浩（2003）．企業組織におけるリーダーの自信は何から生まれるか：経験の省察と他者および自己期待を充足することの効果．産業・組織心理学会第19回大会発表論文集，128-131.
Grant, A. M., & Ashford, S. J.（2008）. The dynamics of proactivity at work. *Research in Organizational Behavior,* 28, 3-34.
Kayes, D. C.（2002）. Experiential learning and its critics: Preserving the role of experience in management learning and education. *Academy of management learning and education,* 1(2), 137-149.
Kolb, A. Y., & Kolb, D. A.（2005）. Learning styles and learning spaces: Enhancing experiential learning in higher education. *Academy of Management Learning & Education,* 4(2), 193-212.
Kolb, D. A.（1984）. *Experiential learning: Experience as the source of learning and development.* Englewood Cliffs, NJ: Prentice-Hall.
McCall, M. W.（1998）. *High flyers.* Boston, MA: Harvard Business School Press（金井壽宏（監訳）ハイ・フライヤー—次世代リーダーの育成法　プレジデント社）．
野上真・古川久敬・柳澤さおり（2004）．MBOにおける目標設定が成員の意識喚起および行動習慣に及ぼす影響．産業・組織心理学会第20回大会発表論文集，99-102.
Skinner, B. F.（1969）. *Contingencies of reinforcement.* New York, NY: Appleton-Cen-

tury-Crofts.
Sparrow, P. (2002). To use competencies or not to use competencies? That is the question. In M. Pearn, (Ed.) *Individual differences and development in organizations*. Hoboken, NJ: John Wiley & Sons. pp. 107-131.
Steers, R. M., Mowday, R. T., & Shapiro, D. L. (2004). The future of work motivation theory. *Academy of Management Review*, 29, 379-387
ワークス研究所（2001）．リーダーを育てる．Works, 47, 2-39.
West, M. A. (2004). *Effective teamwork: Practical lessons from organizational research* (2nd ed.). London: BPS Blackwell.
Wick, C. W., & Leon, L. S. (1993). *The learning edge: How smart managers and smart companies stay ahead*. New York, NY: McGraw-Hill.
Wills, T. A. (1981). Downward comparison principles in social psychology. *Psychological Bulletin,* 90, 245-271.

第5章
セルフマネジメントによる学習

　今日の企業で組織成員の成果を支えるのは，成員による不断の学習である。グローバル化，科学技術の急速な進展，消費者の嗜好の多様化，製品のライフサイクルの短期化などによって近年の企業組織が置かれた環境変化は非常に激しいものになっている。

　そのような変化に伴い，組織成員が取り組む仕事は高度化，複雑化している。変革も求められている。組織成員がこのような状況に対処する力を養うために，またこれまでにない行動様式，新しい知識や価値を生み出すために，個々人が意識的に，主体的に学習を継続し，自己成長することが求められている。

　「主体的に学習を進める」ことを難しいと感じる人も多いであろう。しかし本書で繰り返し説かれている「意識化」を引き出すことを，自身の日常的な行動パターンに組み込めば，学習を主体的に進めることは，それほど困難ではなくなる。

　この第5章では「意識化」をキーワードとして，学習者自身が主導的に進めるセルフマネジメントによる学習のメカニズムを理解し，主体的な学習の実践について示唆を得る。

I　組織成員が学習すること

「学習する組織」や「職場学習」など，企業組織が環境の変化に対応し，競争力を高めるために組織成員の学習を促進することの重要性が認識されるようになって久しい。学習という言葉は，組織の現場でもよく耳にするようになったが，学習の意味については，よく整理されないままでいる。

学習について，「学習すべきこと」と「学習の進め方」の2つを明確にすると，そこから重要なことがみえてくる。

この節では，まずは組織成員が学習すべきこととして，知識とスキルを取り上げ，それぞれが意味することを整理する。そして両者の関係性や違いについて明らかにする。また，近年注目されているコンピテンシーについてもあわせて取り上げることにする。

1　知識とスキル

(1)　知識が意味すること

人が保有する知識は，「言葉として記憶している知識」と「活動手順として記憶している実践的知識」とに分類できる。

言葉として記憶している知識：この知識は，我々が言葉で表現できる事柄や事実に関して記憶している知識であり，宣言的知識（declarative knowledge）と呼ばれることが多い。

新しく何かを学ぶときには，この言葉としての知識を記憶することが最初の一歩となる。例えばアパレル関係の販売員として採用された新入社員であれば，生地の特性，衣服の種類（ジャケット，ニットなど），今年のトレンド，商品のたたみ方，商品の陳列方法，接客方法，クレームの対応の仕方，など販売員として必要な知識を，新人研修，テキストや資料，あるいは先輩からのアドバイスなどによって，言葉を通して理解し，記憶する必要がある。

一般的に使われる「知識」という言葉は，この言葉としての知識の意味であることが多い。

活動手順として記憶している実践的知識：言葉として記憶している知識のみ

では，効果的な仕事の遂行はできない。その知識を現実場面で活用するためには，現実の状況に即した活動の手順に関する新たな知識を獲得する必要がある。

先の新人の販売員を例にとると，研修などでクレーム処理の方法を学び，クレーム処理の方法に関する言葉としての知識を記憶しただけでは，現実場面で効果的にクレーム処理ができるわけではない。実際に，クレーム処理を体験する経験を蓄積することで，クレーム処理は，現実場面ではどう進められるのか，自分がどのように動くべきなのかについての実践的知識が獲得されるのである。このときに，クレーム処理の勘どころや独自の工夫など，研修では教わらない内容の知識も獲得される。こうして実践的な活動手順に関する知識を身につけることで，効果的なクレーム処理ができるようになる。この知識は，手続き的知識（procedural knowledge）と呼ばれることが多い。

そういった何かを実行するときの手順（考え方や行動の仕方）に関わる実践的知識を獲得することによって，効果的な職務遂行が可能となる。

(2) スキルが意味すること

スキルは，職務の実行にあたって必要とされるものであり，その巧拙が成果を左右する。Anderson（1987；1996）は，次のようなスキルの獲得プロセスを示している。最初に課題に関連する言葉としての知識（宣言的知識）が習得される（宣言的学習の段階）。次に記憶された言葉としての知識をもとに，実際に課題に取り組むことで活動手順としての実践的知識を獲得する試みが行われる（知識の編集の段階）。それらの試みを繰り返すことで，活動手順としての実践的知識がより効率的なものに変容し，課題遂行場面で自動的に，そしてほとんど意識することなくスキルとして活用されるようになる（手続き化の段階）。

この考え方からすると，スキルの獲得は，先に述べた活動手順としての実践的知識を獲得した状態とみなすことができる。実際，Campbell et al.（1993）は，その知識とスキルを同義のものとしてみなしている。本章では，活動手順としての実践的知識が獲得された状態を，スキルととらえることにする。

組織成員が身につける必要があるとされているスキルは，企業や職種によって異なるが，ここでは，その一例としてO*NET（Occupational Information

Network）において提示されているスキルを紹介する。O*NET は，米国労働省の支援のもとで開発された職業に関する情報を提供するシステムである。このシステムの中では，様々な職業で個人に求められるスキルについて体系的な分類がなされている。表5-1に示すものがそれである。

「基礎的スキル」（basic skills）は，学習の基礎となるスキルであり（Peterson et al., 1999），「職務横断スキル」（cross-functional skills）は職務の遂行にあたって必要とされるスキルである（Mumford, Peterson, & Childs, 1999）。

Anderson（1987, 1996）が指摘するように，スキルを一度獲得すると，それを利用する状況で，特に意識することなく自動的に活用できると考えられる。

意識されることなく自動的にスキル活用できるということは，従来それに向けていた意識を，そのスキルの行使以外の課題に向けることができることを意味する。熟練者が新人よりも多くの仕事を遂行できるのは，そのためである。例えば，衣服のたたみ方の手順についてのスキルを獲得している販売員であれば，衣服をたたむことに意識を集中する必要がないため，衣服をたたみながら，顧客の様子を観察したり，レジの込み具合に注意を払ったり，後輩にアドバイスを与えることができるのである。

しかし，意識することなくスキルを活用するということは，一方で落とし穴にもなる。例えば，問題が起きていることを知らせるサインに気づかなかったり，そのスキルがもはや有効でなくなったにもかかわらず，同じ方法で課題を遂行し続けるような事態が生じる可能性がある。ヒューマン・エラーや成果の伸び悩みは，このことから生じることも多い。知識やスキル，コンピテンシーを獲得しても，それを適宜意識化することにより，問題が発生する要素がないかどうか，あるいは陳腐化してないかどうかを見直し，更新する必要がある。

(3) コンピテンシーが意味すること

知識やスキルは，もちろん成果と関連する。しかし，我々が経験的に感じているように，ある特定の知識やスキルを持っていさえすれば，成果をあげることができるというわけではない。

表5-1　O*NETによるスキルの分類

基礎的スキル		1. 積極的学習	現在や将来の問題解決や意思決定のために，新たな情報の含意を理解する。
		2. 傾聴	他者が話すことに十分な注意を払う。主張されたことを理解するために時間をかける。必要に応じて質問を行う。不適切なときに話を遮らない。
		3. クリティカル・シンキング	選択可能な解決策の強みや弱みを明らかにするために，ロジックを用い，論究する。
		4. 学習方略	新しいことを学んだり，教えたりする際に，状況に合わせて適切な訓練方法や手続きを選択し，利用できる。
		5. 計算	問題解決のために数学を用いる。
		6. モニタリング	改善のためや適切な行動をとるために，自分自身，他者，もしくは組織のパフォーマンスをモニタリングする。
		7. 読解	仕事に関わる資料の文章を理解できる。
		8. 科学	問題解決のために科学的な法則や方法論を利用する。
		9. 口述	他者に情報が効果的に伝わるように話す。
		10. 文章作成	読み手のニーズにあわせて文章で効果的に情報を伝達する。
職務横断	複雑な問題解決スキル	11. 複雑な問題解決	複雑な問題を明らかにし，選択肢の展開やその評価，および解決策の実行のために関連する情報を検討する。
	資源管理スキル	12. 財務資源の管理	業務の実行にどの程度資金が必要なのかを明らかにし，それらの費用について説明する。
		13. 物的資源の管理	ある作業を行うために必要な道具，設備，材料を手に入れ，適切に利用するよう配慮する。
		14. 人的資源の管理	働く人々の意欲を高め，成長させ，適切な方向に導く。仕事に関して最も優秀な人々を明らかにする。
		15. 時間管理	自分の時間や他者の時間を管理する。
	社会的スキル	16. 調整	他者の行動と関連づけながら自分の行動を調整する。
		17. 指導	方法を他者に教える。
		18. 折衝	人々をうまくまとめ，相違点を調和させようとする。
		19. 説得	他者の考えや行動を変えるよう説得する。

スキル			
ス キ ル		20. 奉仕志向	人々を助けるための方法を積極的にさがす。
		21. 社会的洞察	他者の反応に注意を払う。その反応の意味を理解する。
	システムスキル	22. 判断と意思決定	最も適切なものを選ぶために，将来とるべき行動の相対的なコストや利益を考慮する。
		23. システム分析	システムがどのように機能するか，そして条件，操作，環境の変化がどのように結果に影響するのか，を明らかにする。
		24. システム評価	システムの性能を示す多くの指標に目を通し，それらの精度に目を配る。
	テクニカルスキル	25. 道具の維持	道具の保守を定期的に行い，いつ，どの種の整備が必要なのかを決める。
		26. 道具の選択	仕事をするために必要な道具の種類を決める。
		27. 取り付け	仕様に合わせて道具，機械，配線，プログラムを取り付ける。
		28. 操作と制御	道具やシステムの操作を制御する。
		29. 作動モニタリング	機械が適切に機能していることを確認するために，計器，目盛り，あるいは他の指標に注意を払う。
		30. 作業分析	設計図を作るためにニーズや動作環境を分析する。
		31. プログラミング	目的にあわせてコンピュータプログラムを書く。
		32. 品質管理分析	品質やパフォーマンスを評価するために，製品，サービス，あるいはプロセスの検査や検証を実行する。
		33. 修理	必要な道具を用いて，機械やシステムを修理する。
		34. 技術設計	利用者のニーズに応えるために，道具や技術を作りだしたり，改造したりする。
		35. 故障の発見	オペレーティングエラーの原因を割り出し，それに対して何をすべきかを決める。

　わが国において，成果が強く意識されるようになった時期から注目されるようになったのが，コンピテンシーである。コンピテンシーは，成果や業績に直結する能力（古川，2002）であり，知識やスキルと関連はあるものの，表に出される行動に注目する能力概念である。コンピテンシーの学習については，第4章に詳しく書かれている。

2 学習はどのように進められるのか──他律的学習と自律的学習

知識やスキルの学習は,「他律的」なものと「自律的」なものに分けられる。

(1) 他律的学習

個人が, 自分の学習を, 他者の主導で進めることを他律的学習という。

企業で計画的に実施される Off-JT や OJT は, 他者が主導して進める他律的学習という側面が強い。教育訓練では, 学習目標や学習内容の教示が訓練者からなされる。実習を行う場合には, 訓練者が正負のフィードバックや報酬・罰を与えることで, 適切な反応を学習することを促す。

上記のように, 訓練者が, 学習目標や学習内容の教示を行うこと, そして正負のフィードバックや報酬・罰を与えることは, 訓練対象者に対して, 学習に必要な活動への意識化を促す働きかけでもある。これらの働きかけが適切に行われ, かつ個人に学習の重要性を認識させることができれば, 個人の態度を受動から能動へと転換させ, 学習を進展させる努力や積極的な学習活動を引き出すことができる。そしてそれによって, 多少の個人差はあったとしても, 狙いとされる内容を, 被訓練者に概ね等しく学ばせることは可能である。企業組織における教育訓練の有用性はここにあるといえる。

(2) 自律的学習

個人が, 自分の学習を, 自分が主導して進めることを自律的学習という。

組織成員がそのパフォーマンスを高めようとすれば, 教育訓練による学習のみでは不十分である。というのは, 教育訓練では, すでに体系化された内容を学習するため, 学習の範囲は限定的なものになるからである。日常の業務場面で自律的学習を進めることによって, 日々生きた知識を獲得し, 使えるスキルを身につけ, また教育訓練での学習内容を応用することで, 優れた成果, 業績をおさめることが可能となる。

職場での職務遂行を通した自律的学習については, 学習に対する外からの強制力が働かないこと, 自分自身で模索しながら学習に取り組まねばならないこと, 現実場面は複雑で狙ったことのみを学習することができないこと, など学習を順調に進展させることに適した環境で進められるわけでは必ずしもない。そのため, 日常業務場面で自律的学習を進めようとすれば, 漫然と学習を進め

るのではなく,「意識化」によるセルフマネジメントによって学習を進めることが必要となってくる。

II　学習のセルフマネジメントのプロセス

1　学習におけるセルフマネジメントの2つのプロセス

学習のセルフマネジメントは,個人が意識化によって主体的に,計画的に進める学習の方法である。このような学習の方法は,これまで自己調整学習(self-regulation learning ; Zimmerman, 1986など)や社会的認知理論(SCT : social cognitive theory),コントロール理論(control theory ; Carver, & Scheier, 1981)などから説明されてきた。

学習のセルフマネジメントには,①学習サイクルを運用すること,そして②学習サイクルを構成する各段階で,状況に合わせて注意,思考,行動,感情,モチベーションをコントロールすること,という2つのプロセスがある。

第1のプロセスである「学習サイクルの運用」における学習サイクルとは,個人が自分の知識やスキルの向上をはかって,計画的に学習段階を運用するプロセスである。図5-1に示すように,学習サイクルは「学習の必要性の認

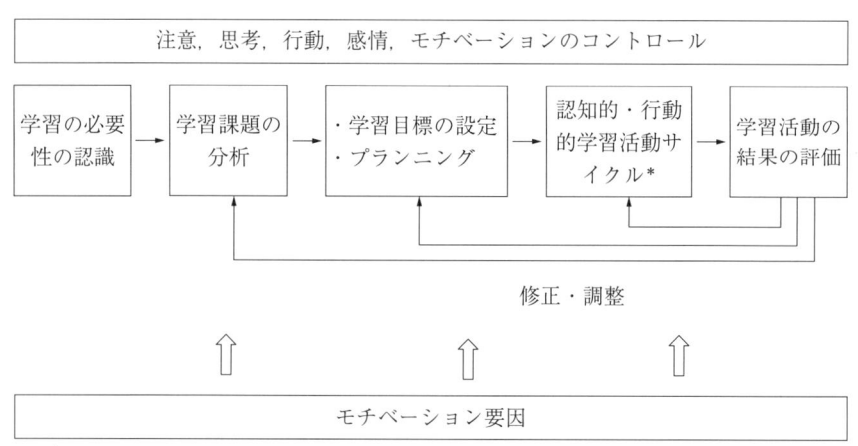

```
┌─────────────────────────────────────────────────────────┐
│      注意,思考,行動,感情,モチベーションのコントロール    │
└─────────────────────────────────────────────────────────┘
┌──────┐  ┌──────┐  ┌──────────┐  ┌──────────┐  ┌──────┐
│学習の必要│→│学習課題の│→│・学習目標の設定│→│認知的・行動│→│学習活動の│
│性の認識 │  │  分析   │  │・プランニング │  │的学習活動サ│  │結果の評価│
│      │  │      │  │          │  │イクル*    │  │      │
└──────┘  └──────┘  └──────────┘  └──────────┘  └──────┘
                        修正・調整
            ⇑           ⇑           ⇑
┌─────────────────────────────────────────────────────────┐
│                    モチベーション要因                       │
└─────────────────────────────────────────────────────────┘
```

注:*学習サイクルを構成する「認知的・行動的学習活動サイクル」の詳細については,後の図5-3に示されている。

図5-1　学習サイクル

識」,「学習課題の分析」,「学習目標の設定とプランニング」,「認知的・行動的学習活動サイクル」,「活動結果の評価」,「評価をもとにした修正,調整」の6つによって構成されている。このサイクルは,学習における PDCA（Plan-Do-Check-Act）サイクルととらえることもできる。

　学習のセルフマネジメントの第2のプロセスは,図5-1に示す学習サイクルの各段階で,学習状況に合わせて注意,思考,行動,感情,モチベーションをコントロールすることである。

2　セルフマネジメントが知識やスキルの学習を促進する

　現在の企業組織の成員の多くは,複雑化,高度化,流動化している仕事について,短期間で成果を求められるという厳しい状況に置かれている。この状況に対応するためには,他者に依存する学習ではなく,個人が自分主導で学習をデザインし,学習を確実に進めるための学習のセルフマネジメントが不可欠である。

　学習のセルフマネジメントは,先の自律的学習と関係するが,単に自分を律することで進める学習を意味するものではない。学習のセルフマネジメントは,明確に「学習成果を意識」しながら,学習目標の達成に向けて,主体的に,計画的に,意図的に進める学習である。

　他律的学習においてもセルフマネジメントは必要となる。他律的学習は,目標の設定,フィードバックの提供,学習度やパフォーマンスの評価を他者が行うことが多い。つまり,学習サイクルのマネジメントを他者が担うことになる。しかし,他者がそのサイクルをマネジメントしても,実際の学習はあくまでも学習者本人が進めなければならない。つまり,学習のセルフマネジメントの第2のプロセス,すなわち学習サイクルを構成する各段階における注意,思考,行動,感情,モチベーションのマネジメントについては,自分自身で行わざるをえないのである。同一の教育訓練を受けても,そこから学ぶ事柄が違ってくるのは,後者のマネジメントを意識化し,主体的に学習を行えている人とそれができない人がいるためである。

　自律的および他律的いずれの学習においても,学習成果を意識しながら,学習目標の達成に向けて,主体的に,計画的に,意図的に進める学習のセルフマ

ネジメントが学習進展の鍵となる。

Ⅲ　学習のセルフマネジメント

　ここからは，図5-1に示す学習サイクルにしたがって，学習のセルフマネジメントの内容について説明していく。

1　学習の必要性の認識
　与えられた仕事をうまく遂行できそうにないと感じたとき，仕事で成果を上げられないとき，管理者などの他者から自分の短所や改善点に関するフィードバックを受け取ったとき，あるいは自分と他者とを比較し，自分のほうが劣っていると感じたときに学習の必要性が強く認識される。
　このように，自分の知識やスキルに問題があると感じるきっかけがあって，「学習が必要である」と認識することは多い。しかし，仕事を順調にこなし，成果をあげることができていても，学習の必要性を意識することはやはり重要なことである。組織内外の環境の変化によって，要求されるスキルや課題は変化しているからである。すでに獲得している知識やスキル，コンピテンシーに対しても，意識化し，それらが陳腐化しないように見直し，更新する必要がある。
　学習のセルフマネジメントは，学習の必要性の認識をも主体的に，意識的に行うことから始まる。日常的に学習の必要性を考え，自己分析することで，次の学習課題の分析が促される。

2　学習課題の分析
　学習課題の分析は，自分が今後習得しなければならない具体的な知識やスキルを明らかにする作業である。
　学習課題の分析を的確に行うためには，自己分析が必要となってくる。自分の知識やスキルのレベルを自己分析することによって，何を学習すべきなのかという学習課題を明らかにすることができる。
　的確な自己分析は，次のような条件が整うことで可能となる。まず，自分の

知識やスキル，パフォーマンスに関するフィードバック情報を十分に獲得していることである。それらの情報は，他者に自分のことを尋ねたり，自分と他者を比較するなどによって自主的に獲得する場合と，上司などの他者によって提供される場合とがある。

また，仕事の遂行に必要な知識やスキルの総合的なイメージを持てることも自己分析の的確さにかかわる。そのイメージを持つことで，相対的な自分のレベルを把握しやすくなる。知識やスキルの総合的なイメージは，自分に与えられた役割を遂行する経験や他者を観察することを通して形成される。自分のお手本となるような人物がいることも，そのイメージの形成に寄与するであろう。

3 学習目標の設定とプランニング

(1) 学習目標の設定

目標の設定は，達成すべき基準，すなわち成果を明確にする作業である。学習目標の設定は，学習成果の意識化を引き起こす行為に他ならない。本書において繰り返し説かれているように，学習に関しても「成果を意識する」ことが重要なのである。この意識が，セルフマネジメントを引き起こし，学習を進展させる。

セルフマネジメントによる学習の効果を高めるためには，「具体性」，「外在性」，「短期性と長期性」を備えた学習目標を設定する必要がある。

具体性：目標設定理論（Locke, & Latham, 1990など）が示すように，具体的な目標の設定は，学習成果につながる。具体的な目標は，先に述べたように達成すべき基準となり，目標達成のためのプランニングを具体的なものにすることにつながる。また，具体的な目標のほうが，曖昧な目標よりも，成果への意識化を高めやすく，目標達成へと方向づけられた学習行動を引き起こす。

外在性：外在的学習目標は，学習目標を外部に表出させている目標である。目標を書き出す，他者の前で目標を口にするなど明確に言語化することで，目標は外在化する。組織の場面で，代表的な外在的学習目標といえるのが，目標管理制度のもとで設定される目標である。この目標は，目標管理シートに書き出され，それについて上司と話しあうことによって，外在化する。

外在の反対は，内在である。例えば，「専門性を身につけたい」，「問題解決スキルを高めたい」など頭の中にぼんやりとはあるものの，それを外部に表出させていない学習目標は内在的目標である。

学習目標を外在化させると，内在のままの状態よりも，学習成果や学習目標達成へと個人を意識づける。また，外在化させた学習目標は，達成することを他者から期待されることが多い。このことも，目標やその達成に対する個人の意識を高めることにつながる。

長期性と短期性：目標は，それが要する時間に注目すれば，短期目標と長期目標に分けられる。短期目標は，比較的短期間で達成できる目標である。一方，長期目標とは，その達成に長い期間を要する目標である。今日の組織成員に求められている長期にわたって継続させねばならない学習においては，長期的な学習の方向性を示す長期目標の設定と，長期目標を分割した短期目標のいずれをも設定することが有効であると考えられる。

長期目標と短期目標の設定：いくつかの研究で，長期目標と短期目標の双方の設定が，パフォーマンスを高めることが確かめられている。Latham, & Brown (2006) は，MBAの学生に，「長期の学習成果目標」（最終学年の修了時までに達成したいGPAの点数などの具体的目標），「長期の学習成果目標と短期の学習成果目標」（最終学年の修了時および学期の終了時までに達成したいGPAの点数などの具体的目標），「学習内容目標」（最終学年の終了時までに学習したい内容についての目標），「最善を尽くすという目標」のいずれかを設定させた。

最終学年の修了時に測定した各条件の学生のGPA（grade point average：成績平均点）の結果が図5-2に示されている。図からわかるとおり，長期学習成果目標と短期学習成果目標の双方を設定した学生たちが，最もGPAの成績が高かった。これに学習内容目標，最善を尽くせ目標を設定した学生の成績が続いた。最も成績が良くなかったのは，長期学習成果目標のみを設定した学生たちであった。

短期目標の効果：短期目標の設定のメリットは，次のようなものである。まず，長期目標を分割した短期目標は，それを達成するための計画（プランニング）を策定しやすい点である。誰しも，遠い将来（例えば10年先）よりも，近

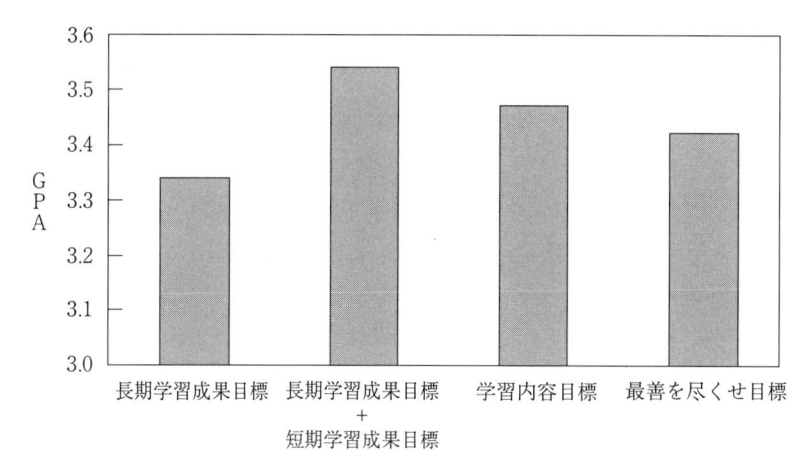

出所：Latham, & Brown（2006）より作成

図5-2　目標の種類と学業成績

い将来（例えば半年先）の方が，仕事の状況や自分の状態についての見通しを立てやすい。このため，近い将来の目標である短期目標の方が，達成のための計画を策定しやすく，現実的で，具体的なものになりやすいのである。

また，短期間で目標を達成できるならば，短期間で達成感や自己効力感など内発的報酬を獲得できることになる（Bandura, 1997）ため，モチベーションの維持に寄与することにもなる。自己効力感が高まれば，より難しい目標の設定につながり（Earley, & Lituchy, 1991），より高度な学習を進めるサイクルを作り出すことも起こりうる。

以上をまとめると，学習目標の設定段階では，具体的な目標を書き出したり，上司などに自分の学習目標を伝えたりすることで外在化させ，長期目標とそれを分割した短期目標を設定することが必要であるといえる。それらに留意することで，目標を意識化しやすくなること，そしてその後のセルフマネジメントを促進することにつながっていく。

(2)　プランニング

プランニングは，目標達成に至るプロセスを決めておく作業である。適切なプランニングが目標の達成を導く（Earley, Wojnaroski, & Prest, 1987）。

方略，期限，費やす努力量を決定するプランニングのしやすさは，学習課題によって異なる。例えば，ある資格を取得するために勉強する場合に，その資

格試験に関するテキストを理解し，練習問題の回答を繰り返す，という学習方法がとられることが多い。そのようにすでに体系化された言葉としての知識（宣言的知識）が存在し，試験にはそれが出題され，言葉として記憶した知識をもって反応するだけで済む場合であれば，プランニングは比較的容易である。

一方，効果的な学習方法がわからない，もしくは定まっていない課題や，学習機会が偶発的に現れ，自分でその機会をコントロールできない課題については，プランニングが難しい。スキルの習得は，こちらにあてはまることが多い。

プランニングが難しい学習課題だからといって単に試行錯誤によって学習を進めるのであれば，学習は進行しない。Drach-Zahavy, & Erez（2002，第9章 pp. 232-234参照のこと）の研究結果が示唆するように，プランニングが難しい新規の複雑な課題に対しては，まずは最も目標の達成にかかわってくる目標達成方略を見つけることを優先し，その方略の発見を目標にすることが有効であると思われる。方略を見つけたならば，その方略を使って学習目標達成のプランニングを行い，学習活動を実行することで，効率的に学習は進むと考えられる。

4　学習目標達成に向けた活動

(1) 認知的学習活動と行動的学習活動

理解する，記憶する，概念化する，思い出す，など頭の中で行われる活動が認知的学習活動である。そして，書く，話す，操作する，など外から観察可能な活動が，行動的学習活動である。

先に図5-1で示した学習サイクルに含まれる認知的・行動的学習活動サイクルの具体的な内容が，図5-3に示されている。図5-3に示す認知的学習活動と行動的学習活動のサイクルを，日常的に繰り返して行うことが知識やスキルの獲得を促す。

情報収集：学習の進展に向けた認知的および行動的学習活動を行うためには，まず学ぶために必要な情報を収集する必要がある。例えば，営業活動についての学習を進める場合に，本を読む，優秀な先輩に尋ねる，自分で営業活動

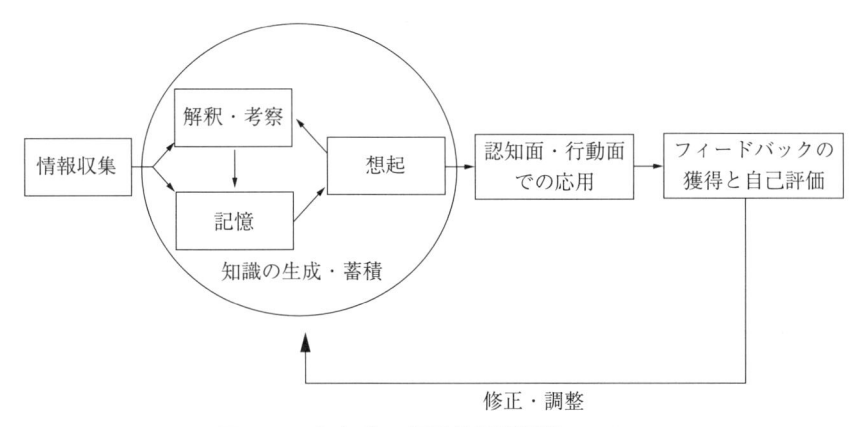

図5-3　認知的・行動的学習活動サイクル

を実際に行う，ことなどを通して必要な情報を集めることができる。そういった，学ぶために必要な情報の多くは，言葉としての記憶される知識（宣言的知識）にあたる。

　解釈や考察，記憶：収集された情報に対して解釈や考察を加えることが学習の進展にとって不可欠である。記憶前の情報の収集時に，あるいは記憶された後の想起時に，解釈や考察が加えられる。解釈や考察を加えることで，既存の知識と新しい情報が関連づけられ，実践的で，応用可能な知識を創り出すことが可能となる。解釈や考察は，記憶した情報を忘れにくくする効果も持っている。

　認知面・行動面での応用：記憶された情報（知識）は，それを利用できる場面で想起され，認知面あるいは行動面で応用される必要がある。

　先の営業活動の学習を例にとると，先輩の営業活動に同行し，営業先でみせる先輩の言動に，学習したばかりの営業活動に関する自分の知識（言葉として記憶されている知識）を当てはめてみて，その言動やそれが営業成果に及ぼす効果について頭の中で検討，解釈してみることは，認知面での応用にあたる。実際に自分が営業活動をするときに学習した営業活動に関する自分の知識を使って，交渉し，契約につなげていくことは行動面の応用である。

　第4章のコンピテンシーラーニングで説明されている仮説をあらかじめ頭のなかで設定し（認知面での応用），それに基づいて行動に着手する（行動面で

の応用）ことも，学習を進める効果的な学習活動といえる。

フィードバックの獲得と自己評価：応用することに伴って，様々なフィードバック情報が生成される。その情報には，応用結果の成否に関わる情報，その成否の原因に関わる情報が含まれる。先の営業活動であれば，取引の成立といった結果の成否に関わる情報，その成否の原因に関わる情報，例えば用意した資料の内容，資料を説明したときの相手の反応，交渉の過程でのやり取りなどが相当する。これらフィードバック情報の獲得は，コンピテンシーラーニング（第4章参照）における「結果の振り返り」と「プロセスの振り返り」に相当する。

フィードバック情報があれば，活動の適切さを評価できる。その評価の結果，自分が行った認知的学習活動や行動的学習活動が適切でないことが判明したならば，図5-3に示す通り，記憶された知識の修正を行い，修正した知識をもとに再び，認知面・行動面での応用がなされ，その結果に関するフィードバック情報の獲得，評価がなされる，というサイクルが繰り返される。このサイクルによって，活動手順としての実践的知識（手続き的知識）が獲得され，学習は進展していく。

(2) **メタ認知活動**

認知的学習活動や行動的学習活動を学習の進展につなげるにあたって，メタ認知活動が果たす役割を見過ごすことはできない。

メタ（meta）とは，「超越」，「一段と高いレベルの」，「抽象度を高めた」という意味を持つ言葉である。メタ認知は，人間の認知活動や行動をより上位のレベルで捉える認知活動である。学習活動を遂行する過程で，学習者の置かれた環境そして学習者の内部の学習状況（言葉としての知識や活動手順としての実践的知識の獲得状況など）は刻々と変わっていく。メタ認知活動は，それらの変化をとらえ，変化にあわせて自らを調整していくことを促す役割を担っている。メタ認知の代表的な機能は「モニタリング」と「コントロール」である。

モニタリング：例えば，Aさんがある機械の使い方を先輩から教えてもらう状況があったとする。Aさんは当然，その使い方を理解し，記憶しようとする認知的活動を行う。ただし，このときに，Aさんは，理解することや記

憶することだけに意識を集中させるのではない。「今教えてもらっていることを完全には理解できそうにないな」、「理解するためには、仕様書をもう一度読む必要があるな」、「明日からこの機械をなんとか使うことはできそうだな」などといったことも同時に考えている。このAさんのように、自分の学習状況を検討し、課題を見つけたり、進捗の結果を予測する、ことがモニタリングである (Schmidt, & Ford, 2003)。

コントロール：先のAさんは、「今は、他の仕事のことは考えずに、機械の使い方を理解することだけに集中しよう」、「この部分は複雑だからメモしたほうがいいな」、「とにかく手順を覚えることを優先させよう」といったことも考えている。こういった、自分が今現在行っている学習活動を調整しようとする働き、すなわち注意を集中させる箇所、課題の完遂に必要な具体的な段階、課題に取り組む際のスピードや力の入れ具合、活動の優先順位、などを決定するのがコントロールである (Schmidt, & Ford, 2003)。

(3) 感情やモチベーションの統制活動

感情の統制：我々の認知や行動は、感情の影響を大きく受けている。非常に強い怒りを感じるような出来事があったときに、仕事が手につかなくなったという経験を誰もが持っているだろう。取り組まねばならならない課題があったとしても、強い感情が生じたときには、人間の注意はその感情に向けられてしまう。

人間が自らの活動に振り分けることのできる注意資源の量は有限であるため、強い感情に多くの注意資源を投入してしまったら、学習や職務遂行に投入できる注意資源が減少せざるをえない。結果的に、学習や職務遂行の進展に支障をきたしてしまうことになる。学習を進めるためには、自分の感情に気づき、それをうまくコントロールし、注意を学習に向けることが必要なのである。

モチベーションの維持：モチベーションの維持も学習には欠かせない。「始めてみたものの、三日坊主で終わってしまって……」ということに身に覚えのある人は多いであろう。活動をするときに、モチベーションを継続させることは大変難しい。特に、なかなか学習成果が現れにくいようなスキルの習得の場合には、モチベーションの維持は大きな課題となってくる。

課題に取り組むことに飽きてもそれを続けるよう自らをコントロールするためには，先に述べた短期目標の設定が効果的である。また，後述するフィードバックの収集によって，短い期間で区切りをつけて成果を確認することも，モチベーションの維持に貢献する。

感情やモチベーションの統制は，学習活動だけでなく，図5-1に示す通り，学習サイクル全般に関与している。

5 学習活動の結果の評価

一定期間の間，認知的および行動的学習活動サイクルを繰り返したならば，その成果である学習の度合いを評価することが，さらなる学習の進展にとって必要となる。この評価は，現状を把握し，目標状態と現状との間がどのくらい乖離しているのかを明らかにする機能，そして図5-1に示している通り，学習課題の分析，目標設定やプランニング，認知的・行動的学習活動に対して修正や調整を促す機能を持っている。

現状の評価のためには，活動経過や結果に関するフィードバックが必要となる。仕事のプロセスや結果にかかわるフィードバック情報は，目標の達成を促進すること，あるいは個人のパフォーマンスを高めることが以前から認められている（Ilgen, Fisher, & Taylor, 1979 ; Kluger, & DeNisi, 1996 など）。

フィードバックの獲得は，自らが積極的に探索する場合と上司や同僚などから与えられる場合とに分けられる。学習をセルフマネジメントするには，他者からフィードバックを与えられることを期待するのではなく，積極的に自分からフィードバックを収集することが重要である。自分の学習状況の洞察や自分に対する他者の言動の観察によって，もしくは他者に直接フィードバックを求めることによって，自己評価に必要なフィードバックを収集できる（Ashford, & Cummings, 1983）。

収集されるフィードバックは，ポジティブフィードバックとネガティブフィードバックに分けることができる。ポジティブフィードバックは，活動が適切である，活動が首尾よく進んでいる，目標の達成に近づいている，ということを示す情報である。ポジティブフィードバックは，その活動を継続するべきであるという合図となる。

一方，ネガティブフィードバックは，活動が有効でない，目標との乖離が大きい，ということを示す。ネガティブフィードバックは，行動や目標を修正する必要性を伝える。

　人間は，自己に対して低い評価はしたくない。そのため，積極的にネガティブフィードバックを獲得しようとはしない。しかし，学習活動の問題を明らかにするネガティブフィードバックを収集し，それを分析することこそが，知識やスキルの獲得の鍵なのである。

　学習活動の評価は，ポジティブおよびネガティブなフィードバックの収集に加え，図5-1に示した学習サイクルの前半部分の学習課題の分析や学習目標をできる限り具体的に，明確にしておくことで，的確なものとなる。

6　目標，プランニング，活動の修正・調整

　学習の進捗度合いの評価によって，目標状態と現状との乖離が大きいと判断した場合には，学習方略などのプランニング，あるいは学習活動の見直しや変更を行わなければならない。方略，考え方や行動の何が間違っているのか，どうしたら学習が進むのか，ということを分析し，理解した上で，考え方や行動を修正することが必要となる。場合によっては，学習課題の再分析や目標内容の変更をしなければならないこともある。

　順調に目標状態と現状の差が縮まっている場合には，そのような修正や調整を行わずに，それまでと同様の認知的・行動的学習活動サイクルを継続すればよい。

7　学習のセルフマネジメントの全般を規定するモチベーション要因

　モチベーションは，人の行動を生起させること，そしてその行動を目標に向かって継続させる働きを持つ。学習のセルフマネジメントの全般には，次のようなモチベーション要因が関与している。

(1)　自己効力感

　自己効力感とは，ある状況に対処するために必要な行動をうまく遂行できるという判断（Bandura, 1982）である。何か新しいことに取り組むときに，人は「できる」と「できない」という相矛盾する気持ちを持つ。そして「でき

る」という気持ちが,「できない」という気持ちに勝ったとき,すなわち自己効力感が高いとき,難しい目標を設定し（Locke, Frederick, Lee, & Bobko, 1984),それによって高い成果（Stajkovic, & Luthans, 1998）が生み出されることがわかっている。知識やスキルを獲得するために必要な活動をとることができそうだ,という自己効力感の高さが,学習目標の設定,より難しい学習目標の設定を導き,その目標達成のために学習活動を継続させることにつながる。

(2) 目標志向性

学習志向性：課題の遂行の際に,同時に新たな知識やスキルを身につけたり,新しいことを学習したりすることで,自分の能力を高めようと考える傾向を持つ人がいる。このような傾向は,学習志向性と呼ばれている。

パフォーマンス志向性：課題遂行の際に,その遂行結果である自分のパフォーマンスに注意を向けやすい個人もいる。そのような個人は,他者に自分の能力の高さを示し,好ましい評価を受けることを求めるという傾向であるパフォーマンス承認志向性,もしくは悪い評価を回避したいという傾向であるパフォーマンス評価回避志向性のいずれかに分かれる。

学習志向性の高い人は,課題の遂行に費やす努力の量を,課題を習得するための能力を表すものとしてとらえるが,パフォーマンス志向の個人は,努力の多さは低い能力を示すものとしてとらえるとDweck（1989）は述べている。Fisher, & Ford（1998）は,学習目標志向の個人は,努力量が多く,より複雑な学習方略を利用し,一方パフォーマンス志向の個人は,努力量が少なく,複雑な学習方略を利用しない傾向があることを明らかにしている。

以上のことから,パフォーマンス志向性の高い人よりも,自己成長を求め,そのための努力を肯定的にとらえている学習志向性の高い人の方が,学習のセルフマネジメントのための努力を払い,それを継続させることができると思われる。

(3) 報酬獲得への期待

報酬（望ましい結果）を手にすることができる,という期待は基本的な人の行動の原動力となり,またモチベーションの維持につながる。

報酬には,ある行動をとることによって得られる第1次の報酬と,その第1

次の報酬によってもたらされる第2次の報酬がある。例えば，学習を進めることで達成されたスキルアップは第1次の報酬である。そのスキルアップによって，昇格する，やりがいのある仕事を任せられる，上司をはじめ周囲の人々から認められる，などの事態がもたらされるとき，それは第1次の報酬から派生した第2次の報酬を獲得したことになる。

　Vroom（1964）などの期待理論を応用すると，人の行動は，第1次の報酬だけでなく，さらに第2次の報酬を獲得できる見込みがあることによって促進される。したがって，第2次の報酬を得ることができる見込みや期待がある場合に，学習のセルフマネジメントを実行するモチベーションが高まると考えられる。

Ⅳ　セルフマネジメントによる学習の促進システム

　セルフマネジメントによる学習は，学習サイクルを理解し，そのサイクルを構成する各段階で，学習に必要な活動を意識化し，それを実行することによって進展する。学習のセルフマネジメントができる個人は，高度な知識やスキルの獲得，そして自己実現を成し遂げうる。

　ただし，誰もが学習のセルフマネジメントを日常業務場面で実行できるというわけではないかもしれない。組織に所属する成員にとって，与えられた職務を遂行し，成果を上げることが最も期待されることであるため，成員はしばしば自らの職務遂行にのみ注意を向けがちとなり，学習することへの関心は薄くなりやすいためである。

　しかし，企業が競争力を確立するにあたって，学習のセルフマネジメントができる人のみに頼ることには限界がある。企業組織の成員が最も時間を費やす日常業務の遂行と並行して，学習のセルフマネジメントを促進するしくみを組織が公式に構築することで，組織の全成員の学習を進め，全体的なレベルアップを図ることが現在の組織では求められている。

　ここから，組織成員による学習のセルフマネジメントを促進する取り組みとしてキャリアカウンセリング，教育訓練，目標管理制度について取り上げる。

1 キャリアカウンセリングによる促進

　キャリアカウンセリングとは,「キャリア上の,特にその主要な部分を占める職業上の諸課題の解決を支援する過程」(関口,2005)である。このキャリアカウンセリングは,システマティックなキャリア開発を可能とするものであるが,学習のセルフマネジメントを促進する有効なツールにもなりうる。

　キャリアカウンセリングでは,①信頼関係(ラポール)の構築,②キャリア情報の収集,③アセスメント-自己分析,正しい自己理解,④目標設定,⑤課題の特定,⑥目標達成へ向けた行動計画,⑦フォローアップ,カウンセリングの評価,関係の終了,から構成されている(宮城,2002)。これらのうち,③～⑦は,学習のセルフマネジメントのプロセスに含まれる内容である。

　キャリアカウンセリング受けることは,カウンセラーのサポートのもとで,学習のセルフマネジメントを経験できること,その学習の方法を学ぶことができることを意味する。

2 教育訓練による促進

　OJT や Off-JT といった教育訓練は,学習サイクルのマネジメントを他者が担っている。計画的で,効果的な教育訓練においては,訓練者が,訓練対象者に対して,学習目標を明示し,その目標を効率的に達成できる教授方法やツールを利用して学習活動を促し,フィードバックを与え,訓練対象者の目標達成度や学習の成果を測定,評価することが含まれる。

　キャリアカウンセリングと同様に,計画的で効果的な教育訓練を受講した経験は,訓練内容の学習だけでなく,学習サイクルのマネジメントの方法について学ぶことを可能とする。

3 目標管理による促進

　目標管理制度を,学習を進め,能力を向上させるツールとして公式に利用している企業もみられる。

(1) 学習を促す目標管理

　個人の学習を促進するツールとして目標管理制度を利用する場合には,学習サイクルのマネジメントが,個人の自主性に任せられるのではなく,組織によ

る取り組みとして，公になされる。先に述べたように，目標を公にすることにはいくつかのメリットがある。

　まず学習目標を設定するためには，自分の不足している点，成長させるべき点を考えなければならなくなる。これは学習の必要性の認識，学習課題の分析を個人に促す。次に，学習目標を書き出す作業や目標設定面談で上司との話し合いによって，学習成果を意識化できる。また書き出されて公になった目標は公約となり，外部から目標達成への強制力が働くこととなる。さらに，目標達成に向けてのフィードバックや支援が受けやすくなる。最後に，評価面談で，自分の学習目標の達成度の評価や学習上の課題について話し合うことで，学習の進展に不可欠な振り返りの機会を得ることができる。

　ここで学習を促すツールとして用いられた目標管理制度もとで，学習のセルフマネジメントが促されるかどうかを検討した研究を紹介する。

(2) **目標管理における学習目標が学習のセルフマネジメントに及ぼす効果に関する調査**

　調査企業：調査対象となった組織は，国内の化学メーカーの製品生産工場である。このメーカーでは，目標管理制度において，仕事の成果にかかわる目標だけでなく，学習目標を設定するよう義務づけられていた。調査に協力したメンバー（143名）には，期首と期末に，以下の調査内容を尋ねた質問項目に回答してもらった。

　調査内容：調査では，「キャリア目標の明確さ」と「目標設定によって喚起された学習意識」を期首に調べ，「認知的・行動的学習活動」を期末に調べた。

　認知的・行動的学習活動については，職務の遂行にあたって，①学習したことを仕事に応用する活動（以下「学習内容の応用」とする），②仕事のプロセスに関するフィードバックの獲得活動（以下「プロセスフィードバック探索」とする），③結果に関するフィードバックの獲得活動（以下「結果フィードバック探索」とする），④学習度についての自己評価活動（以下「学習度の自己評価」とする）を行っている程度について調べた。

　キャリア目標の明確さと目標設定によって喚起された学習意識との変数間の相関は0.38であり，それほど強い相関関係を示していなかった。つまり，キャ

リア目標が明確な個人ほど，学習目標の設定による学習意識が高くなるというわけではないことが示された。

分析結果：職能資格レベル，勤務年数，キャリア目標の明確さ，目標設定によって喚起された学習意識の高さを予測変数とし，4つの認知的・行動的学習活動を目的変数とする重回帰分析を行った。表5-2がその結果である。

表5-2に示すように，キャリア目標の明確さは，学習内容の応用，プロセスフィードバック探索，結果フィードバック探索，学習度の自己評価を促進していた。この結果は，キャリア目標が明確である成員は，認知的・行動的学習活動を行う程度が高いことを示すものであった。

目標管理制度のもとで設定した学習目標によって高められた学習意識も，学習内容の応用，プロセスフィードバック探索，結果フィードバック探索，学習度の自己評価を促進していた。特に学習内容の応用を促進する効果が大きかった。また，目標設定によって高められた学習意識が，学習活動の程度を高める効果は，キャリア目標の明確さによる効果よりも大きかったことが表5-2からわかる。

調査の結果は，目標管理のもとで設定する学習目標によって，学習意識を高

表5-2 キャリア目標の明確さと目標設定による学習意識がセルフ・マネジメントに関わる学習活動に及ぼす影響

変数	学習内容の応用 β	プロセスフィードバック探索 β	結果フィードバック探索 β	学習度の自己評価 β
Step 1				
職能資格レベル	.12	.04	.09	-.01
勤務年数	-.06	.16	.04	-.05
Step 2				
キャリア目標の明確さ	.25**	.17*	.21**	.25**
Step 3				
目標設定による学習意識の高さ	.36**	.28**	.22**	.32**
F	7.29	4.39	3.22	5.84
R^2	.20**	.13**	.10	.16**

注：1. **$p<.01$ *$p<.05$
　　2. β（標準偏回帰係数）の列に示されている数字は，各学習活動に対する影響力の相対的な強さを示しており，絶対値の1に近い値ほど，影響力が強いと解釈できる。

めることができれば，学習のセルフマネジメントを促進することを示唆していた。目標管理制度は，学習を促す有効なツールとしても機能すると考えられる。

引用文献

Anderson, J. R. (1987). Skill acquisition: Compilation of weak-method problem solutions. *Psychological Review*, 94, 192-210.

Anderson, J. R. (1996). ACT: A simple theory of complex cognition. *American Psychologist*, 51, 355-365.

Ashford, S. J., & Cummings, L. L. (1983). Feedback as an individual resource: Personal strategies of creating information. *Organizational Behavior and Human Performance*, 32, 370-398.

Bandura, A. (1982). Self-efficacy mechanism in human agency. *American Psychologist*, 37, 122-147.

Bandura, A. (1986). *Social foundations of thought and action: A social cognitive theory*. Englewood Cliffs, NJ: Prentice Hall.

Bandura, A. (1997). *Self-efficacy: The exercise of control*. New York, NY: W. H. Freeman.

Campbell, J. P., McCloy, R. A., Oppler, S. H., & Sager, C. E. (1993). A theory of performance. In N. Schmitt, & W. C. Borman (Eds.), *Personnel selection in organizations*. SanFrancisco, CA: Jossey-Bass. pp. 35-70.

Carver, C. S., & Scheier, M. F. (1981). *Attention and self-regulation: A control theory approach to human behavior*. New York, NY: Springer-Verlag.

Drach-Zahavy, A., & Erez, M. (2002). Challenge versus threat effect on the goal-performance relationship. *Organizational Behavior and Human Decision Processes*, 88, 667-682.

Dweck, C. S. (1989). Motivation. In A. Lesgold, & R. Glaser (Eds.), *Foundations for a psychology of education*. Hillsdale, NJ: Erlbaum. pp. 87-136.

Earley, C. P., & Lituchy, T. R. (1991). Delineating goal and efficacy effects: A test of three models. *Journal of Applied Psychology*, 76, 81-98.

Earley, C. P., Wojnaroski, P., & Prest, W. (1987). Task planning and energy expended: Exploration of how goals influence performance. *Journal of Applied Psychology*, 72, 107-114.

Fisher, S. L., & Ford, J. K. (1998). Differential effects of learner effort and goal orientation in two learning outcomes. *Personnel Psychology*, 51, 397-420.

古川久敬 (2002). コンピテンシー——新しい能力指標. 古川久敬 (監修). コンピテ

ンシーラーニング　日本能率協会マネジメントセンター，pp. 12-39.
Ilgen, D. R., Fisher, C. D., & Taylor, S. M. (1979). Consequences of individual feedback on behavior in organizations. *Journal of Applied Psychology*, 64, 359-371.
Kluger, A. N., & DeNisi, A. (1996). The effects of feedback interventions on performance: A historical review, a meta-analysis, and a preliminary feedback intervention theory. *Psychological Bulletin*, 119, 254-284.
Latham, G. P., & Brown, T. C. (2006). The effect of learning vs. outcome goals on self-efficacy, satisfaction and performance in an MBA program. *Applied Psychology: An International Review*, 55, 606-623.
Locke, E. A., Frederick, E., Lee, C., & Bobko, P. (1984). Effect of self-efficacy, goals, and task strategies on task performance. *Journal of Applied Psychology*, 69, 241-251.
Locke, E. A., & Latham, G. P. (1990). *A theory of goal setting and task performance*. Englewood Cliffs, NJ: Prentice-Hall.
宮城まりこ（2002）．キャリアカウンセリング　駿河台出版社
Mumford, M. D., Peterson, N. G., & Childs, R. A. (1999). Basic and cross-functional skills. In N. G. Peterson, & M. D. Mumford, (Eds.), *An occupational information system for the 21st century: The development of O*NET*, Washington, DC: American Psychological Association. pp. 49-69.
O*NET OnLine (2006). http://www.onetcenter.org/
Peterson, N. G., Borman, W. C., Hanson, M. A., & Kubisiak, U. C. (1999). Summary of results, implications for O*NET applications, and future directions. In N. G. Peterson, M. D. Mumford, W. C. Borman, P. R. Jeanneret, & Fleishman (Eds.), *An occupational information system for the 21st century: The development of O*NET*, Washington, DC: American Psychological Association. pp. 289-295.
Schmidt, A. M., & Ford, K. (2003). Learning within a learner control training environment: The interactive effects of goal orientation and metacognitive instruction on learning outcomes. *Personnel Psychology*, 56, 405-429.
関口和代（2005）．キャリアカウンセリング　川端大二・関口和代（編）キャリア形成―個人・企業・教育の視点から　中央経済社
Stajkovic, A. D., & Luthans, F. (1998). Self-efficacy and work-related performance: A meta-analysis. *Psychological Bulletin*, 124, 240-261.
Vroom, V. H. (1964). *Work and motivation*. New York, NY: John Wiley & Sons（坂下昭宣・榊原清則・小松陽一・城戸康彰（訳）(1982)．仕事とモチベーション　千倉書房）．
Zimmerman, B. J. (1986). Development of self-regulated learning: Which are the key sub-processes? *Contemporary Educational Psychology*, 16, 307-313.

第6章
成果主義とチームパフォーマンス

　成果主義に関連してよく語られている批判のひとつは，それが他者への関心や協力，ひいては職場のチームワークを抑制する否定的な影響を与えているというものである。この批判が妥当なものであるとすれば，組織の存続にとって重要な問題である。なぜならば，近年の組織活動の多くが，成員相互の協力のもとで成り立っているからである。はたして，成果主義のもとでは，チームは効果的には機能しえないのであろうか。それとも，一定の条件が整うことで効果的に機能するのであろうか。

　チームによる活動の良否が，組織の業績に対して大きな役割を担っていることは誰もが認める事実であるものの，実は成果主義がチームに及ぼす影響については，これまで十分に検討されてこなかった。そして，思いこみによる感情的な議論や直感的な批判だけが先行し，それが大きな誤解を生み出しているように思われる。

　ここでは，成果主義が成員のチームに対する協力や配慮に対してどのような効果を持つのかについて，成果主義に関連する人事制度として「目標管理制度」(management by objectives) に着目し，それに含まれる各運用手続き（目標設定など）の持つ機能から理論的な示唆を示していく。次いで，実証研究をもとに，目標管理制度が成員の課題へのパフォーマンスとチームに対する文脈的なパフォーマンスに対して促進的なインパクトを持ちうるための条件に

ついて応用的な示唆を提供していく。

I 成果主義は成員のチームへの協力や配慮を脅かすか

1 成果主義的人事制度の目的

　わが国の企業組織に，いわゆる成果主義と呼ばれる人事制度が導入されてから10数年が経過した。第1章の「成果主義」の導入状況にかかわる調査データから示されるように，大企業を中心としてすでに多くの組織が成果主義と呼ばれる人事制度を運用していることを理解した。

　成果主義が確実に定着しつつある中で，いまだわが国では馴染まないとする批判的な意見も多い。そのひとつは，成果主義の導入が，極端な個人志向や個人偏重を引き起こし，それによって個人の視野を狭めてしまい，結果としてわが国が得意としてきた同僚他者との協力や集団の協調性などが脅かされることを危惧するものである。

　本書でも繰り返し指摘しているように，成果主義的人事制度の目的は，個々の成員の"結果のみをあげつらう"ことではない。ましてや，成員個々の成果とそれへの処遇のみを強調することでもない。成果主義の本質は，成員が各自に期待される成果とそれを実現するためのプロセスを意識化することである。成果主義だけでなくどのような人事制度も，組織が抱える課題や目標を実現のために役立つものでなければならない。

　その意味で，現在の組織が抱える課題の多くが，他者とのかかわりのもとに遂行されることを考えると，成員には，①"自分自身"に期待されている成果とそれに至るプロセスを意識化するだけでなく，②同僚やチーム，職場全体の成果の向上に貢献しうる働きかけを意識化することも求められてくる。

2 成員による2つのパフォーマンス

　組織やチームの成果（業績や創造性，効率性など）は，原理的には成員による2つのパフォーマンス（職務行動）によって実現される。ひとつは課題パフォーマンス（task performance）であり，他のひとつは文脈的パフォーマンス（contextual performance）である（Borman, & Motowidlo, 1993）。

なお，これまで「パフォーマンス」という用語は，組織の課題や目標の実現に向けてなされる「職務行動」(behavior)か，もしくは職務行動から結実する「成果や業績」(outcome)のどちらかの意味を混同して用いられてきた(Campbell et al., 1993)。本書では，前者の職務行動の意味で用いていく。

(1) **課題パフォーマンス**

どのような組織も，経営課題を効率的に遂行するために分業が取り入れられている。部門や部署がこれに該当する。さらに，各部署が抱える課題をさらに効率的に遂行するために，そこに所属する各成員に役割が付与されることになる。課題パフォーマンスとは，組織や部署から期待されている役割や業務を遂行する職務行動そのものを意味する。端的に言えば，企画部であれば商品やサービスの考案する，営業部の成員であれば商品を販売する，マーケティング部であれば市場調査を行う，などが該当する。

一般的に，成果主義が，個人の成果に対する「評価と処遇」としてとらえられ，その功罪として極端な個人志向に陥ることが批判されているが，それは成員が自らの課題パフォーマンスを遂行することのみに関心を寄せている状態のことを指していると言える。

(2) **文脈的パフォーマンス**

先の課題パフォーマンスは，個々の成員が各自に与えられた役割を遂行すること，すなわち組織が最低限に機能するための中核的な活動とも言える。しかし，近年の組織が抱える課題の特性や組織を取り巻く環境変化のもとで，期待される成果を実現するためには，組織から与えられた役割や業務を遂行する課題パフォーマンスだけでは十分ではない。その理由は2つある。

第1は，近年の組織では各成員の役割を明確に分離することが難しいからである。すなわち，課題のほとんどは，職場やチーム内での情報の共有や同僚他者との協力や連携を必要としている。

第2は，わが国では古くから諺として"三人寄れば文殊の知恵"と言い伝えられているように，職場やチームでの高い創造性や効率性を実現するためには，他者やチームに対して知的刺激に満ちた働きかけや質の高い相互作用が求められているからである。

このように組織やチームで高い業績，創造性，効率性を産み出す源泉は，

チームの同僚やチーム全体の成果向上に寄与する協力行動である。例えば，同僚の業務をサポートする，同僚の業務が効率的になるようアドバイスを行う，チームの雰囲気を盛り上げる，チームに対して創造的な提案を行う，などが該当する。これらは，その働きかけそのものが成果に直結するものではないが，同僚やチーム，職場を介して実を結ぶ働きかけである。こうした職務行動は，同僚やチームを介して間接的に成果を向上させる機能を持つことから，文脈的パフォーマンスと呼ばれている（池田・古川，2008）。

3 成果主義のインパクト

(1) 目標管理制度の持っている3つの運用手続き

先に，組織の課題を効率的かつ創造的に遂行する上で，チームにおいて各成員が各自の役割を全うする課題パフォーマンスだけでなく，他者やチームの成果に貢献しうる文脈的パフォーマンスも十分に発揮される必要があることを指摘した。

成果主義が2つのパフォーマンスにどのようなインパクトを持つかを明確にするためには，まず成果主義のもとで具体的に運用されている制度やそこに含まれる運用手続きを整理しておく必要がある。なぜなら，単に成果主義か否かで抽象的な議論していても実情は見えてこないし，また成果主義といっても具体的にどのような制度を運用しているかは組織間で異なっているからである。

一般的に，成果主義は，"個人の成果に基づいた評価や処遇"というとらえ方がなされている。そして，多くの企業組織において成果主義の柱として最も採用されている制度は，「目標管理制度」である。この制度のもとでは，①期首に上司との面談を通して個人毎に目標が設定される。そして，②期末にその目標の達成度が評価され，それに基づいて何らかの処遇が行われる。すなわち，「評価や処遇」だけに限定されず，それに先立って職務活動を方向づける「目標設定」が行われることも目標管理制度の重要な営みであると言える。

このような観点から目標管理に含まれる代表的な運用手続きの内容を整理してみると，「目標設定段階に関する特徴」，「目標達成の評価のあり方に関する特徴」，および「評価結果に基づく処遇に関する特徴」の3つに集約することができる。3つの運用手続きとその内容を記したものが図6-1である。

Ⅰ　成果主義は成員のチームへの協力や配慮を脅かすか　133

```
┌──────┐          ┌────────┐  ┌────────┐
│目標設定│→プロセス→結果→│目標設定に│→│評価に基づく│
└──────┘          │基づく評価│  │　処遇　　│
    ↑              └────────┘  └────────┘
    └──────────────────────────────────┘
```

| 運用手続きの内容 | ●個人毎の目標設定
●上司との目標設定面談
●評価基準の明示（公開） | ●上司による個人毎の達成度（業績）評価
●評価結果の本人へのフィードバック | ●個人の業績水準と連動した給与決定
●個人の業績水準と連動した賞与決定
●業績に基づく抜擢や降格
●会社の業績水準と連動した賞与決定 |

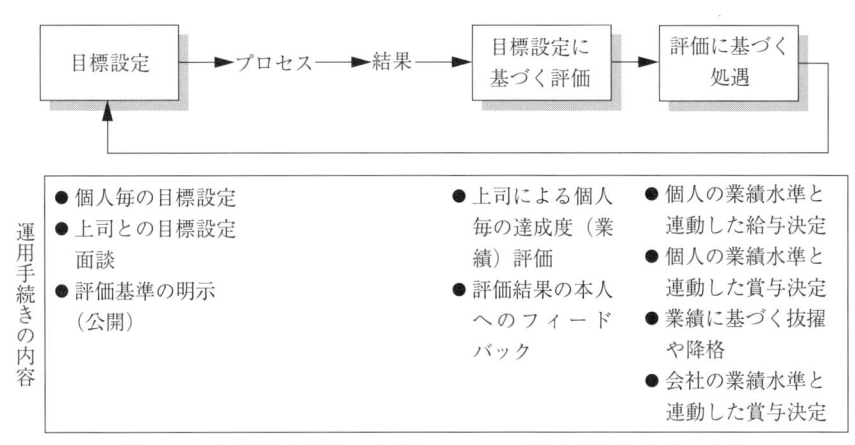

図6-1　目標管理制度に含まれる3つの運用手続きとその内容

具体的には，①「目標設定」段階には，"個人毎の目標設定"や"上司との目標設定面談"，"評価基準の明示（公開）"が含まれ，②「目標設定に基づく評価」段階には，"上司による個人毎の達成度（業績）評価"，"評価結果の本人へのフィードバック"が含まれる。最後の③「評価に基づく処遇」段階には，"個人の業績水準と連動した給与決定"，"個人の業績水準と連動した賞与決定"，"業績に基づく抜擢や降格"，"会社の業績水準と連動した賞与決定"が含まれる。当然のことながら，①目標設定から②評価に至るまでには，課題に取り組む途上のプロセスやその結果が含まれることになる。

(2)　**目標設定のインパクト**

目標管理制度の内容とその運用については第8章で詳細に述べられているため，ここでは2つの職務パフォーマンスとの関連性についてのみ言及する。

目標管理制度のもとでは期首に目標の設定が行われる。これは，組織や職場の目標を勘案しながら設定されるため，自身の取り組む課題と役割を明確にする役割を持っている。また，目標は，各自の能力と照らし合わせてやや困難で，なおかつ明確で具体性のあるものほど，成員のモチベーションを喚起させる。それによって高い成果に結びつく。これは，目標設定理論（Locke, & Latham, 1990）が示唆するように，目標を設定することが，それの実現に向けた行動の方向性（direction of action）や努力（effort），またその目標を達成するための持続性（persistence）に影響するからである（Latham, Locke, &

Fassina, 2002)。

　Locke, & Latham (1990) をはじめとする先行研究の多くは，成員の個人レベルの目標設定について取り上げている。これを職務パフォーマンスとの関連性で考えると，個人の高い目標の設定は，それを実現しようとするモチベーションの高揚につながることから，課題パフォーマンスに対して促進的に働くだろう。しかし一方で，他者やチームの成果に貢献する文脈的パフォーマンスにはそれほど促進的な効果は持たないか，場合によっては抑制的に働くと推察される。

　一方で，目標設定理論の原理とその効果は，個人レベルの目標設定だけにとどまらず，職場やチームレベルの目標設定にも拡張して適用可能であることが確認されている。例えば，Mitchell, & Silver (1990) は，チームメンバーが協力しあう相互依存性の高い課題においては，チーム目標（あるいは個人とチームの目標）を設定するチームほど，メンバー間に協力的な方略が採用され，高い成果につながることを明らかにしている。また，文脈的パフォーマンスを直接的に扱ったものではないが関連する知見として，O'Leary-Kelly, Martocchio, & Frink (1994) は，チーム（集団）の目標設定に関する従来の研究を対象としたメタ分析の結果から，チームレベルの目標を設定しないチームよりも，明確で高い目標を持つチームほど，チームの成果が高いことを明らかにしている。また，Klein, & Mulvey (1995) や Mulvey, & Klein (1998) も同様の結果を報告している。

　これらを踏まえると，チームの目標の設定は，個人の課題パフォーマンスだけでなく，他者やチームの成果に役立つ文脈的パフォーマンスにも促進的な効果を持つと考えられる。なお，この点については，本章の第Ⅲ節で実証的な研究によって明らかにしていく。

(3) 評価と処遇のインパクト

　目標管理制度のもとでは，目標設定がなされたあとに，職務活動に取り組むプロセスが存在し，そして最終的な結果が生まれる。その結果の良否や達成度について上司による評価がなされる。さらに，その評価に基づいて給与や賞与，昇進，昇格などの処遇に反映される。

　広く成果主義を導入している組織では，成果と評価・処遇とを連動させてい

ることが一般的である。米国を中心に成果主義を"pay for performance"と呼ぶ所以はここにある。

　さて，評価と処遇が成員の職務パフォーマンスに与えるインパクトについて見てみよう。

　成果主義を導入している多くの組織は，「個人の成果」を問題にし，そしてそれに基づいた評価と処遇を行っている。そこで働く成員は，頑張り次第でその後の給与や賞与などの処遇が左右されるため，自分自身の目標達成や成果を上げることに精力を傾注するようになる。こうした現状は，結果として組織において他者への協力や連携をおろそかにさせ，チームワークの衰退を引き起こす可能性を持っている。

　このことは実証的な知見によっても示唆されている。Wright et al.（1993）は，目標の困難度と成果主義（インセンティブの強さ）が，自分自身の課題の達成度と他者への協力度に及ぼす影響について検討している。ここでのインセンティブとは，時間に応じて報酬が支払われる条件（固定報酬条件）か，達成度に応じて報酬が支払われる条件（ボーナス条件）の2つが設定されていた。この実験の結果は2つの重要なことを示唆していた。

　まず，報酬が時間に応じて固定的に支払われるか，もしくは達成度に応じて支払われるのかにかかわらず，実験の参加者は目標の困難になるにつれて課題の達成度（成果）を高めていた。これは，先の目標設定理論（Locke, & Latham, 1990）を支持する結果である。

　ところが，他者への協力については興味深い結果を示していた。すなわち，報酬が固定され時間に応じて支払われた条件では，目標が困難になるにつれても，他者への協力の度合いには変化が見られなかった。しかし一方で，達成度に応じて報酬が支払われる条件では，目標が困難になるにつれ，他者への協力が低下していたことが確認された。この結果は重要なことを示唆している。すなわち，個人の成果と処遇が連動し，さらに個人の目標達成が厳しい状況の下では，自分が受け取る報酬すら危うくなる。そのため，他者やチームに対して気を配る余裕すら消え，その結果他者への協力を意味する文脈的パフォーマンスが脅かされてしまう可能性を示唆していると言える。

　このことは，わが国の調査研究においても確認されている。守島（1999）

は，評価・処遇制度の導入が職場のモラールに与える影響について検討している。その結果，「業績や成果にウェイトをおいた賃金制度」の導入は，職場のチームワークにマイナスのインパクトを持つ可能性を示唆している。

これらの否定的な知見とは反対に，成果主義☆の肯定的な効果を支持する知見も少なからず存在する。開本（2005）は，成果主義人事制度を導入している10の人事部門とその従業員1491名に調査を実施し，その回答を分析している。その結果，成果主義を支える様々な運用手続き（評価プロセスの明示，評価システムの見直し，結果のフィードバック）が施されることで，成員の「評価や処遇」に対する公正感を高め，それが結果として業績向上につながる職務行動（課題パフォーマンス）や同僚との協力行動（文脈的パフォーマンス）が促進されることを示している。

一方で，直接的な効果は認められないとする知見も存在する（Deckop, Mangel, & Cirka, 1999；Wageman, & Baker, 1997）。Deckop et al.（1999）は，「評価と処遇」（pay for performance）と組織市民行動（文脈的パフォーマンス）との関係を検討している。その結果，「評価と処遇」と組織市民行動との間にはほとんど関係性は見出されず，むしろ組織目標を受容している程度が低い従業員においてのみ「評価と処遇」と組織市民行動との間に負の関係性を見出している。

これまで概観した「評価と処遇」にかかわる知見は，主に「個人」のそれを問題としていた。しかし，近年，成果主義にかかわる議論で，個人ベースの成果主義よりもチームや集団の成果に応じて評価や処遇が行われる成果主義の方が，チームに対して促進的な効果を持つことが示されている（e.g., Hollensbe, & Guthrie, 2000）。例えば，Hatcher, & Ross（1991）は，個人の成果に基づいた「評価と処遇」システムから，チームの成果に応じた「評価と処遇」システムに移行した企業組織を対象に時系列調査を行っている。その結果，個人ベースの評価・処遇システムを導入していた時期よりも，チームベースのそれに移行したときの方が，人事制度に対する不平不満が低下するだけでなく，また職場内でチームワークが向上し（文脈的パフォーマンス），さらには製品の生産性などの業績向上に結実していることを報告している。

4 目標管理制度に対する納得感が制度の効果を左右する

　成果主義の柱として目標管理制度に注目し，その代表的な運用手続きとして「目標設定」と「評価と処遇」が，成員の課題パフォーマンスと文脈的パフォーマンスに及ぼすインパクトについて見てきた。

　それらの先行研究を概観すると，次の2つの示唆を得ることができると思われる。

　第1に，「目標設定」の運用については，その目標が，個人のものにとどまらず，職場集団やチームのものとして設定される限りにおいて，他者やチームに対する配慮としての文脈的パフォーマンスには促進的な効果を持つと言えるだろう。これは，チームにかかわる目標を設定することが，チームの成員に視野を広げさせる機能を持つからであると思われる。

　第2に，「評価と処遇」の運用については，個人の成果に偏った「評価・処遇」の運用は，個人志向を引き起こす可能性を持っている。しかし，この可能性とは反対に「評価・処遇」の運用が促進的な効果を持つと報告する知見も存在する。したがって，目標管理制度の一部分を成す運用手続きの「評価と処遇」が，全面的に否定的な効果しか持ちえないと結論づけることはできないと思われる。

　それでは，なぜ「評価と処遇」の運用の効果に違いが見られたのだろうか。そのひとつの仮説として，目標管理制度の具体的な運用手続きが成員にとって納得できるものであるかが問題であると考えられる。それは，目標管理制度や年功主義的な人事制度であっても，それが納得性の高いものであれば，成員個人やチームに対して促進的な効果を持ち得ると予想される。かつての年功主義のものとでは，年齢と経験を重ねて行くにつれ，確実に昇給や昇進が保証され，多くの成員が"いつかは報われる"という安心感が存在したと思われる。そのような制度のもとでは，納得性が高いとは言わないまでも，少なくとも納得性が脅かされることはなかった。

　しかし，成果主義に代表される「評価と処遇」が導入されたことで，納得性が脅かされる可能性が増えた。そして，それによって成員は内向きに視野を狭め，チームを犠牲にしてまでも各自の成果を上げることに精力を傾ける事例が増えたものと思われる。

目標管理制度に対する納得性(適切さの評価)の高さが,個人の課題パフォーマンスや文脈的パフォーマンスにどのような影響を持つのか,次節で実証的な研究を提示していく。

Ⅱ 目標管理制度の適切な運用と個人のチームへの貢献:実証研究1

1 この調査で明らかにすること

本節では,成果主義を代表する人事評価制度として目標管理制度に注目し,その制度が成員にとって適切に運用されているかどうかの評価が,課題に対する取り組み(課題パフォーマンス)と同僚やチームに対する協力や貢献(文脈的パフォーマンス)に与えるインパクトを明らかにした実証研究を紹介する。

さて,前節で成果主義や目標管理に関連する従来の知見は,目標管理制度に含まれる「目標設定」や「評価と処遇」の運用それ自体は,成員のチームへの協力や貢献(文脈的パフォーマンス)に対して直接的にインパクトを持つものではないと考えられる。むしろ,目標管理制度はあくまでも人事評価制度のひとつであることから,それが適切に運用されることは,成員の公正感を高めさせる効果を持つと予想される(開本,2005)。

人事制度にかかわる公正感は,評価の手順などを意味する「手続き的公正」と処遇のあり方にかかわる「分配的公正」の2つに分けられる。そしてこれらの公正感は文脈的パフォーマンスに直接的な影響を持つと予想される。例えば,Aryee, Chen, & Budhwar(2004)は,手続き的公正はチームの課題パフォーマンスだけでなく文脈的パフォーマンスにも直接的な効果を持つことを報告している。これと関連して,先述した開本(2005)の研究は,成果主義の運用は,成員の「評価や処遇」に対する公正感を高め,それが課題パフォーマンスや文脈的パフォーマンスを促進することを示唆していた。

他方,チームにおいて成員個々の人事制度に対する公正感の高まりは,次第にチームの協力的風土を醸成すると思われる。なぜなら,公正に評価・処遇されることは,個人の視野を広げさせると考えられるからである。そして,チームの協力的風土は,結果として文脈的パフォーマンスを促進する効果を持つと

考えられるからである。

さらに、目標管理制度が文脈的パフォーマンスに与える影響過程を考える上で、組織成員が取り組む職務特性（Hackman, & Oldham, 1975）も考慮する必要があると考えられる。なぜなら、職務特性の違いは、他者との交流のあり方を規定すると考えられることから、職務特性の中でも特に「他者との協力の必要性」の高い職務ほど、チームの協力的風土が醸成され、文脈的パフォーマンスを高めさせると予想される。

2 調査対象

本研究の予測は、ある特定企業のみに当てはまるものではなく、多様な組織で確認されうる一般化可能性を持つものであると考えられる。そのため、調査は、多様な業種から複数の企業を対象に実施した。

2005年12月に大阪および東京の11社の企業の人事担当者を通して、調査を実施した。従業員200名を対象に調査票を配布し、最終的に140名の回答が得られた（有効回答率70.0％）。調査回答者の業種の内訳は、製造業65名（47％）、サービス業26名（19％）、情報・通信業17名（12％）、卸売業11名（8％）、販売業7名（5％）、建設・不動産業2名（1％）、運輸・物流業1名（1％）、その他9名（7％）であった。

また、職位の内訳は、管理職55名、一般社員83名、不明2名であった。平均年齢は38.61歳（SD=8.70）、平均勤務年数は10.8年（SD=7.80）であった。

3 調査票の構成

調査では、以下の内容について測定した。

目標管理制度の運用の適切さ認知：目標管理制度には多様な運用手続きが含まれるが、先述したように大きく「目標設定」と「目標設定に基づく評価」、そして「評価に基づく処遇」に分類することが可能であると思われる。これら3つの運用手続きに基づいて、「目標設定」に関して3項目（"個人毎の目標設定"、"上司との目標設定面談"、"評価基準の明示（公開）"）、「目標設定に基づく評価」に関して2項目（"上司による個人毎の達成度（業績）評価"、"評価結果の本人へのフィードバック"）、および「評価に基づく処遇」に関して4項

目（"個人の業績水準と連動した給与決定"，"個人の業績水準と連動した賞与"，"業績に基づく抜擢や降格"，"会社の業績水準と連動した賞与"）の合計9項目を独自に作成した。そして，それぞれの項目に対し，"自社で適切に運用されていると考える程度"を5段階評定で尋ねた（1：全く適切に運用されていない～5：非常に適切に運用されている）。

課題パフォーマンス：課題パフォーマンスは，Aryee et al.（2004）などの既存の尺度を参考とし，"私は自分の役割を全うしている"，"私は効率的に仕事を行っている"など6項目を設定し，自己評価によって5段階評定で測定した（1：全く当てはまらない～5：非常に当てはまる）。

文脈的パフォーマンス：文脈的パフォーマンスの測定には，筆者らが開発した測度を用いた（池田・古川，2008）。この尺度は，同僚や職場に対して協力を行っている度合いを示す「実行レベル」21項目と，同僚や職場の成果に貢献できている度合いを意味する「貢献度レベル」10項目，合計31項目から構成されている。いずれの項目も5段階評定で尋ねた（1：全くそうでない～5：非常にそうである）。なお，文脈的パフォーマンス尺度の項目は，本章の末尾にある Appendix に示している。

チームの協力的風土：チームの協力的風土については，"私の職場（チーム）では，相互の信頼や協力を重要視する雰囲気がある"などの3項目について，日頃の職場の雰囲気として当てはまると思う程度を5段階評定で尋ねた（1：全く当てはまらない～5：非常に当てはまる）。

組織公正：組織における公正として手続き的公正および分配的公正を取り上げた。これらは，田中・林・大渕（1998）が作成した既存の尺度を基に，近年の企業組織における人事制度の現状を適切に考慮し，手続き的公正を8項目，そして分配的公正を9項目設定した。いずれも5段階評定で尋ねた（1：全くそう思わない～5：非常にそう思う）。

職務特性：職務特性に関する既存の尺度としては，Hackman, & Oldham（1975）や田尾（1978）などが存在する。本研究では，これらの既存の尺度を参考としながら，近年の企業組織が取り組む職務や課題の特徴を考慮し，職務特性の中でも「他者との協力の必要性」に関する尺度項目を作成した。具体的には，"私の仕事の成果は，同僚の協力が不可欠である"など5項目について

5段階評定で尋ねた（1：全く当てはまらない〜5：非常に当てはまる）。

4 目標管理制度が課題および文脈的パフォーマンスに与えるインパクト

(1) 各変数の記述統計量

この調査で測定した変数の平均値と変数間の相関係数を表6-1に示している。

まず，文脈的パフォーマンスの実行レベルと貢献度レベルの平均値をみると，同僚や職場に対して協力を行っている度合いを示す「実行レベル」（$M=3.22$）よりも，同僚や職場の成果に貢献できている度合いを意味する「貢献度レベル」（$M=2.77$）の方が低い水準を示している（なお，中央値は3.00であり，この値は"ある程度行っている"を意味している）。これは，同僚や職場に対して協力や連携をある程度行っているものの，それが同僚や職場の成果にまでは十分に結実していないことを意味している。

人事制度に対する公正感については，分配的公正（$M=2.96$）の方が手続き的公正（$M=3.21$）よりも低い水準を示しており，最終的な処遇の運用につい

表6-1 各変数の記述統計量，信頼性係数および下位尺度間の相関係数

変　数	平均値	α	1	2	3	4	5	6	7
1．目標管理の適切さ認知	21.18(5.99)	.89	—						
2．課題パフォーマンス	2.94(0.72)	.91	.17†	—					
3．CP実行レベル	3.22(0.60)	.94	.32**	.67**	—				
4．CP貢献度レベル	2.77(0.74)	.95	.39**	.65**	.88**	—			
5．チームの協力的風土	3.25(0.83)	.84	.31**	.28**	.49**	.43**	—		
6．手続き的公正	3.21(0.67)	.85	.73**	.11	.33**	.29**	.46**	—	
7．分配的公正	2.96(0.64)	.87	.73**	.03	.30**	.31**	.23**	.65**	—
8．他者との協力の必要性	3.41(0.71)	.88	.25**	.34**	.59**	.56**	.44**	.26**	.26**

注：1．$**p<.01$, $*p<.05$, $†p<.10$
　　2．括弧内は標準偏差
　　3．CP：文脈的パフォーマンス

てあまり公正でないとみていることがうかがえる。

(2) **目標管理制度の適切な運用と2つのパフォーマンスとの関係**

次に，目標管理制度が課題パフォーマンスと文脈的パフォーマンスを促進するのかどうか，この基本的な問題から確認する。

図6-2は，目標管理制度にかかわる運用手続きの適切さ認知と課題および文脈的パフォーマンスの水準を示している。

それによると，課題パフォーマンスの水準は，目標管理の運用手続きの適切さの程度にかかわらず，ほとんど差異は認められない。一方で，文脈的パフォーマンスは実行レベルおよび貢献度レベルのいずれについても，目標管理制度が適切に運用されていると評価している成員ほど，発揮されている水準が高いことを示している。

これらの結果からいえることは，少なくとも目標管理制度が，直接的に他者への協力やチームへの貢献などの文脈的パフォーマンスを抑制する効果を持つとは言えない。むしろ目標管理の運用が適切であると評価する成員の場合には，他者への協力やチームへの貢献をより行っていることを示唆しているものと思われる。

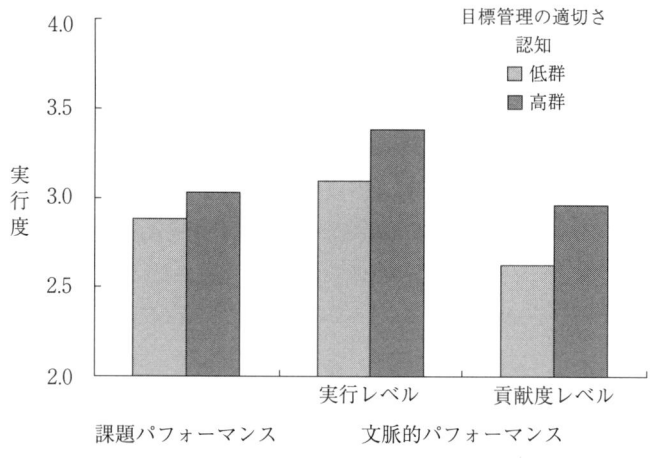

図6-2 目標管理の適切さ認知と課題および文脈的パフォーマンス

(3) 目標管理制度はどのようなプロセスで成員のチームへの貢献を促進するか

目標管理制度が課題パフォーマンスと文脈的パフォーマンスに影響を与えるプロセスを明らかにするためにパス解析という統計的手法を用いた。その結果は，図6-3に示す通りである。図中の数値（パス係数）は，矢印の因果関係の強さを表している。

目標管理制度が適切に運用されていると考える評価の高さは，課題パフォーマンスや文脈的パフォーマンスのいずれにも直接的な関係性が見られないことが判明した。むしろ，目標管理制度の適切な運用は，人事制度のプロセスにかかわる「手続き的な公正」や評価結果や処遇にかかわる「分配的公正」と強く結びついていた。すなわち，「目標設定」や「目標設定に基づく評価」，「評価に基づく処遇」などの一連の人事制度を適切に運用している成員ほど，公正感を高く感じていた。

次に，組織公正からのパス係数を見ると，手続き的公正と分配的公正では異なる因果関係を持つことが判明した。手続き的公正は，チームの協力的風土のみを促進する効果を持っていたのに対し，課題パフォーマンスと文脈的パフォーマンスには促進的な効果は認められなかった。

一方，分配的公正は，チームの協力的風土には直接的な効果は認められず，

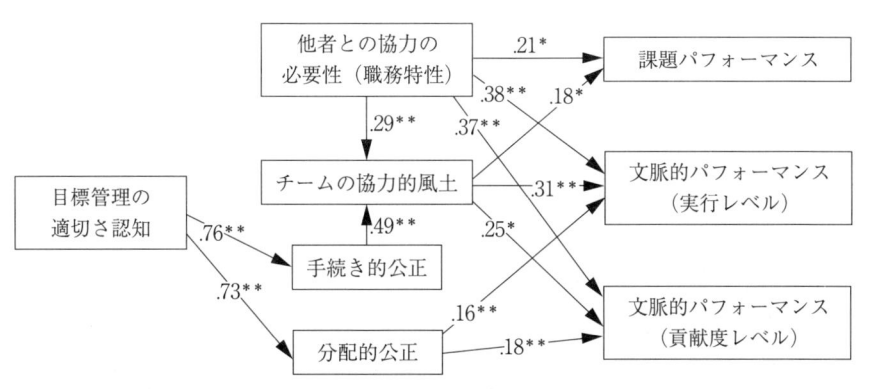

注：1．図中の各パスに添付した数値は標準偏回帰係数（β）を示す。
    2．$^{**}p<.01$，$^{*}p<.05$

図6-3　目標管理の適切さ認知が課題および文脈的パフォーマンスに与える影響に関するパスダイアグラム

文脈的パフォーマンスの実行レベルと貢献度レベルを促進する効果を持っていた。

チームの協力的風土は，文脈的パフォーマンスの2つのレベルに対していずれも強い効果を持っていた。この結果は，目標管理制度のもとで文脈的パフォーマンスを促進するためには，職場内におけるチームの協力的風土を醸成させることが必要不可欠であることを示唆していた。

なお，職務特性の「他者との協力の必要性」の効果について見ると，文脈的パフォーマンスに対して直接的な影響力を持つと同時に，チームの協力的風土を醸成する機能を持っていることを示していた。この結果は，同僚や職場との協力が不可欠な職務は，直接に文脈的パフォーマンスを促進するだけでなく，チームの協力的風土を醸成し，それが結果的に文脈的パフォーマンスを促進する間接効果を持つことを示していた。

5 目標管理制度は間接的に成員のチームへの貢献を促進する

この調査結果は，目標管理制度のもとで文脈的パフォーマンスを醸成するためのいくつかの重要な示唆を提供していると考えられる。

第1は，目標管理制度は必ずしも成員の同僚やチームへの配慮，協力，連携（文脈的パフォーマンス）を脅かすものではないということである。従来の成果主義に関する多くの批判は，成果主義的人事評価制度を導入すること自体が，わが国が得意としてきた同僚や職場に対する働きかけや職場で相互に協力しあう雰囲気を脅かすものと指摘されていた。ところが，本調査の結果をみる限り，そのような否定的な効果は認められず，むしろ成果主義の柱である目標管理制度が適切に運用される場合においては，文脈的パフォーマンスに対して促進的な効果を持つと言えるだろう。

第2は，目標管理制度をはじめとする人事制度は，少なくとも従業員の人事制度に対する公正感を高めるものである必要性を示していた。すなわち，従業員の公正感はチームの協力的風土や文脈的パフォーマンスを醸成する源泉であることを示していたことから，目標管理制度はそれらを促進させるものでなければならない。

第3に，高い文脈的パフォーマンスや課題パフォーマンスを実現する上で

は，チームの協力的風土が重要な役割を担っているということである。このことは，文脈的パフォーマンスを促進させる上で，いかに職場やチームで協力する風土を醸成したり，維持したりするかが重要であること示唆している。

これらの示唆をまとめると，目標管理制度はチームワーク風土を脅かすものでない限り，成員の他者やチームに対する配慮（文脈的パフォーマンス）に対して促進的な効果を持つと結論づけることができるだろう。

Ⅲ　チームの目標設定と職務特性の効果：実証研究2

1　この調査で明らかにすること

前節では，成果主義の代表としての目標管理制度が適切に運用されている場合には，2つのパフォーマンスが脅かされるわけではないことを明らかにした。むしろ，目標管理制度は，それが適切に運用される限りにおいては，文脈的パフォーマンスに対して間接的な効果を持つ可能性があることも判明した。

このことは，目標管理制度が，単なる個人の結果（業績）やそれに連動した処遇に偏ったとらえ方に陥るのではなく，むしろ職場やチームの成員が，自分自身やチームの成果につながる取り組み方を意識化させるように制度を整備することの必要性を示唆しているとも考えることができる。

このように成果主義を「成果につながる取り組み方を意識化する」と再定義した場合，チームパフォーマンスを促進させるための基本的条件は，「チームの目標設定」であると予想される。この第Ⅲ節では，チームの目標設定が課題および文脈的パフォーマンスに対してどのような影響を持つかについて実証的な知見を示していく。

2　調査対象

第Ⅱ節の調査（2005年12月実施）で対象とした140名の回答者に加えて，新たに2007年8月に実施した調査の回答者62名を対象とした。新たな追加調査とは，ある産業教育団体が主催する教育研修の参加者70名に対して実施されたものである（有効回答率89%）。

全体の調査対象者の業種の内訳は，製造業85名（42%），サービス業40名

(20%),情報・通信業23名（11%），卸売業11名（5%），運輸・物流業10名（5%），販建設・不動産業8名（4%），販売業7名（3%），その他15名（7%），不明3名（1%）であった。

職位の内訳は，管理職105名，一般社員93名，不明4名であり，平均年齢は40.08歳（$SD=8.42$），平均勤務年数は7.96年（$SD=7.78$）であった。

3 調査票の構成

チームの目標設定：チームの目標設定の程度を測定するために，職場やチームにおいて"業績"，"協力"，そして"学習"にかかわる目標がどの程度明確に設定されているかについて5段階評定で尋ねた（1：全く行われていない～5：十分行われている）。

職務特性：職務特性尺度は23項目から構成され，課題の相互依存性，職務の裁量性，職務の多様性の3つの要素から構成されている。「課題の相互依存性」（6項目）とは，職務を遂行する上で同僚とのかかわりや協力が日常的に求められる程度を，「職務の裁量性」（9項目）は，成員の職務に多くの自由度や裁量が与えられる程度を，最後に「職務の多様性」（3項目）は，職務を遂行する上で多様な知識やスキルが求められている程度をそれぞれ表している。合計18項目について，それぞれ5段階評定で測定した（1：全く当てはまらない～5：非常に当てはまる）。

この他，課題パフォーマンスと文脈的パフォーマンスの内容については，第Ⅱ節と同様の内容で測定した。

4 チームの目標設定と課題および文脈的パフォーマンスとの関係

(1) 各変数の記述統計量

表6-2は，「実証研究2」で測定した変数の平均値と相関係数を示している。

「チームの目標設定」の平均値は2.78を示しており，調査の回答者の企業では，それほど明確にチームの目標が設定されているとは言えないようである。

3つの職務特性の水準をみると，「課題の相互依存性」（$M=3.78$）は最も高い水準を示している。現代の組織が取り組む課題のほとんどが他者との協力や

表6-2 各変数の記述統計量,信頼性係数および下位尺度間の相関係数

変 数	M(SD)	α	1	2	3	4	5
1. 課題パフォーマンス	2.99(0.73)	.91	―				
2. 文脈的パフォーマンス	3.14(0.59)	.94	.66**	―			
3. チーム目標の設定	2.78(0.77)	.76	.20**	.35**	―		
4. 課題の相互依存性	3.87(0.83)	.84	.20**	.49**	.21**	―	
5. 職務の裁量性	2.87(0.73)	.75	.41**	.40**	.16*	.08	―
6. 職務の多様性	3.17(0.73)	.70	.03	.20**	-.12†	.23**	.12†

注:**$p<.01$, *$p<.05$, †$p<.10$

連携を必要とするものであることを強く表している。

(2) 課題パフォーマンスに対するチーム目標のインパクト

 さて,チームの目標を明確に設定することは,課題パフォーマンスや文脈的パフォーマンスに対して促進的な効果を持つのだろうか。また,職務特性のうち課題の相互依存性や職務の裁量性,多様性は2つのパフォーマンスとどのような関係性を持つのだろうか。

 これらを明らかにするために,課題パフォーマンスと文脈的パフォーマンスを基準変数(結果変数)に,そしてチーム目標の設定および職務特性(課題の相互依存性,職務の裁量性,職務の多様性)を予測変数として投入した階層的重回帰分析という統計的手法を用いた。この分析手法は,基準変数(結果変数)に対して,原因となる予測変数を順次投入することで,各予測変数が基準変数に対して持つ影響力の強さ(回帰係数)と,投入した予測変数によって基準変数をどの程度説明しているか(説明率)を明らかにするものである。分析の結果は,表6-3の通りである。

 まず,課題パフォーマンスに関する結果をみてみよう。最初の step 1 で投入したチームの目標設定は単独では課題パフォーマンスをやや促進する傾向を見せている。しかし,その効果は弱いものであった。次に,step 2 や step 3 の結果を見ると,職務特性の3つの変数を投入したことで,チームの目標設定の効果は相殺され,課題の相互依存性や職務の裁量性の2つの変数は課題パフォーマンスを促進する効果を持つことが明らかになった。

 さらに step 3 では,チームの目標設定と課題の相互依存性との交互作用が認められた。この関係を図式化したのが図6-4である。これをみると,他者

表6-3 課題および文脈的パフォーマンスを基準変数とする階層的重回帰分析の結果

変数	課題パフォーマンス			文脈的パフォーマンス		
	step 1	step 2	step 3	step 1	step 2	step 3
チーム目標の設定(A)	.20**	.10	.08	.35**	.22**	.21**
課題の相互依存性(B)		.16*	.17*		.39**	.39**
職務の裁量性(C)		.38**	.37**		.32**	.31**
課題の多様性(D)		−.04	−.05		.10†	.11†
A × B			.23**			.16**
A × C			.06			.01
A × D			−.08			.04
ΔR^2		.16**	.04**		.29**	.02**
R^2 (adjusted)	.04**	.19**	.23**	.12**	.41**	.42**

注：**$p<.01$, *$p<.05$, †$p<.10$

との協力の必要性の低い課題のものとでは，チームの目標設定は課題パフォーマンスに対して抑制的な効果を持つことを示していた。すなわち，自己完結性の高い課題のもとでは，チームの目標を設定することで，本来遂行すべき課題パフォーマンスが疎かになる可能性を示唆していると言える。

一方で，他者との協力の必要性の高い課題のもとでは，チーム目標を設定することで，課題パフォーマンスは促進されることが示された。

(3) 文脈的パフォーマンスに対するチーム目標のインパクト

次に，文脈的パフォーマンスの結果をみると，チームの目標設定は強い効果を持っていた。また，職務特性の効果を見ると，課題の相互依存性は最も影響力を持ち，次いで職務裁量性も有意な正の関係を示していた。これは，他者との協力が求められる課題ほど，他者やチームに対する配慮や協力が行われる傾向が強いことを示すものである。なお，職務の多様性は文脈的パフォーマンスに対して明確な効果は認められなかった。なお，step 3 では，チーム目標と課題の相互依存性との交互作用が認められた。それを図示したものが，図6-5である。

図6-5をみると，課題の相互依存性が低い状況，すなわち課題を遂行する上で同僚他者との協力や連携があまり求められない状況では，チームの目標設定によって，文脈的パフォーマンスに差異は認められず，いずれも低い水準を

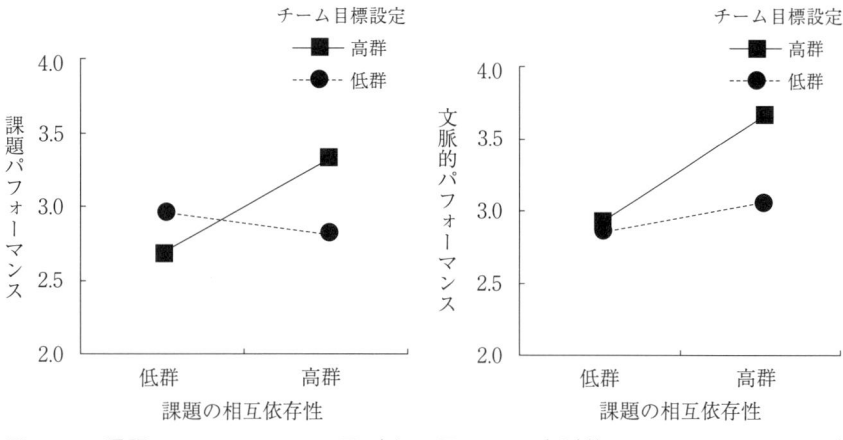

図6-4　課題パフォーマンスに及ぼすチーム目標と課題の相互依存性の効果

図6-5　文脈的パフォーマンスに及ぼすチーム目標と課題の相互依存性の効果

示している。

それに対して，他者との協力が求められる課題では，チームとしての目標を明確に定めた場合ほど，それを定めない場合と比較して，文脈的パフォーマンスの水準が高いことを示していた。

5　チーム目標の設定は相互の協力が求められるときほど効果を発揮する

本調査の結果は，次の3つの応用的示唆を提供していると思われる。

第1に，チームで目標を設定することは，他者やチームへの配慮や協力すなわち文脈的パフォーマンスを促進する効果を持っていた。これは，チームレベルの目標が，成員の自分自身の役割遂行だけにとどまらず，同僚他者の働きぶりやチーム全体のことにも視野を広げさせる機能を持つためであると思われる。

第2に，こうしたチームレベルの目標設定は，特に他者との協力の必要性が高い課題に取り組むときほど効果を持っていた。これは，チーム内で他のメンバーとの協力が強く求められる課題ほど，チームレベルの目標を設定することで，その目標を実現する上で同僚との協力や相互作用の必要性が明確になり，結果として文脈的パフォーマンスを促進すると言える。

しかし，チームレベルの目標設定は，相互作用の必要性の低い課題のもとでは，文脈的パフォーマンスに対して全く効果は認められず，むしろ本来組織において中核的な活動である課題パフォーマンスをも低下させてしまう可能性も持っていた。このような課題のもとでは，目標設定理論（Locke, & Latham, 1990）が支持するように，各成員の役割に基づいた個人レベルの目標の設定が課題パフォーマンスを促す上で有効な方策であると思われる。

以上のことをまとめると，目標管理制度に含まれる「目標設定」を運用する際には，その組織や職場，ひいてはそこで働く成員の職務特性，特に相互作用の必要性の高さを適切に見極めて，それに基づいて個人もしくはチームレベルの目標を設定することの必要性を示していると言えるだろう。

注記）

☆ 開本（2005）で用いられたデータは，富士通ゼロックス総合教育研究所（2001）の「成果主義的人事に関する社員意識調査」によって収集されたものである。ここでは調査時の2001年で成果主義を導入し，活用している10社の人事部門とその従業員を対象としており，回答した企業が具体的にどのような制度や運用手順を採用しているのは判別することは困難であった。そのため，引用文献の表現に従い「成果主義」と表記した。

引用文献

Aryee, S., Chen, Z. X., & Budhwar, P. S. (2004). Exchange fairness and employee performance: An examination of the relationship between organizational politics and procedural justice. *Organizational Behavior and Human Decision Processes*, 94, 1-14.

Borman, W. C., & Motowidlo, S. J. (1993). Expanding the criterion domain to include elements of contextual performance. In N. Schmitt, & W.C. Borman (Eds.), *Personnel selection in organizations*. San Francisco, CA: Jossey-Bass. pp. 71-98.

Campbell, J. P., McCloy, R. A., Oppler, S. H., & Sager, C. E. (1993). A theory of performance. In N. Schmitt, & W.C. Borman (Eds.), *Personnel selection in organizations. San Francisco*, CA: Jossey-Bass. pp. 35-70.

Deckop, J. R., Mangel, R., & Cirka, C. C. (1999). Getting more than you pay for: Organizational citizenship behavior and pay for performance plans. *Academy of Management Journal*, 42, 420-428.

富士ゼロックス総合教育研究所（2001）．人材開発白書　富士ゼロックス総合教育研究所

Hackman, J. R., & Oldham, G. R., (1975). Development of the job diagnostic survey. *Journal of Applied Psychology*, 60, 159-170.

Hatcher, L., & Ross, T. L. (1991). From individual incentives to an organization-wide gainsharing plan: Effects on teamwork and product quality. *Journal of Organizational Behavior*, 12, 169-183.

開本浩矢 (2005). 成果主義導入における従業員の公正感と行動変化. 日本労働研究雑誌, 543, 64-74.

Hollensbe, E. C., & Guthrie, J. P. (2000). Group pay-for-performance plans: The role of spontaneous goal setting. *Academy of Management Review*, 25, 864-872.

池田 浩・古川久敬 (2008). 組織における文脈的パフォーマンスの理論的拡張と新しい尺度の開発. 産業・組織心理学研究, 22, 15-16.

Klein, H. J., & Mulvey, P. W. (1995). Two investigations of the relationships among group goals, goalcommitment, cohesion, and performance. *Organizational Behaviour and Human Decision Processes*, 61, 44-53.

Latham, G. P., Locke, E. A., & Fassina, N. E. (2002). The high performance cycle: Standing the test of time. In S. Sonnentag (Ed.), *Psychological management of individual performance: A handbook in the psychology of management in organizations*. Chichester, West Sussex: Wiley. pp. 201-228.

Locke, E. A., & Lathman, G.P. (1990). *A theory of goal setting and task performance*. Englewood Cliffs, NJ: Prentice Hall.

Mitchell, T. R., & Silver, W. S. (1990). Individual and group goals when workers are interdependent: Effects on task strategies and performance. *Journal of Applied Psychology*, 75, 185-193.

守島基博 (1999). 成果主義の浸透が職場に与える影響. 日本労働研究雑誌, 474, 2-14.

Mulvey, P. W., & Klein, H. J. (1998). The impact of perceived loafing and collective efficacy on group goal processes and group performance. *Organizational Behavior and Human Decision Processes*, 74, 62-87.

O'Leary-Kelly, A. M., Martocchio, J. J., & Frink, D. D. (1994). A review of the influence of group goals on group performance. *Academy of Management Journal*, 37, 1285-1301.

田尾雅夫 (1978). 仕事の特性とワーク・モチベーション：百貨店従業員の場合. 実験社会心理学研究, 18, 1-9.

田中堅一郎・林洋一郎・大渕憲一 (1998). 組織シチズンシップ行動とその規定要因についての研究. 経営行動科学, 12(2), 125-144.

Wageman, R., & Baker, G. (1997). Incentives and cooperation: The joint effects of task and. reward interdependence on group performance. *Journal of Organizational Behavior*, 18, 139-158.

Wright, P. M., George, J. M., Farnsworth, S. R., & McMahan, G. C. (1993). Productivity and extra-role behavior: The effects of goals and incentives on spontaneous helping. *Journal of Applied Psychology*, 78, 374-381.

Appendix 文脈的パフォーマンス尺度（池田・古川, 2008）

1．文脈的パフォーマンス「実行レベル」
● 同僚に対する協力
・同僚が仕事に関わる問題を解決できるよう進んで援助している
・同僚の仕事の成功を褒めている
・職務上の問題を抱える同僚を支援したり勇気づけている
・自発的に職場内の同僚を援助している
・同僚に対してアイディアや意見を提供している
・同僚のアイディアに，自らの示唆を上乗せしている
・職場内の同僚を公平に扱っている
● 職場に対する協力
・職場全体の意欲を高めるようなことを話している
・職場内で生じた問題やトラブルを率先して解決しようとしている
・職場内の職務が円滑に進むような手続きやアイディアを提案している
・自分の行為が従業員に影響を与える前にそのことを周囲に通知している
・職場内で意見の相違を改善するよう同僚を励ましている
・職場内で職務に関する情報を共有している
● 自己の職務への専念
・課題を成し遂げるための障害を克服し続ける
・率先して仕事の問題を解決している
・積極的に困難な仕事に取り組んでいる
・期待以上に一生懸命働いている
・自己修練と自己管理を実践している
・重要な職務には細心の注意を払っている
・やりがいのある職務に割り当ててもらえるように求めている

2．文脈的パフォーマンス「貢献度レベル」
● 同僚の成果に対する貢献度
・同僚の職務の達成度に貢献している
・同僚に対する他者からの評価に役立っている
・同僚の職務に対する意欲の向上に貢献している
・同僚の成長や学習の向上に役立っている
・同僚の創造的なアイディアの創出に貢献している
● 職場の成果に対する貢献度
・職場全体の職務の効率性に役立っている
・職場全体の学習の向上に役立っている
・職場全体の創造性に貢献している
・職場の評判に寄与している
・職場の盛り上がりに貢献している

第7章 チーム力

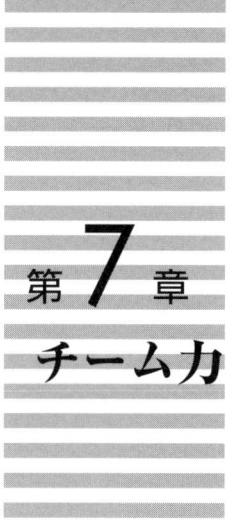

課題の変化を意識した新しいチーム能力の提案

　近年の経営環境のもとで，多くの組織においてチームに期待が寄せられている。組織として期待される成果を実現していくには，成員が個々の役割を遂行するだけではなく，チームとして発想し，活動し，貢献してくれることが必要とされるからである。

　本章では，チームが効果的に機能するための基本的な条件を提示する。特に，チームの活動を有機的に機能させるための要因を示しながら「チームワーク」の概念を整理する。さらに，近年の組織内外の著しい変化に適応しながら，期待される成果を実現するためのチームの能力として新たに「チーム力」の概念を提示する。そして最後に，チーム力を形成するための実践的な示唆を述べる。

　なお，本章で想定しているチームとは，時限的に形成されるチームとともに，部署や課，係などの職場集団のことを指している。

I　チームの効果性とチーム活動

1　チームの効果性について

　新たに複数のメンバーを招集してチームを構成してみる。すると，当初の期待とはほど遠く，チームメンバー間の協力や連携はうまく進まず，結果として

チームが機能しないことは，たびたび経験することである。ましてや，職場集団など長く固定されたメンバーからなるチームにおいて，いざ協力や連携を強化しようと試みても，思うように機能しないことも珍しくない。

このように，チームのメンバーが効果的に連携，協力し，高い成果を実現することは容易なことではない。チームになれば個人以上になれるという保証もない（Steiner, 1972）。

それでは，高い成果を達成するチームとは，どのようなチームであろうか。あるいは創造性に富むチームには，どのような条件が備わっているのだろうか。この基本的かつ重要な問題に答えるために，まず，業績や創造性，競争力などのチームの成果につながるための条件を整理していく。

このことを考える上で，McGrath（1964）によるモデルは示唆に富んでいる。彼は，チームの効果性およびそれを規定する要因を整理し，それらを「入力（input）－プロセス（process）－出力（output）」（I-P-Oモデルとも呼ばれている）の一連の変数によって説明している。

```
入力                          プロセス                     出力

個人レベルの変数
●メンバーのスキル
●態度                                                  パフォーマンスの成果
●パーソナリティ                                          ●成果の質
                                                      ●問題解決の速さ
チームレベルの変数              チームの相互作用           ●エラーの数
●チーム構造(役割など)             プロセス
●チームの凝集性                                         他の成果
●チームサイズ                                           ●メンバーの満足感
                                                      ●チームの凝集性
環境レベルの変数                                         ●態度変容
●チームの課題特性
●報酬制度
●環境ストレスのレベル
```

出所：McGrath（1964）より作成

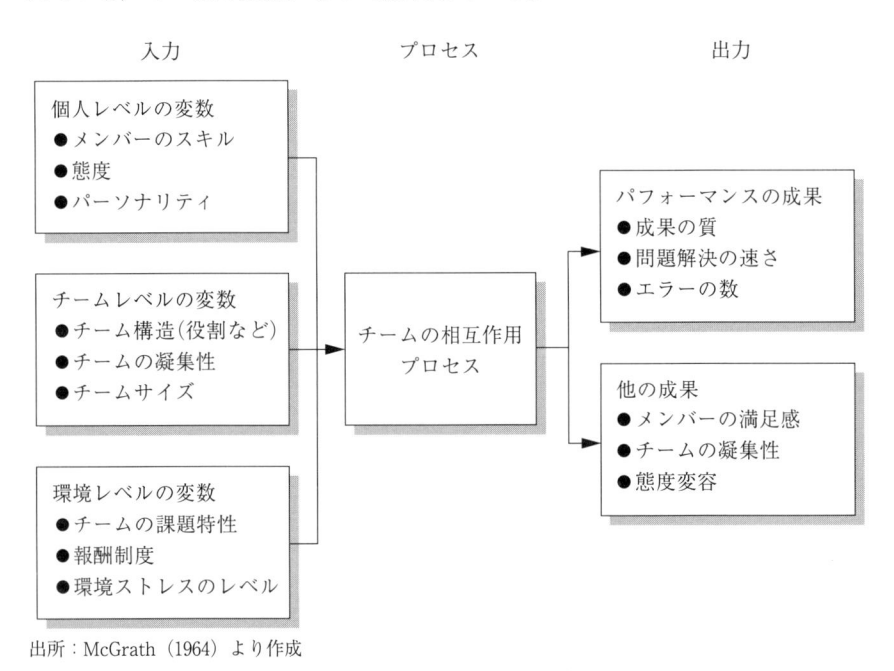

図7-1　チーム効果性モデル

出力：まず，「出力」とは，チームの様々な活動の結果として生み出される"成果"を意味する。この成果とは，パフォーマンスの成果とそれ以外の成果に分けられる。"パフォーマンスの成果"には，成果の質や問題解決の早さ，エラーの数，業績，生産性など主に課題の達成度の指標になるものが含まれる。他方，"それ以外の成果"には，メンバーの満足感やチームの凝集性，メンバーの態度変容など心理的あるいは行動的指標が含まれる。このタイプの成果は，一見すると課題達成とは性格を異にするが，その後のチームの活力を維持し，あるいは盛り上げていく上で重要な指標である。

プロセス：チームの成果である「出力」を生み出す要因は，「チームの相互作用プロセス」である。これは，チームで課題を効率よく遂行し，そして期待される成果を達成するためになされる，メンバー間のコミュニケーションや情報共有（ホウレンソウ），協力，連携のことを指す。当然のことながら，このチームの相互作用を効率的かつ有効に実行できるかが，最終的に2つの成果を大きく左右することになる。なお，チーム活動の具体的な内容については，さらに後のセクションでより詳細に整理する。

入力：「チームの相互作用プロセス」が効果的かつ効率的に行われているか，あるいは適切に実行されているかは，さらに遡ると「入力」と呼ばれる3つの変数から影響を受けている。

ひとつ目は，"個人レベルの変数"である。ここには，チームメンバーのスキルや態度，パーソナリティが含まれる。チームの相互作用やチームワークは，メンバー個々の働きかけがあってはじめて成立する。したがって，メンバー個々に必要なスキルや能力が備わっていることが，チームで高質な相互作用が生まれるかどうかを規定する。

2つ目は，"チームレベルの変数"である。例えば，チームの構造（役割，階層性，規範など），チームの凝集性の水準，そしてチームのサイズ（メンバーの数）が含まれる。チーム内の役割が適切に構造化され，そして高い凝集性を備えたチームほど，円滑なチーム活動が可能になる。しかし，チームのメンバーが増えすぎると，社会的手抜き（Latané, Williams, & Harkins, 1979）が生じる可能性が高まるため，適切なサイズが求められる。

最後は，"環境レベルの変数"である。この中で，チームの相互作用に最も

インパクトを持つ変数は，チームが取り組む課題の特性である。これは，職務特性理論（Hackman, & Oldham, 1975）が説いているように，課題の特性は，チームのメンバーのモチベーションを高揚させたり，自律性を高める機能を持つだけでなく，メンバー間の協力や連携のあり方も大きく左右する。

また，報酬制度もチームの相互作用にインパクトを持つ。これは，第6章において成果主義的人事評価制度がチームに与える影響について議論したように，個人の成果を強調した報酬制度はチームの相互作用に抑制的に，チームの成果を協力した制度は促進的に機能する可能性を持っているからである。

さらに，タイムプレッシャーをはじめとするストレスレベルの高さは，特にチームに意思決定の質を歪めてしまう可能性を持っている（e.g., Janis, 1982）。

モデルが示唆すること：このモデルは，効果的なチームのあり方を考える上でいくつかの重要な示唆を提供している。

ひとつは，「入力」変数は，効果的なチームを作り上げるための基本的な条件としてチームメンバーの能力の重要性を示唆していると思われる。やはり，効果的なチームを形成するために最も基礎となる要因は，各メンバーの能力であることを教えてくれている。それゆえに，チームを結成する際には，そのチームの目的や課題の達成に貢献できる専門性と知識，経験を備えたメンバーを選抜する必要があると見ることができる。

もうひとつは，入力変数はチームが成果を上げる上で必要な条件ではあるが，必ずしもそれだけが十分な条件ではないことである。すなわち，チームメンバーのそれぞれの能力を結集し，そしてそれらをチーム全体として十分に機能させるためには，やはり「入力」と「出力」を連結する「プロセス」の存在が不可欠であるということである。すなわち，期待する成果を実現するためには，①充実したチーム活動の内容が確保され，そして②そのチーム活動が円滑に機能する条件が整っていることが求められる。

2 チーム活動の内容について

「チームの高い創造性や業績は，高品質なチーム活動から生み出される」ことを我々は経験則として理解している。しかし，チームの成果のカギを握る

「チーム活動」とは具体的にどのような活動を指すのだろうか。Rousseau, Aubé, & Savoie（2006）は，関連する既存の研究からチーム活動を包括的に整理している（図7-2）。それによると，チーム活動は，大きくチームの課題遂行や成果達成にかかわる「チームの課題遂行の統制管理」と，チーム内の人

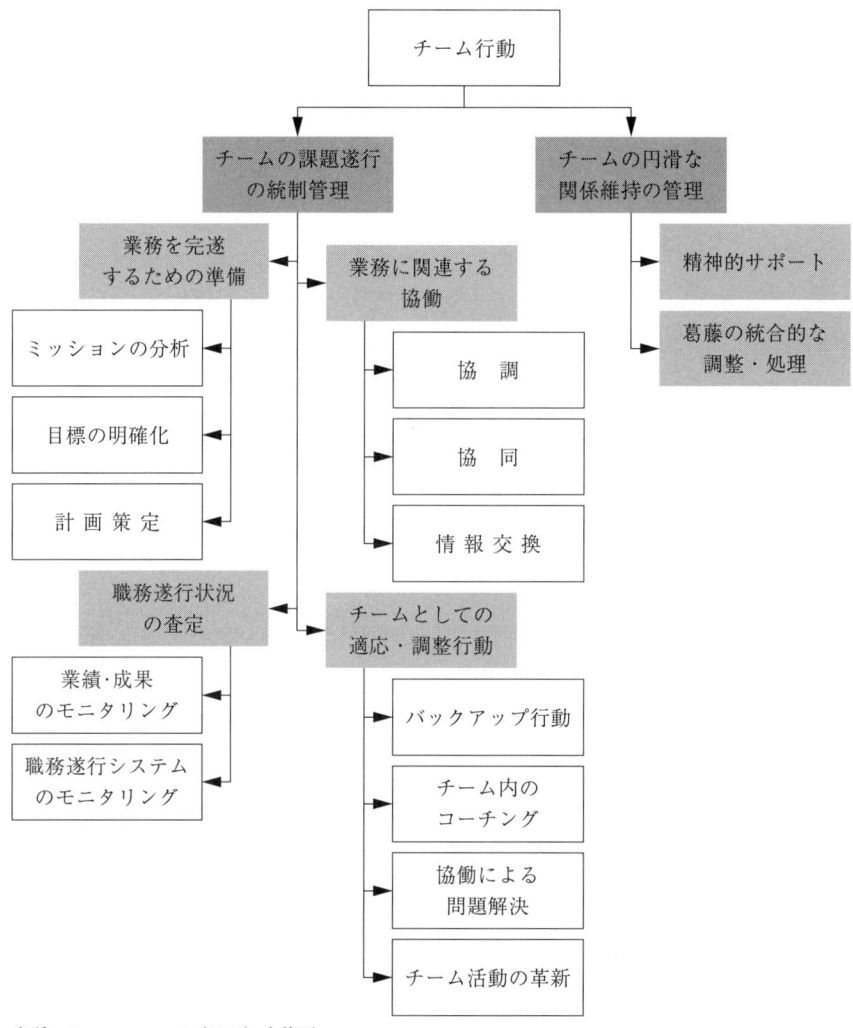

```
                            チーム行動
                    ┌──────────┴──────────┐
            チームの課題遂行              チームの円滑な
              の統制管理                  関係維持の管理
                                              │
    ┌──────┬──────┐                    ┌──────┴──────┐
  業務を完遂   業務に関連する              精神的サポート
  するための準備    協働                葛藤の統合的な
    │           │                      調整・処理
  ミッションの分析  協　調
  目標の明確化    協　同
  計画策定      情報交換
  職務遂行状況   チームとしての
    の査定      適応・調整行動
  業績・成果     バックアップ行動
  のモニタリング   チーム内の
  職務遂行システム   コーチング
  のモニタリング   協働による
               問題解決
               チーム活動の革新
```

出所：Rousseau et al.（2006）を修正

図7-2　チーム行動

間関係に配慮する「チームの円滑な関係維持の管理」の2つの機能に整理することができる。

(1) チームの課題遂行の統制管理

業務を遂行するための準備：ここには，最初に課題を明確化し，チームの目的を定める"ミッション分析"が含まれる。ミッションが定まると，組織やチームの目的と連動して，チームのメンバー個々の目標の設定がなされる（"目標の明確化"）。さらに，その目標を具体的に実現するための"計画策定"がなされることになる。

業務に関連する協働：チームで課題を遂行するための準備が十分に整うと，次に実際に課題に取り組むことになる。ここで必要なチーム活動はメンバー間でなされる「業務に関連する協働」である。具体的には，メンバー間で業務を調整する"協調"や相互に役割を分担，連携して進める"協同"も不可欠である。また「業務に関連する協働」が円滑に進行するためには，必要な情報をメンバー間で共有していくことも（"情報交換"）求められる。

職務遂行状況の査定：チームの活動が進展し，それが業務の完遂に確実につながるためには，職務遂行が適切になされているかの確認作業が必要になる。この活動は，「職務遂行状況の査定」と呼ばれ，大きく"業績・成果のモニタリング"と"職務遂行システムのモニタリング"の2つに分けることができる。前者の活動は，チームの目標達成に向けたチーム内の様々な活動のモニタリングを指す。メンバーが目標に基づいた活動に取り組んでいるかの確認も，この種のチーム活動に含まれる。これが適切に機能することで，チーム活動を抑制する要因であった"社会的手抜き"や"フリーライダー"の抑止につながる。また，後者の"職務遂行システムのモニタリング"とは，チーム活動を支える様々なシステム（人的資源，設備，情報）などの維持と管理を指す。

チームとしての適応・調整行動：チームの活動をモニタリングし，そこに何らかの問題や改善すべき点が生じると，チーム内で様々な適応や調整が求められることになる。

そのひとつが，"バックアップ行動"である。これは，チームのあるメンバーが他のメンバーの活動を援助する行為を意味する。すなわち，あるメンバーが目標の達成に到達できないときやつまずいたときに，それを改善するよ

う他のメンバーが協力することである。

　チームのあるメンバーに目標を達成するための十分な能力が備わっていないときには，建設的なフィードバックを提供したり，成果を改善するための学習を促す必要性も生じてくる。このタイプの活動は，"チーム内のコーチング"と呼ばれる。

　またときには，チームやメンバーのいずれかが課題達成に障害となる予期せぬ問題や非常事態に直面することも起こりうる。このときには，チームにおいて"協働による問題解決"の活動を行うことが求められる。

　チームは，これまでの技術や知識，経験が全く通用しない新規場面に遭遇することもある。こうした事態では，チーム内で新たなスキルを学習し，また活動方針や手順を見直すことも必要になってくる（"チーム活動の革新"）。

(2) チームの円滑な関係維持の管理

　精神的サポート：チームのメンバーは，チームの活動に参加して他のメンバーとの協力や連携を図るために，安心感や信頼感を持ちたいと願っている。しかし，一方でメンバーには失敗に対する不安やストレス，責任性などの負担が重くのしかかる。こうしたメンバーは，他のメンバーから励ましや援助などの精神的サポートを受けることで，心理的に安心感を抱き，またチームに対しても肯定的な感情を持つことができる。

　葛藤の統合的な調整・処理：チームが存続する上で，メンバー間で生じる葛藤は不可避とも言える。通常，葛藤は，①職務の内容や目標の捉え方の相違から生じる"課題葛藤"と，②課題をどのように進めるかの手順の認識の相違から生まれる"プロセス葛藤"，そして③チームのメンバー間の関係性の良否から生じる"関係葛藤"に分けることができる（Jehn, 1997）。これらの葛藤を適切に処理し，それを活かすことは，チームの革新性や創発性につながるものの，葛藤解決が進まないとチームの求心力は低下し，メンバー間の関係性も悪化することになる。

Ⅱ　チーム活動の効果性を左右するもの

　どのようなチームも期待される成果を実現するためには，チームのメンバー

が経営課題や目標の実現に直結する種々のチーム活動を効率的かつ有機的に連携を図りながら，確実に実行することが求められる．

先のチーム活動の内容は，チームが直面する様々な状況を想定しながら，そこでチームが"やるべきこと"を包括的に明示したものと言える．やるべきことが明確になると，次に求められることは，チームが必要な活動を"どのように"実行するかが問題になる．しかし，複数のメンバーが所属するチームが一丸となってこれらの活動を適切に実行することは，たやすいことではない．

チームの活動が適切かつ有機的に実行され，そしてそれらがチームの成果につながるためには，基本的に下記の4つの条件がチームに備わっている必要がある．

まずは，①チームの各メンバーが自身の視野を他者やチームに拡張させる「チームアイデンティティ」を保持しておく必要がある．これは，チームのメンバー間で必要な活動を行い，また協力，援助をするための基礎となる．②メンバーの視野がチームに向くと，次に「メンバー間の信頼および協力関係」の構築が求められる．これがなされてはじめて協力が円滑に行われ，定着していくことなる．さらに，③チーム活動の効率性を高めるためには，各自の役割やチームの活動方針を各メンバーが共有する「チームのメンタルモデル」の定着が欠かせない．最後に，④チームが困難な状況に直面したときには，不透明で不確実なであっても，チームで必要な活動に着手する必要がある．そのような場面では，チームで確実に実行できるという確信，すなわち「チームの効力感」も保持しておく必要がある．

1 チームアイデンティティ

チーム活動が円滑に機能するための最も基本的な条件は，チームの各メンバーが所属するチームに対して親近感や愛着，関心を抱くことである．このことを「チームアイデンティティ」（team identification）と呼ぶ．各メンバーがチームに対するアイデンティティを抱かないことには，他のメンバーやチーム全体の活動状況に十分に目が向かず，協力や連携は生まれない．特に，このチームアイデンティティは，関係性が希薄なメンバーのもとでチームが構成された場合に特に必要になると思われる．

チームアイデンティティの重要性を示す知見として，Van der Vegt, & Bunderson (2005) は，多職種チーム (multidisciplinary team) を対象にチームアイデンティティとチーム学習，そしてチーム成果との関連性について検討している。多職種チームとは，多様な専門性を持つメンバーから構成された，多様性の高い集団である。当然のことながら，専門性と多様性が高いために，チームとしてのまとまりを形成することは，チームが機能する上で必要不可欠である。彼らの結果はその必要性を裏付けていた。すなわち，①チームの多様性は高いものの，チームアイデンティティの低いチームでは，チーム内の学習は進まず，結果として成果も低い。一方，②チームの多様性が高く，チームのアイデンティティも高いチームほど，チーム学習も進み，高い成果を実現していた。この結果は，多様な専門家から構成されるチームだけでなく，職場集団などのチームにおいても，まずはチームアイデンティティを確立することの重要性を説いていると思われる。

2　メンバー間の信頼・協力関係

　チーム活動の効果性を高める第2の条件は，メンバー間の信頼や協力関係の良好さである。指摘するまでもなく，チームのメンバー間で相互に信頼関係が形成され，そして必要に応じて協力が行われてはじめてチームは効果的に機能する。

(1) チームワークについて

　実は，従来から，こうしたチーム内の協力的な状態のことを"チームワーク"と表現していた。すなわち，チームワークとは，その用語から考えると，目的や目標達成に向けて，チーム (team) が機能 (work) する活動や行動，状態のことを意味する。実際に，学術的な定義を見ても，「チーム目標を達成するためにメンバーの認知的，言語的，行動的な相互依存的な行為」(Marks, Mathieu, & Zaccaro, 2001) と定義されている。このように，チームワークとは，チームの成果につながる，チームメンバー間の良好な協力関係そのものを表していることになる。

　また，Rousseau et al. (2006) は，チームワークのことをチームで直接観察可能な行動と位置づけ，メンバー間でなされるチーム活動そのものを"チーム

ワーク行動"と呼んでいる。これは，協力行動の質的な違いに着目していると見ることができる。さらに，Dickinson, & McIntyre（1997）は，チームワークとは，チームが活動して成果を上げ，そしてその結果を学習に活かして次の活動に着手する一連のプロセスととらえ，そこに必要不可欠な要素を取り上げ，「チームワーク要素モデル」（teamwork components model）を提示している。彼らのチームワークの要素には，①コミュニケーション，②チームの志向性，③チームリーダーシップ，④モニタリング，⑤フィードバック，⑥バックアップ行動，⑦相互調整 が含まれている。これらも，Rousseau et al. (2006) と同様にチームメンバー間でなされる協力行動の質的な違いを前提としている。

したがって，これまでの議論を整理すると，「チームワーク」とは，"チームの成果の実現につながるチームの活動の状態をあらわすもの"と位置づけることができる。

(2) これまでのチームワークが意味したこと

チームワークの重要性が特に認識され始めたのは，戦後の高度経済成長期以降である。いわゆる大量生産，大量消費の時代で，部署や職場などの小集団で効率よく業務を遂行するかが最大の課題であった時代である。この頃のわが国の組織を取り巻く環境は，第1章でもすでに述べられている通り，いわゆる"右肩上がり"の経済状況であった。この時代では，極端にいえば，取り組む課題が大きく変わることもなく，やるべきこともある程度明確であった。それ故，一度学習した知識や技術はその後も継続して活用することができた。

このような状況から，チームは継続的な課題を，ある程度固定化されたメンバーで取り組むことが期待された。ここで必要とされたチームワークとは，①チームにおいてしっかりとした協力関係を構築すること，さらに②チームとしていかにミス無く，無駄なく効率的に遂行できるかであった。特に，②が意味する"チームの効率性"を目指したチームワークは，大量生産という時代のニーズにも呼応したものと言えるであろう。

3 チームメンタルモデル

チームで取り組む課題のタイプには，①各メンバーがそれぞれの役割を単独

で遂行し，それぞれの成果を最終的に総合加算すればよいようなタイプの課題（additive task）と，②メンバーが協力連携することがなければ最終的な成果が生まれないようなタイプの課題（conjunctive task）がある。このうち，後者の課題に取り組む際には，各メンバーがどのように取り組むかを正確に理解し，そしてそれをチーム内で共有しておく必要がある。もしそうでなければ，チームのメンバーは相互に確認のためのコミュニケーションを頻繁に取る必要があり，チーム活動にとって大きなロスを生んでしまうからである。

このように，チームのメンバー間で効率的で，円滑な職務遂行を可能にするものが「チームメンタルモデル」（team mental model）である。これは，個人のメンタルモデルの概念をもとに，チームメンバー間で共有されたメンタルモデルとして発展したものである。具体的には，チームの課題や役割，目標，能力に関する知識をチームメンバーが共有している程度と定義されている（Cannon-Bowers, Salas, & Converse, 1993）。

このチームメンタルモデルをメンバー間で共有することで，あるチームメンバーは他のチームメンバーの行動を予測することができ，それによって自らの行動を調節することが可能になる。特に，メンバー間で直接的なコミュニケーションがとれないチームの状況で有効であることが実証的な研究から確認されている（Kraiger, & Wenzel, 1997）。

4 チーム効力感

チームによる高い業績や創造性は，チームのメンバーが必要な協力行動を実行することで生み出される。しかし，これが首尾よく果たされるためには課題の不確実性に伴う問題を克服する必要がある。

すなわち，近年の企業組織におけるチームが抱える課題は，必ずしも自明ではなく，むしろ自らが課題を発見（設定）することさえ求められることもある。当然のことながら，従来から取り組んだ経験のある課題であれば，手続きや成果の見通しもつけることができるため，経験をもとに必要な活動に着手することができた。しかし，課題が不確実であったり，あるいは課題に取り組む手続きが不明瞭である場合には，チームとして確固とした自信が持てない。結果として，チームは必要な活動に着手することに躊躇してしまう。

このような問題を克服し，チーム活動を機能するために「チーム効力感」(team efficacy) を高めることが求められている。チーム効力感とは，チームで取り組む特定の課題を効果的に遂行できるという，チームの能力に関するメンバーの共有した集合的な信念のことを指す (Gist, 1987 ; Lindsley, Brass, & Thomas, 1995)。

この概念は，かつて個人レベルの自己効力感の概念を提唱した Bandura (1997) が，チームのメンバーが，問題を解決し，そして継続的な努力を通じて活動を改善できるというチーム効力感とも言うべき感覚が存在するという指摘に端を発している。チームで取り組んでいる特定の課題を効果的に遂行できるというチーム効力感が強いほど，チームのパフォーマンスは高まることが多くの研究で明らかにされている。またこの関係は，チームのメンバー間で課題を遂行する際に協力が求められる度合いが高いときほど強くなることが明らかにされている (Gully, Incalcaterra, Joshi, & Beaubien, 2002)。

Ⅲ　環境と課題の変化への適応を意識した「チーム力」

1　今必要とされている新しい考え方

チームワークをめぐる議論の主要な前提として，①他組織との競争など環境の変化が穏やかで，②チームの課題も自明もしくは継続したものであり，そして③チームメンバーも多くは固定的であったことを指摘した。こうした状況のもとでは，チームの効率性を高めるチームワークこそがチームの成果に強く貢献していた。

しかし，近年の経営環境はどうだろうか。1990年代のバブル崩壊後の経済的不況をきっかけに，組織は様々な変化にさらされている。

ひとつは，組織外の環境の変化である。長引く経済的不況は，他のライバル組織との競争をいっそう激しくさせている。そのため，他の組織の動向は決して無視できなくなった。

2つ目は，取り組む課題の変化である。上記の激しい競争関係だけでなく，消費者のニーズの変化，情報技術の刷新などが大きく手伝って，組織の課題も大きく変動している。当然のことながら，チームが取り組む課題さえも自明で

はなく，むしろ課題の発見や設定から取り組むことも珍しくない。

3つ目は，新しい知識やスキルの学習と更新である。上述した課題の変化の速さは，これまで保有していた知識やスキルの陳腐化を意味する。課題の変化に連動して新しい知識とスキルの習得や更新が必要不可欠である。

2 環境変化へのチームの適応

組織やチームが，このような様々な変化に対応したり，あるいは変化を先取りしながら，期待される成果や高い業績を実現し続けていくためには，チームにどのような条件が必要だろうか。

チームメンバー間の関係のよさやメンバー間の相互協力や調整などの"効率性"を追求した今までのチームワークでは，こうした変化に対応することはできない。環境の変化や課題特性の変化に応じて，チームの目標を修正したり，チームでの取り組みや活動を変更することが必要になる。また必然的にチームのメンバーにも新しいスキルや行動の学習が求められる。

こうした現状において，近年，組織の外的な変化を意識した新しいチームのあり方として「チーム適応力」（team adaptability）に関するモデル（Burke, Stagl, Salas, Pierce, & Kendall, 2006）や実証的な研究（e.g., LePine, 2005）が報告されている。

チームの適応力とは，「組織内外の様々な変化に即応して，期待された成果を実現するために，チームのメンバーの行動や能力，認知を変容すること」と整理することができる。この定義に基づくと，チームが環境に適応するためには，次の4つのフェーズをたどることになる（Burke et al., 2006）。

フェーズ1：フェーズ1は「状況アセスメント」（situational assessment）である。ここでは，チームのメンバーはチームを取りまく様々な環境の変化を見極める必要がある。

フェーズ2：フェーズ2では，フェーズ1の情報を手がかりに「計画の構築」（plan formulation）を行う。このフェーズでは，チームが取り組むべき課題を明確にし，それに連動してチームの目標の設定する必要がある。またメンバーの役割や責任パフォーマンス期待なども明確にする必要がある。このフェーズをメンバー間で適切に行うことで，チーム内でメンタルモデルが共有

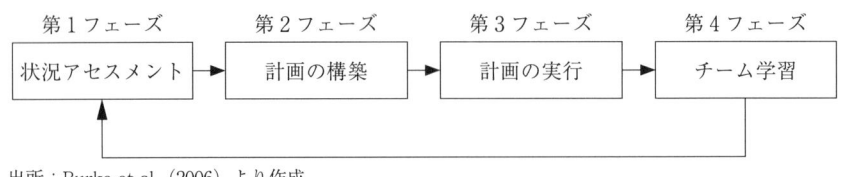

```
第1フェーズ        第2フェーズ        第3フェーズ        第4フェーズ
状況アセスメント  →  計画の構築   →   計画の実行   →   チーム学習
         ↑                                                    │
         └────────────────────────────────────────────────────┘
```

出所：Burke et al. (2006) より作成

図7-3　チームの適応サイクル

されていく（Cannon-Bowers, Salas, & Converse, 1993）。

　フェーズ3：適応サイクルのフェーズ3は「計画の実行」（plan execution）である。ここでは，計画を実現するために，チームメンバー同士で必要な情報についてコミュニケーションをとりながら，相互の課題遂行についてもモニタリングを行う。そこで必要であればバックアップ行動が求められる。またチームレベルでの調整も必要になる。またこれらをうまくマネジメントするためにはリーダーシップも求められる。

　フェーズ4：最後のフェーズ4は「チーム学習」（team learning）である。フェーズ3までの結果をチームで振り返りながら，チームレベルの知識や活動を学習していく。

　チーム適応モデル（Burke et al., 2006）は，チームが何らかの変化に直面したときに，それに適応するプロセスを描いている。従来のチームワークの理論がチーム活動の基礎や効率性の追求を目指したものであることを考えると，このチーム適応モデルは注目に値する。ましてや，近年の経営環境の変化を考えると，新旧2つのモデルはどのようなチームにも求められる可能性があると言える。したがって，2つのモデルの機能を統合した新しい考え方とその具体的なモデルが求められている。

3　チーム力

　上記のことを考える上で，古川（2004）のチームワークモデルは重要な示唆に富んでいる。古川（2004）はチームワークを3つのレベルで整理している。レベル1のチームワークとは，メンバー間で適切にコミュニケーションが交わされ，結束がとれている状態を指す。さらに，レベル2では，メンバーはチームの目標や成果を意識しながら，自己の役割を果たすことはもちろんのこと，

役割を超えた行動や連携が柔軟にとれる状態のことを指す。そしてレベル3では，円滑な人間関係や自己の役割を超えた行動を柔軟に行えるだけでなく，メンバー同士が知的に刺激し合い，創発的なコラボレーションをとることで，新しい発想や創造性が生まれる最高のチームワークの状態のことを指す。

本章では，このチーム適応モデルとチームワーク理論の意義を取り入れつつ，そして古川（2004）のチームワークモデルを拡張したものを新たに「チーム力」と呼ぶことにする。従来のチームワークは"チームの成果の実現につながるチームの活動の状態を表すもの"を指していたのに対し，チーム力は"環境や課題の変化を意識した上でチームの成果の実現につながるチーム活動の状態を表すもの"を意味する。つまり，このチーム力は，環境の変化に応じてチームとしての能力を伸長させながら，成果に直結させることのできるチームレベルの能力のことである。これは，チームを構成するメンバー個々の知識や能力，スキルなどの総和ではなく，チームレベルで学習（蓄積）された能力や知識，態度のことを意味する。

このチーム力の概念は，①チームが取り組む課題の特性と，②それに必要なチームメンバー間の役割の範囲（役割内と役割外行動）と相互作用の特性，そして，③求められるチーム活動の観点から，レベル1→レベル2→レベル3の3つのレベルで考えることができる。

各レベルのチーム力のイメージを図式化したのが表7-1である。

レベル1：レベル1のチーム力は，チームが円滑に機能する上で，基礎的かつ必要不可欠な状態が定着していることを意味する。具体的には，チームを構成するメンバーの役割が明確であること，メンバー間に良好な人間関係が存在することに加え，メンバー間に必要とされる協力や連携が定着している状態である。

このレベル1のチーム力は，チームがすでに取り組んだ経験のある課題や安定した課題であれば効果を発揮し，期待された成果を実現することができる。しかし，環境の変化などが生じた場合には，このレベル1のチーム力では柔軟に対応できる保証はない。

なお，従来のチームワークの議論は，このレベル1の状態や活動のことを扱っていたとみることができる。

表7-1 チーム力の各レベルの特徴

チーム力	レベル1 ⟶	レベル2 ⟶	レベル3
課題の特性	既存・継続課題	変化に伴う課題	新規・創造課題
チーム状態			
求められる主なチーム活動	協力・連携 情報共有	バックアップ行動 役割を超えた活動	相互刺激・ 創発性・相互学習

レベル2:レベル2のチーム力は,状況の変化やチームにトラブルや問題が発生したときにも,各メンバーは必要に応じて各自の役割を拡充させ,柔軟に適応することができる能力のことを意味する。具体的には,このレベル2のチーム力では,役割外行動(Van Dyne, Cummings, & Mclean, 1995)やバックアップ行動(Dickinson, & McIntyre, 1992),文脈的パフォーマンス(Borman, & Motowidlo, 1993;池田・古川,2008 a)などの職務行動がチーム内で定着している状態のことを指す。このチーム力が備わっているチームは,メンバーの変更や変化に伴う不測の事態にも対応することができ,既存の課題をさらに効率的に遂行することが可能になる。

レベル2のチーム力は,ルーチン課題における変化やトラブル,メンバーの変更が生じた場合など既存課題や環境と関連性が高い変化には一定の効果を持つ。しかし,全く経験したことのない新しい課題に遭遇した場合や,かつてのチームとしての知識や行動が陳腐化した状況に遭遇した場合には,レベル2のチーム力で成果を上げ続けることができる保証はない。

レベル3:レベル3のチーム力は,新規な課題にも柔軟に適応できるだけでなく,チームとしての理想の状態に向けてチームが自律的に自己改革や改善を行うことができる能力を意味する。このレベルでは,メンバー相互に知的な刺激を提供したり,情報が練り上げられるなど創発性が生み出される状態である。チームとして最も理想的な状態と言える。

なお,チーム力の各レベルを測定する尺度は,Appendix 1に示している。

Ⅳ　チーム力の形成について

　チームの外的環境や取り組む課題特性と関連づけながら，新しいチームレベルの能力指標として「チーム力」の概念を提案した。さらに，チーム力はレベル1からレベル3の3つのレベルで考えることができた。このようなチーム力の形成には，各メンバーの高い能力（コンピテンシー）は必要な条件ではあるものの，それだけでは十分ではない。やはりチームによる意図的な取り組みと経験からの学習が不可欠である。具体的には，下記の3つのことがなされてチーム力は形成されると思われる。

1　チームによる課題の見極め

　第1は，チームによる課題の見極めである。先に，チーム力の各レベルの特徴について理解した。近年の組織環境においては，レベル1だけではなく，レベル2さらにはレベル3のチーム力が求められているチームも少なくない。どのレベルのチーム力が求められるかは，まずチームがどのような課題に取り組むかに依存する。

　例えば，業績不振の組織において，様々な部署から選りすぐりのメンバーが集められ，「自組織が抱える事業を根本から刷新する」という目的のもとで新規プロジェクトが立ち上げられたとする。この場合，チームの課題は「現在抱えている事業を底上げする」と考えるか，もしくは「今までにない新たな事業を興す」と考えるかによって，そこで求められるチーム力は必然的に異なってくる。

　チームで取り組む課題が，①従来から取り組んでおり，またこれからも取り組み続ける「継続課題」なのか，あるいは②従来の知識や経験をゼロベースで考え，取り組む「新規課題」やメンバーの発想や創発性を重視した「創造性課題」なのかを的確に見極める必要がある。それによって，今後どのようなチーム力を形成する必要があるかが見えてくる。

2 チームでどのように取り組むかの意識化

　第2は，チームで"どのように取り組むか"を意識化することである。これは，チームによる課題認識が適切になされてはじめて，その課題を遂行するための具体的な方略が明確になる。

　例えば，自チームにとって過去に取り組んだことのある既存課題や継続課題であれば，チームメンバー間で緊密な協力や連携などの活動（レベル1のチーム力）を意識化しておくことで対応することが可能であろう。

　従来の既存課題の性質を引き継いでいるもののメンバーの入れ替わりや課題に変化が伴う際には，チーム内で自らの役割にとらわれず，積極的に役割を超えた活動を行うことを奨励するように意識化する（レベル2のチーム力）。この意識化がなされることで，チームの円滑な活動が維持されることにつながる。

　さらに，チームの課題が絶えず新規なもので，創造性を必要とするものであれば，チームメンバー間で積極的に知的なアイディアを提示し，そしてそれらを練り上げることや，メンバー間で必要とされる能力やスキルを相互に学習し合うことなどの活動（レベル3のチーム力）を奨励し，そしてそれを意識化することが必要であろう。

　このように，チームでどのように取り組むかをメンバー各自が意識化し，そしてチーム内で共有するための有効な方略は，「チームにおける目標設定」や「チーム内の申し合わせ」であろう。池田・古川（2008b）は，課題特性が変化した際に，チーム内で事前になされた「申し合わせ」がチームの適応に及ぼす効果について実験的に検討している。ここで操作された課題特性の変化とは，各メンバーの作業結果の総和がチーム成果になる課題特性から，メンバー間で役割を超えた相互作用が求められ，それのいかんによってチームの成果が決まる課題特性への変化である。

　結果は，図7-4の通りである。すなわち，課題特性に変化が生じたとき，チームでどのように取り組むかについて事前に申し合わせていたチームほど，各メンバーは自らの役割を超えて他者との相互作用を積極的に行い，結果としてチームの適応につながっていたことが明らかになった。また，これに連動して，申し合わせを行ったチームほど高い成果を上げていた。

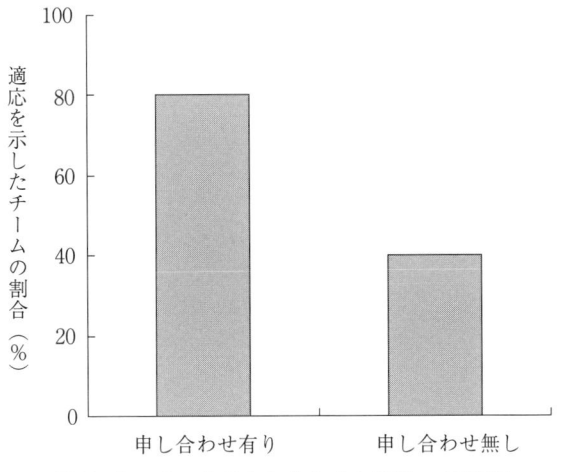

図7-4 チームの申し合わせと変化への適応

　このように，チームに求められる課題を把握した上で，チームがどのように取り組むかを目標や申し合わせによって意識化することで必要なチーム力の形成につながるだろう。

3　チームによる経験の振り返りと学習
(1)　チーム学習の2つの機能

　最後は，チームによる経験の振り返りと学習である。通常，チームによる学習には2つの機能がある。ひとつは，チームのあるメンバーが他のメンバーとの経験を通して何らかの知識を獲得，共有し，それらを組み合わせる活動（Argote, Gruenfeld, & Naquin, 2001）と考える方略である。他者の経験を拠り所に学習する「モデリング」（Bandura, 1986）は，ここでの最たる例である。この場合，チームでの活動を通して，お互いに必要な知識や能力を学習することになる。チームという機会を通して各メンバーの個人能力を高めるためには，チーム学習が有効と言える。

　他のひとつは，チームが何らかの活動を行い，そして成功や失敗の結果やフィードバックを通して，それをチームで振り返り，適応あるいは改善するために学習する一連のプロセス（Edmondson, 2002）ととらえる方略である。こ

こでは，チームメンバーの個人能力ではなく，あくまでもチームとして課題を遂行するために必要な知識や能力が，チームレベルで学習されることを指す。

(2) **チーム学習のメカニズム**

このチームレベルの学習のメカニズムについてみてみよう。一般的に，個人は，具体的な経験を行い，そしてそれを振り返ることで教訓を抽出する。さらに，その教訓を次の経験に活かしていく（Kolb, 1984）。すなわち，図7－5に示されるように，チームによる具体的経験→チームによる経験の振り返り→チームにおける教訓の抽出と共有・蓄積→チームによる能動的実験の一連のプロセスの重要性は，チームによる学習でも変わらない（Kayes, Kayes, & Kolb, 2005）。

ここで留意すべきプロセスは，「チームによる経験の振り返り」である。経験について振り返る際には，その経験の結果（成功や失敗）の要因とそれに先立つプロセスに着目する。一般論として，人は失敗経験やつまずき経験から多くのことを学ぶことが多い（Sitkin, 1992）。なぜなら，そこには豊富な教訓が含まれているからである。チームによる学習も同様である。しかし，チームで振り返る際には，成功の場合はそのチームに要因を求めるのに対し，失敗の場合にはチームではなく"特定の個人"に帰属する「チームヘイロー」（team halo）というバイアスがかかってしまい（Naquin, & Tynan, 2003），冷静にチームで活動の結果を振り返ることが難しい場合が多い。

さらには，個人目標やお互いに競い合う競争的目標を掲げているチームでは，失敗した際にお互いに非難し合うようになり，失敗からうまく学習できないことも報告されている（Tjosvold, Yu, & Hui, 2004）。個人の学習とは異なり，チームによる学習，経験を振り返ることにはいくつかの障害があることが理解できる。

チームとして適切に振り返るためには，メンバーが冷静に結果を認識し，その原因について開放的に相互に指摘しあえる「心理的な安心感」（Edmondson, 1999）を醸成しておくことが重要である。

(3) **チームにおける経験から学習する習慣**

これまで議論してきたように，チーム力は，チームによる意図的な取り組みとその後の経験からの学習によって形成されていく。このサイクルは，個人能

IV チーム力の形成について　175

```
         ┌──────────┐
         │ チームによる │
         │ 具体的経験  │
         └──────────┘
         ↗            ↘
┌──────────┐          ┌──────────┐
│ チームによる │          │ チームによる │
│ 能動的実験  │          │ 経験の振り返り│
└──────────┘          └──────────┘
         ↖            ↙
         ┌──────────┐
         │ チームにおける│
         │ 教訓の抽出と │
         │ 共有・蓄積  │
         └──────────┘
```

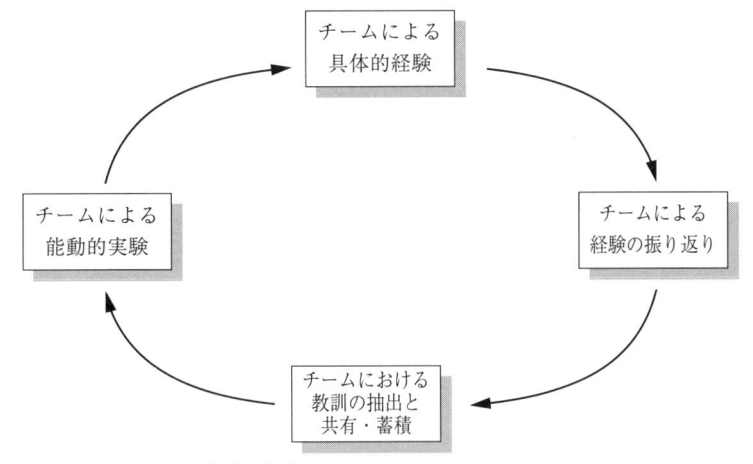

出所：Kolb（1984）を参考に作成
図7-5　チーム学習のプロセス

力としての「コンピテンシー」の学習と同様に，継続的に学習習慣として定着することで，さらにチーム力の形成は促進される。また，仮にチームに求められる課題が変化しても，チームレベルでの学習習慣が定着していることで，必要なチーム力の形成につながる。

筆者らは，チーム力形成につながるチームレベルでの学習習慣を把握するために Appendix 2 に示されている測度を開発し，チームによる経験からの学習習慣とチーム力形成との関連性について実証的な知見を蓄積しているところである。

チームで自律的にチーム力を形成することを可能にする学習習慣を定着させることも，今後のチームに求められるだろう。

引用文献

Argote, L., D. Gruenfeld, & C. Naquin. (2001). Group learning in organizations. In M. E. Turner (Ed.), *Groups at work: Advances in theory and research*. Mahwah, NJ: Lawrence Erlbaum. pp. 369-411.

Bandura, A. (1986). *Social foundations of thought and action: A social cognitive theory*. Englewood Cliffs, NJ: Prentice Hall.

Bandura, A. (1997). *Self-efficacy: The exercise of control*. New York, NY: Freeman.

Borman, W. C., & Motowidlo, S. J. (1993). Expanding the criterion domain to include elements of contextual performance. In N. Schmitt, & W. C. Borman (Eds.), *Personnel selection in organizations*. San Francisco, CA: Jossey-Bass. pp. 71-98.

Burke, C. S., Stagl, K. C., Salas, E., Pierce, L., & Kendall, D. L. (2006). Understanding team adaptation: A conceptual analysis and model. *Journal of Applied Psychology*, 91, 1189-1207.

Cannon-Bowers, J. A., Salas, E., & Converse, S. A. (1993). Shared mental models in expert team decision making. In N. J. Castellan, Jr. (Ed.), *Individual and group decision making: Current issues*. Hillsdale, NJ: LEA. pp. 221-246.

Dickinson, T. L., & McIntyre, R. M. (1997). A conceptual framework for teamwork measurement. In M.T. Brannick, E. Salas, & C. Prince (Eds.), *Team performance assessment and measurement: Theory, methods, and applications*. Mahwah, NJ: LEA. pp. 19-43.

Edmondson, A. (1999). Psychological safety and learning behavior in work teams. *Administrative Science Quarterly*, 44, 350-383.

Edmondson, A. C. (2002). The local and variegated nature of learning in organizations: A group-level perspective. *Organization Science*, 13, 128-146.

古川久敬（2004）．チームマネジメント　日本経済新聞社

Gist, M. E. (1987). Self-efficacy: Implications for organizational behavior and human resource management. *Academy of Management Review*, 12, 472-485.

Gully, S. M., Incalcaterra, K. A., Joshi, A., & Beaubien, J. M. (2002). A meta-analysis of team efficacy, potency, and performance: Interdependence and level of analysis as moderators of observed relationships. *Journal of Applied Psychology*, 87, 819-832.

Hackman, J. R., & Oldham, G. R., (1975). Development of the job diagnostic survey. *Journal of Applied Psychology*, 60, 159-170.

池田　浩・古川久敬（2008a）．組織における文脈的パフォーマンスの理論的拡張と新しい尺度の開発．産業・組織心理学研究，22, 15-16.

池田　浩・古川久敬（2008b）．課題要求の変化とチーム適応力：チームによる事前申し合わせの効果．産業・組織心理学会第24回大会発表論文集，89-92.

Janis, I. L. (1982). *Groupthink: Psychological studies of foreign-policy decisions and fiascoes*. Boston, MA: Houghton Mifflin.

Jehn, K. A. (1997). A qualitative analysis of conflict types and dimensions in organizational group. *Administrative Science Quarterly*, 42, 530-557.

Kayes, A. B., Kayes, D. C., & Kolb, D. A. (2005). Experiential learning in teams. *Simulation & Gaming*, 36, 330-354.

Kolb, D. A. (1984). *Experiential learning*. Englewood Cliffs, NJ: Prentice Hall.

Kraiger, K., & Wenzel, L. H. (1997). Conceptual development and empirical evaluation of measures of shared mental models as indicators of team effectiveness. In M. T. Brannick, E. Salas, & C. Prince (Eds.), *Team performance assessment and measurement: Theory, methods, and applications.* : Mahwah, NJ: LEA. pp. 63-84.

Latané, B., Williams, K., & Harkins, S. (1979). Many hands make light the work: The causes and consequences of social loafing. *Journal of Personality and Social Psychology*, 37, 822-832.

LePine, J. A. (2005). Adaptation of teams in response to unforeseen change: Effects of goal difficulty and team composition in terms of cognitive ability and goal orientation. *Journal of Applied Psychology*, 90, 1153-1167.

Lindsley, D. H., Brass, D. J., & Thomas, J. B. (1995). Efficacy-performance spirals: A multilevel perspective. *Academy of Management Review*, 20, 645-678.

Marks, M. A., Mathieu, J., & Zaccaro, S. J. (2001). A temporally based framework and taxonomy of team processes. *Academy of Management Review*, 26, 356-376.

McGrath, J. E. (1964). *Social psychology: A brief introduction.* New York, NY: Holt, Rinehart & Winston.

Naquin, C. E., & Tynan, R. O. (2003). The team halo effect: Why teams are not blamed for their failures. *Journal of Applied Psychology*, 88, 332-340.

Rousseau, V., Aubé, C., & Savoie, A. (2006). Teamwork behaviors: A. review and an integration of frameworks. *Small Group Research*, 37, 540-570.

Sitkin, S. B. (1992). Learning through failure: The strategy of small losses. In B. M. Stow, & L. L. Cummings (Eds.), *Research in organizational behavior.* vol. 14. Greenwich, CT: JAI Press. pp. 231-266,

Steiner, I. D. (1972). *Group process and productivity.* New York, NY: Academic Press.

Tjosvold, D., Yu, Z., & Hui, C. (2004). Team learning from mistakes: The contribution of. cooperative goals and problem-solving. *The Journal of Management Studies*, 41, 1223-1245.

Van der Vegt, G. S., & Bunderson, J. S. (2005). Learning and performance in multidisciplinary teams: The importance of collective team identification. *Academy of Management Journal*, 48, 532-547.

Van Dyne, L., Cummings, L. L., & Mclean, P. J. (1995). Extra-role behaviors: In pursuits of construct and definitional clarity (a bridge over troubled waters). In L. L. Cummings, & B. M. Staw (Eds.), *Research in organizational behavior.* vol. 17. Greenwich, CT: JAI Press. pp. 215-285.

Appendix 1　チーム力尺度

レベル1　結束力
・チームメンバーの間で信頼関係が確立している
・メンバー間で安心感が根付いている
・自分の職務以外でも率先して他のメンバーを協力することが定着している
・チーム内で円滑なコミュニケーションがとれている
・チームとしての結束力を持っている
・職務を遂行するために自発的に協力を行うことが既に定着している
・メンバー間で意見の対立が生じたときにも，それを適切に解決できる関係が築かれている
・チーム内で互いに連携する風土が確立している

レベル1　相互理解
・各メンバーの役割がチーム内で周知されている
・メンバーによる提案が具体的に活かされている
・予期せぬ出来事が発生したときにも，それに対処するための申し合わせができている
・チーム内で職務を遂行するために必要な情報が共有できている
・定期的に従来の役割や活動方針が見直されている
・チームとしての理想の状態に向けて絶えず改善が行われている
・絶えず他のメンバーの職務の進捗状況が把握されている

レベル2　相互補完
・新しいメンバーが加入すると，他のメンバーが進んで指導するシステムが確立している
・資源（財源や人的資源など）が不足していても，それを補う解決策が産み出されている
・新しい課題に直面したときにも，チームとしてそれに対応できる行動を備えている
・特別に割り当てら得ていない職務でも自発的に取り組む雰囲気が確立している
・新しい課題を見据えて，必要な能力やスキルを習得している
・成果をさらに向上させる方法を追求するための議論が行われている
・チームの成果につながる情報は，チーム内で共有されている

レベル3　創発性
・チームとして新しい課題が絶えず見出されている
・全てのメンバーがチームのことを考え自分の役割を定義している
・チーム内で生じた問題やトラブルを解決できるノウハウを持っている
・チームの成果に直結するスキルをメンバー間で教えあうことが定着している
・情報が不足しているときに，チーム内外から必要な情報を調達できている
・予測不可能な状況にも柔軟に対応できる能力を備えている

レベル3　チーム改革力
・チームの成果を高める新しいアイディアが産み出されている
・チームの理想の状態に向けて改善を行っている
・チームの理想のあり方を話題にしている
・チームの成果を高める能力やスキルを伸長させている

Appendix 2　チームにおける経験から学習する習慣尺度

1　視野の拡張
・仕事上の専門的なテーマや技術の動向について，チームとして情報を集めている
・仕事の専門領域で「これから何が必要になりそうか」を，チームで検討しながら仕事をしている
・ライバル会社や先進企業の動きに関心を持ち，自社との違いを，チームとして把握している

2　視点の転換
・自チームでは，今まで経験したことがない新しい知識やスキルを身につける機会を作っている
・チームでは会社や顧客が，私たちに何を期待しているかを良く考慮して，仕事を進めている
・自チームでは，会社のトップであれば「こんなときどう判断するか」を考えながら仕事をしている

3　行動習慣
(1)　効果的行動の探索
・何についても「より効果的な方法はないか」を，チームで話し合い，試している
・どういうやり方がベストであるかを，チームで検討しながら仕事をしている
・チームで仕事を進めるときには事前に話し合い，仮説やアイディアを持つようにしている

(2)　意図的行動の実行
・自チームでは難しい目標や新たな課題に積極的にチャレンジするように心がけている
・チームで仕事をするときには，目的や成果目標をはっきり定めている
・チームによる仕事の計画は，展開場面や関係者の反応などを予測しながら立てている

4　活動結果の振り返り
(1)　既有経験との共有性の認識
・チームの仕事が一段落したら，その仕事と今までの仕事との関連性をチームで整理している
・チームの仕事の結果が良くなくても，これまでの経験と関連づけて次に活かしている

(2)　既有経験との差異性の認識
・仕事の結果が悪かったときには，良かったときと何が違っていたか，チームで振り返っている
・チームとして，かつてと比べて，どんな力がついてきているかを確認している

(3)　成功原理の抽出と一般化
・チームにおいて，いい仕事をするための勘所やコツを話し合うようにしている
・仕事の「押え所」や「うまくいく原理」が何であるかを，チームで検討しながら仕事をしている

5　活動プロセスの振り返り
(1)　自己経験の言語化
・チームでは，仕事の内容や経過について記録をとり，しっかりと残している
・私たちのチームでは，仕事で取り組んだことを，系統立てて関係者に説明できる

(2) 失敗原因の明確化
・失敗したときは，なぜそうなったのかをスタート段階まで戻って，チームで振り返っている
・チームがうまくいかないとき，それを制度やシステムのせいだけにはしないようにしている
(3) 成功要因の明確化
・チームが成功したときは，うまくいった理由をスタート時点からチームで振り返っている
・自チームでは，成功したとき，どのような準備や判断が良かったのかを振り返っている
6 他チームのモニタリング
(1) 準拠チームの設定と交流
・私たちのチームは，他のチームの仕事のやり方やよい点を吸収し，生かしている
・仕事上ですばらしいと感じるチームとは，社内，社外にかかわりなく進んで交流している
(2) 準拠チームの活動の言語化
・自チームでは，優秀な他チームの発想や活動を検討し，仕事上のコツを話し合っている
・折に触れ，優秀なチームに共通するポイントは何かを，チームで検討している
(3) 他からのフィードバックの受容
・外部からのフィードバックやアドバイスを取り入れ，チームとして活かしている
・周りからの評価が思いのほか低かったときでも，まず自チームについて振り返っている

第8章 目標管理とその効果的運用

　この章では，組織成員に，成果とともにそれに至るプロセスについての意識化を促進させることのできるマネジメントツールとして「目標管理」を取り上げ，目標管理の機能およびその運用が効果を上げうるための条件について検討する。

I　目標管理の概要

1　目標管理について

　成果主義的人事制度の中心として，今日，わが国において多くの企業において導入実施されている「目標管理」の源流は，かつてDruckerが，ゼネラルモータース（GM）社やゼネラルエレクトリック（GE）社において進めたマネジメント法にあるとされている（Drucker, 1954 ; Greenwood, 1981）。

　人の努力や頑張り（モチベーション）が価値や目標を目指す形で生まれること，また人が自律的に自分自身を制御（self-control）できるところを持っていることは，人間に関する哲学的な議論においても古くから指摘されていた。それからして，人によって作られている組織においても，目標（objectives）や，人の自律性や主体性に着目することで，マネジメントの効果性を高めることができる可能性はあったはずであるが，マネジメントの実践においては看過

されてきていた。

そのような中で，Druckerは，目標と自己制御を中心に据えたマネジメントの実践を構想し，"Management by Objectives and Self-control"を提案したわけである。これを日本語に訳せば，「目標と自己制御による管理」となるであろうが，一般には「目標管理」（MBO：management by objectives）と簡略化した訳で呼ばれている。

その骨子は，組織全体が目指し（ビジョン），到達したいと願うこと（経営課題）の実現を確実なものにするために，職場レベルや個々の成員に至るまで，それぞれが責任を持って担う課題や目標をはっきりさせ，意識化の度合いをあげて，各成員が自己制御しながらマネジメントを自律的に進める方法である（Greenwood, 1981）。

ちなみに，今日のわが国において，目標管理に対して持たれているイメージは，強制的で，型にはめられるなどの受け身のものになっていることは否めない。その理由のひとつは，Druckerが考えていたManagement by Objectives and Self-controlから，self-controlが除かれて目標管理と翻訳されたことによると推察される。"管理"という言葉の持つイメージが反映されているようである。

しかし，目標管理の主役は，組織であり，同時にまた，"目標"を持ち，"自己制御"のできる成員個人である。組織や職場の課題を意識した上で，自分の意思を反映させた目標を設定し，自ら実行のシナリオを書き，自らが主役として自律的，主体的に，そして裁量性を持って取り組むことから，すぐれて意識的で能動的な行為である。

2　目標管理に期待されている効果

かつてOdiorne（1979）は，目標管理に期待できる効果について次のように述べている。

① 無目標の活動や時間，およびその他の資源の浪費を減らせる
② 互いの責任をはっきりさせることによって，上司−部下間の葛藤を減らせる
③ 個人の業績と組織全体の有効性が改善できる

④ 従業員のモラール，成長，仕事の質，および権限委譲が促進できる
⑤ 組織の変革と適応能力を高めることができる

これらのことはいずれも，今日において一段と期待されることである。

目標管理の効果は，上記のような仕事の進め方にとどまらず，その結果としての生産性にも効果があることが実証的に明らかにされており，Rodgers, & Hunter（1991）は，メタ分析によって，目標管理の実施は生産性を上昇させることを示している。

3　わが国の目標管理の動向

米国では，1990年くらいまでに，私企業から公的機関に至る幅広い組織で，目標管理が導入，活用され，その効果が検討されている（Rodgers, & Hunter, 1992）。翻って，わが国での目標管理の活用状況はどのようなものであろうか。

㈶労務行政研究所（2006）による，日本における目標管理の導入時期に関する調査結果が図8-1に示されている。この図をみると，1995年以前は，わが国で目標管理を導入していた企業は少ないことがわかる。そして1996年から2000年，および2001年以降に目標管理を導入する企業が増えている。この変遷

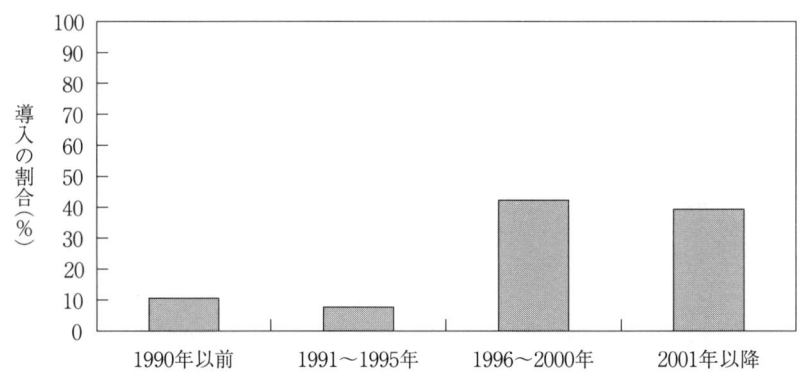

資料：労務行政研究所によって2006年3月6日〜31日に行われた「目標管理制度の運用に関する実態調査」（調査対象4055社，調査票を回収した企業150社のうち目標管理制度導入済み企業79.3%の結果）
出所：㈶労務行政研究所（2006）より作成

図8-1　日本における目標管理の導入時期

をみると，第1章でも述べたが，目標管理制度はバブル経済が崩壊し，伝統的な日本的人事制度の有効性を失い始めた頃に，旧来の制度に代わる新たなマネジメントツールとして，企業が本格的に導入を開始し，活用するようになったことがうかがえる。

4 目標管理の要件

(1) 目標管理が具備すべき基本的要件

目標管理は，基本的には次の6つの要件を持つとされている（McConkie, 1979）。

① 目標は定期的に見直される
② 目標達成までの期限は明確にされなければならない
③ 結果の指標はできる限り数値化されるべきである。もしくは少なくとも検証できること
④ 目標は，環境が変わったら柔軟に変更されるべきである
⑤ 目標には，それをどのように達成するかのアクションプランが伴っていなければならない
⑥ 目標には優先度の序列がつけられており，それについての合意も必要である

(2) その他の基本的要件

上記の基本的要件の他にも，⑦組織目標と関連づけられた個人ごとの目標設定と，設定した目標の達成度についての評価が基本セットとされること，また，⑧その目標設定や達成度評価に際して部下にかかわりを持たせる（関与させる）ことがある。

さらには，特に重要なことであるが，⑨目標設定と達成度評価はセットであるという意味は，単にそれぞれが独立してなされることではない。目標設定と評価をつなぐものとして，"どのようにして達成するのかの戦略"や"どのような手だてを講じてるのかのシナリオ"が不可欠である（Barton, 1981）とされている。

目標管理が所期の効果を上げられるためには，特に目標設定段階が重要であるとの指摘は多くの機会になされてきている（Pinder, 2008）が，それには，

目標設定段階において，実現のための方法論やシナリオが意識化され，言語化できていることが必須の条件である。方法論やシナリオを伴わない目標や計画は，目標や計画とはいえない。これこそが，本書でくり返し述べてきた「意識化」して取り組むことの意味である。

Ⅱ 目標管理の持っている意義

目標管理は，組織で「マネジメントツール」，「コンピテンシー学習のサイクルの把握のためのツール」，および「評価のツール」としての意義を持っている。

1 マネジメントツールとしての目標管理
(1) PDS サイクル完遂のためのマネジメントツール

組織が有効に機能するためには，組織課題を明確にし，その課題に取り組む計画を策定（plan）し，計画に沿って仕事を実行（do）し，成果を評価（see）する必要がある。そのPDSサイクルを管理するツールとして目標管理は機能する。

目標管理が，PDSサイクル完遂のマネジメントツールとなりうるのは，目標管理を構成する「目標設定」，「実行」，「評価・フィードバック」の段階が，PDSサイクルに対応しているためである。すなわち，目標設定の段階がplanに，実行の段階がdoに，そして評価・フィードバックの段階がseeに相当する。

目標管理制度では，組織目標を基に，上位層で設定された上位目標を分割し，より具体的にする形で，下位層の目標が設定される。このことによって，組織目標から，組織の各階層の個人目標が連鎖する。そして組織レベル，職場レベル，個人レベルでPDSサイクルが実行されることになるために，組織全体のPDSサイクルの管理が可能となる。

(2) 職場運営のためのマネジメントツール

目標管理は，管理者にとって成果をもたらす職場運営を可能にする効果も持っている。

管理者の役割行動をサポートする：管理者の役割行動について，古川 (2003a) は次の4つにまとめている。①経営意思の正確な把握と伝達，②自部署の目標設定と実行，③活動についての振り返り，総括，報告，そして④変革の創り出しと実践である。これらのうち，①〜③までの役割は，どのような組織であっても管理者が基本的に遂行しなければならない役割である。しかし，全ての管理者がそれらを十分に行っているわけではない。それらの役割を確実に果たす管理もいれば，おざなりになっている管理者，あるいはやっているつもりでもできていない管理者がいる。

そのような管理スキルの個人差を縮め，一定水準の運営を可能にするのが目標管理である。目標管理は，目標の連鎖とPDSサイクルによって「経営意思の正確な把握と伝達」，「自部署の目標設定と実行」，「活動についての振り返り，総括，報告」をシステマティックに行うことができる。

チーム運営をサポートする：チーム活動の重要性が再認識されている。組織成員の携わる仕事の複雑化，高度化，専門化が進んでおり，個人で完遂できる仕事が減り，メンバー同士が連携し，チームとして仕事に取り組まなければならない状況が増えているためである。

チームで活動する場合には，フリーライディングや手抜きについてしばしば問題となる。これらはメンバーの不公平感を生み出し，チームの生産性やモラールを低下させてしまう。このような問題に対して，目標管理はひとつの解決策を提供している。すなわち，個々人に対する明確な役割分担とそれを基にした評価を行う目標管理のもとでは，チームで働いていたとしても，フリーライディングや手抜きの問題は生じにくくなる。

ただし，チームで仕事を行うとき，個人の目標のみを設定することがチームワークやチームの成果を損ねることにつながる場合もある。Mitchell, & Silver (1990) は，メンバー間で高い相互依存性が求められる課題（3人からなるチームで協力してブロックで塔を建てる）の遂行に際して，(a)個人が達成すべき目標のみを設定する「個人目標条件」，(b)チームが達成すべき目標のみを設定する「チーム目標条件」，(c)個人目標とチーム目標の双方を設定する「個人目標＋チーム目標条件」，(d)最善をつくすように伝え，具体的目標を設定しない「目標なし条件」をつくった。全ての条件で，個人ごとに成果が記録され

ることが明示されていた。また，チーム目標を設定した条件では，個人がチーム目標にどのくらい貢献したのかが記録されることが伝えられていた。条件ごとの課題遂行方略の平均数が図8-2に，チームの成果が図8-3に示されている。

　図8-2に記されている協力的方略とは，他のメンバーが課題を効率的に遂行できるように配慮して，慎重にブロックを積み重ねたり，他のメンバーにブロックを渡したりする方略であった。競争的方略とは，他のメンバーのことを考えることなく，できるだけ早く自分のブロックを積み重ねようとする方略であった。図8-2に示すように，個人目標のみを設定した条件で協力的方略が

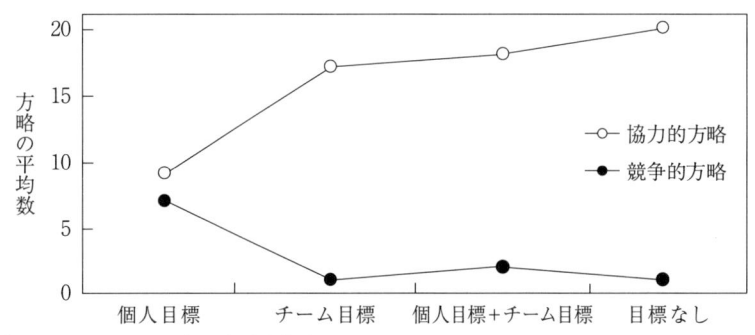

出所：Mitchell & Silver（1990）より作成

図8-2　課題遂行方略

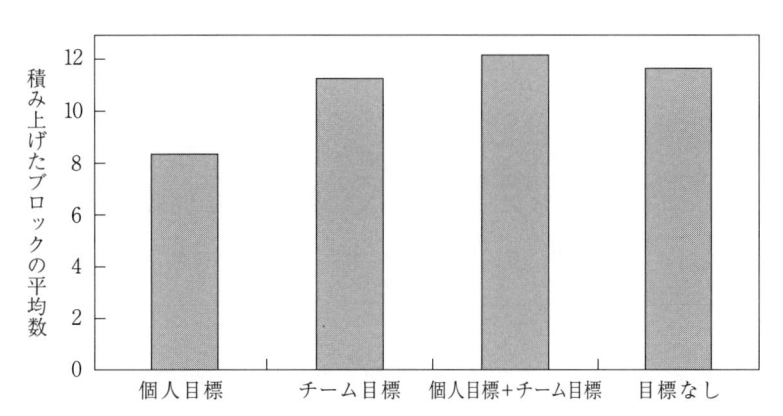

出所：Mitchell & Silver（1990）より作成

図8-3　チームの成果

最も少なく，競争的方略が最も多かった。チーム目標条件，個人目標＋チーム目標条件，目標なし条件では，協力的方略が多く，競争的方略が少なかった。そしてチームの成果は，個人目標条件で最も低く，個人目標＋チーム目標条件で最も高かったことが図8-3から分かる。また，チーム目標条件，および目標なし条件も，個人目標のみを設定した条件よりも，チームの成果が高かった。

この実験結果は，目標管理の運用について次のような重要な示唆を与えている。第1に，しばしば指摘されている通り，個人目標のみの設定は，個人を自らの目標の達成のみに労力を注ぐことに向かわせ，他のメンバーを助ける協力行動を抑制してしまうことである。高い相互依存性が求められる課題の場合には，このことがチームの成果を低下させてしまう。

第2に，高い相互依存性が求められる課題の遂行に対して目標管理を導入する場合には，チーム目標の設定が必要とされることである。この場合には，単にチーム目標を設定するだけでなく，Mitchell, & Silver（1990）の実験デザインのように，そのチーム目標に対して個人がどの程度貢献できたのか明らかにすることで，チーム全体のことを意識させるしくみが有効であろう。また，チームの成果だけでなく，メンバー間の協力関係を明示した関係性に関するチーム目標の設定も他のメンバーやチーム全体への意識を高めるうえで有効であると思われる。

第3に，高い相互依存性が求められる課題においては，チーム目標がなくとも，自然な形でメンバー間の協力，そしてチームの高い成果を引き出す可能性があるということである。しかし，このような課題に個人目標のみを設定することは，その自然な形のメンバーへの配慮が消えて，個人目標にのみ個人を追求させることにつがなる可能性がある。高い相互依存性が求められるチームほど，チーム目標の設定の重要性があることをMitchell, & Silver（1990）の研究結果は示唆している。

2 コンピテンシー学習のサイクル把握のためのツールとしての目標管理

成果を高めるには，成果に直結するコンピテンシーを獲得していることが基礎的条件となる。しかしながら，職務遂行段階で十分なコンピテンシーを保有

している成員ばかりではない。しばしば，職務遂行プロセスと並行してコンピテンシーの学習はなされるものである。ただし，職務の遂行に伴って自動的にコンピテンシーの学習がなされるわけではない。第4章のコンピテンシーラーニングにおいて記述されている通り，コンピテンシーの学習は，職務経験についての意識的で，継続的な振り返りによって促進されると考えられる。

　目標管理のもとでは，組織成員が設定する目標は，達成すべき成果の基準となる。つまり，目標設定によって成果への意識を喚起することができるのである。成果への意識が，「視野の拡張」，「視点の転換」，「効果的行動の探索」，「意図的行動の実行」，「結果の振り返り」，そして「プロセスの振り返り」（第4章参照）行動の意識化を促す。そして，それらの行動が定着し，習慣化されることによって，コンピテンシーの学習は進展する。

　目標管理制度のもとでの目標達成度の評価もコンピテンシーの学習を促す働きを持つ。達成度の評価は，コンピテンシーの評価でもある。すなわち，達成度にはコンピテンシーが直接的に反映することから，達成度によって自らのコンピテンシーの水準，あるいはコンピテンシー学習度や今後学習すべきコンピテンシーの確認が可能となる。

　これらのプロセスによって，個々の成員は，自らのコンピテンシーの学習の把握，そしてコンピテンシーの伸長が見込める。組織にとっては，組織成員のコンピテンシーのレベルを把握することにもなる。

3　評価ツールとしての目標管理

　目標管理制度は，人事評価のひとつの形態としても機能している。

　通常，期首には自分より上位の者が設定した目標を分割し，具体的にした複数の目標を設定することになる。それらの目標は，重要性や組織への貢献度に応じて，ウェイトがつけられることが多い。その場合には，個々の目標の達成度評価の際に，期首に設定したウェイトが加味されて，最終評価が行われる。評価は，昇給や賞与，昇進や昇格などを決定する際の資料として活用される。

(1) 目標管理が公正感をもたらす

　被評価者に自分に与えられた評価が公正であるという感覚を持たせることは，人事評価が有効に機能するためには欠かせない。ただし，人が人を完全に

客観的に評価することは不可能であると誰もが感じているため,被評価者,特に低い評価を受けた被評価者は,自分の評価は公正なものではないという認識を持ちやすい。

Greenberg (1986) は,被評価者の公正感は,人事評価の手続きに,①評価の前に被評価者から情報や意見などを求めること(意見表明),②面談中に評価者と被評価者の間で双方向のコミュニケーションがあること,③下された評価結果に対して被評価者が異議申し立てできること,④評価者が被評価者の職務内容について十分な知識を持っていること,⑤評価者が一貫した評価基準を適用すること,が含まれる場合に高まることを明らかにしている。

目標管理では,①達成すべき目標水準が明示される,②達成度評価に関する面談中に評価者と被評価者の間で双方向のコミュニケーションがある,さらにその面談中に③評価に対する異議申し立てができる,といった要素を有する。これらの要素は,先の Greenberg (1986) によって示された公正感を得られやすい手続きに含まれる内容である。このことから,目標管理は,成員の一定水準の評価の公正感を担保できる制度とみなすことができる。

(2) プロセス評価の必要性

ここまで述べてきたように,目標管理は,PDS サイクルを完遂させ,コンピテンシーの学習に貢献し,公正感を高める評価を可能とする。しかし一方で,問題も生じる。そのひとつは,職務遂行プロセスの軽視である。

仕事の成果は,本人の知識,スキル,努力のみによって決まるものではなく,そのときの環境要因からも強い影響を受ける。そのため,たとえ最善をつくしても,当初の予定通り仕事が進まないことがしばしば起こる。このような状況にあって,結果のみが評価され,プロセスが評価されなければ,成員のモチベーションの低下につながる。また,職務遂行プロセスで成員がみせる態度や行動について評価されなければ,成員は自らの仕事の方法やスキルなどの問題点,長所や短所を把握するのが難しくなり,学習,そして自己成長が進展しにくいということも起こりうる。

目標管理が引き起こす別の問題は,目標が自分に与えられた役割以外の行動を抑制する点である。組織では予め予期できなかった職務や役割が絶えず存在する。そのような新しい職務や役割を誰かが遂行しなければ組織は機能しな

い。そのため，組織成員は自らの職務，役割を超えて，仕事をしたり，自発的に他者を援助するなど役割外行動をとらなければならない。しかし目標を設定すれば，その目標と関連する仕事のみに労力を注ぎ，役割外行動が抑制される。

上記の問題に対する対処として，達成度評価だけでなく，目標達成に至るプロセスで示されたスキルのレベル，態度や行動を評価することが考えられる。日本における人事評価では，一般に，①成績・業績評価，②能力（スキル）評価，③態度・姿勢・情意評価，の３つの評価が行われることが多い。それらのうち，②や③は職務プロセスで被評価者がみせた言動をもとに評価がなされる。そのようなプロセス評価によって，モチベーションの維持や学習を促すことができる。また，評価の項目として，他者への援助や指導，職場への貢献など役割外行動を含めることによって，役割外行動の抑制を防ぐことができる。

Ⅲ 目標管理制度の運用

目標管理を導入している全ての企業が，この制度を効果的に利用できているわけではない。バブル崩壊後に人件費の抑制のために目標管理を取り入れた企業の中には，成員の反発，自己中心的な成果の追求，過度のストレスなどを招き，結果的に目標管理がうまく機能しなかったケースも多くみられる。

先に述べたように，目標管理は組織の有効性を高め，それを維持する機能を有している合理的なシステムである。目標管理がうまく働かないのは，目標管理のしくみそのものが問題なのではなく，その運用に問題がある場合が多い。

効果的な運用については，図8-4に示すように，目標設定（期首），期の中途，および実績評価（期末）の段階に分けて検討する。

1 目標設定段階の運用

目標管理制度の理論的背景のひとつは，目標設定理論（goal setting theory；Locke & Latham, 1990）である。それによると，目標は，①注意を向ける（direction），②仕事に専念する（effort），③持続的に課題に取り組む（persistence），④戦略を展開する（strategy development），ことを促す（Locke et

```
┌─────────┐      ┌───────────┐      ┌─────────┐
│ 目標設定 │ ───▶ │ 目標追求期間 │ ───▶ │ 成果評価 │
└─────────┘      └───────────┘      └─────────┘
```

- 役割と課題の再定義　　●正確な記録　　　　●課題達成度合と学習度合

- 2種類の目標の設定　　●コーチング　　　　●役割課題業績と文脈業績
  課題達成目標
  学習目標　　　　　　　　　　　　　　　　●実績（結果）評価と過程評価

- 2種類の活動領域の意識化　　　　　　　　●個人評価とチーム評価
  役割課題行動
  文脈的行動

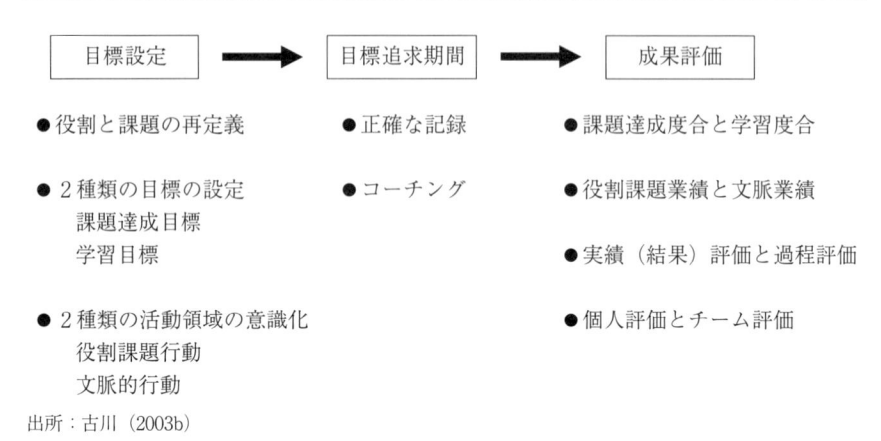

出所：古川（2003b）

図 8-4　目標による管理の効果的運用のために考慮すべき事項

al., 1981)。

　組織の中で，そのような特徴を持つ目標を個人の成長や成果，そして組織の成果につなげるためには，図 8-4 の通り，「役割と課題の再定義」，「2種類の目標の設定」，「2種類の活動領域の意識化」の3つのことが効果的であると考えられる（古川，2003 b）。

(1) 役割と課題の再定義

　個人が，自分の役割や課題をどのように定義するかは，その個人の発想や関心，情報処理や行動に違いを生み出させる（Hackman, 2002）。

　目標面談の段階で，管理者はまずは自分自身の「基軸」（古川，2003a）を明瞭にし，提示する。その上で，メンバーに，組織や部署目標をあらためて認識してもらい，同時に自己の役割や課題，およびチームや同僚との関係性について，新たな視点と切り口で見直すことと新たな定義を行う機会を持つように働きかけることが有効である。自己の役割と課題についての定義が変わらない限り，モチベーションと学習の内容は変わることはなく，成長も起きない。

　自己の役割と課題を"数字を稼いで帳尻を合わせること"と定義する営業職と，"顧客の要望を最大限かなえること"と定義するそれでは発想と視野，そして現実の行動が大きく違ってくる。同僚との関係性についても同様である。

(2) 2種類の目標の設定

　2種類の目標の設定が求められている。ひとつは課題達成目標（達成すべき

課題とその水準にかかわる目標)の設定である。数値化がなされることも効果がある。先にみたようにモチベーションの要素のうち,覚醒や持続性の主たる源である格差の知覚を生みやすいという点で,目標は具体的で難しいことが望ましいが,数値化は具体性そのものである。

もうひとつは学習目標(コンピテンシーを伸ばし自己を成長させるための目標)の設定である。先に自明のこととして確認したように,所期の目標をコンスタントに達成し,業績を上げられるためには,必要な知識やスキルを行動として具体的に実行する能力であるコンピテンシーを獲得できていなければならない。学習目標の設定によって必要な学習が促進される (Matthews et al., 1994など)。

課題達成目標と学習目標とは二者択一の関係ではなく,随伴するものである (Dweck, & Leggett, 1988)。学習目標は,個人をして有効な方略に対する関心を高めさせることから,特に難しい課題に取り組むときに効果的であることが示されている (Winters, & Latham, 1996)。

(3) **2種類の活動領域の意識化**

組織成員に求められる活動領域のひとつは自己の役割課題行動(自分自身の役割と課題の実行)である。もとよりこれは基本であり,確実に果たされなければならない。もうひとつは文脈的行動(自己の役割を超えた他者への支援とともにコラボレーションにつとめるなど)である。

創造的で競争力を持つ発想やその具現化は,今日一段と重要性を増している。そしてそれは,文脈的行動によってもたらされることを最近の企業事例報告は教えてくれている。

さらに,目標設定の段階では,「自己効力感」や「目標へのコミットメント」を高める運用も次の実行段階の首尾にかかわってくる。

(4) **自己効力感を高める**

課題遂行のために必要な行動をとることができるという自信は自己効力感と呼ばれる (Bandura, 1982)。Stajkovic, & Luthans (1998) は,自己効力感が高い個人は,高いパフォーマンスを示すことをメタ分析によって明らかにしている。

では,なぜ自己効力感が高いことがパフォーマンスにつながるのか。それ

は，自己効力感の高い個人は，難しい目標を設定する（Locke et al., 1984）ことが大きな理由である。目標設定理論が示しているように，難しい目標は努力を促し，根気よく課題に取り組ませ，課題解決のための方略を発展させる。このことがパフォーマンスを高めるのである。

課題遂行に際して自己効力感が高まらない主要な原因として，目標達成できる見込みが低いことが考えられる。したがって，その「目標達成への見込みを高める」運用を管理者が行うことによって，メンバーの自己効力感を引き出すことができる。具体的には，「事実をもとに，期待する役割や成果を伝えること」そして「目標達成への道筋の明らかにすること」に留意した運用を行うことが有効である。

まず，事実をもとに，期待する役割や目標を伝えることについてであるが，ここでの事実とは，メンバーのそれまでの業務上の実績である。その事実を伝えるということは，メンバーに自らのコンピテンシーについて再確認を促すとともに，その後に伝える期待する役割や成果がこれまでの実績に基づいた根拠のある内容として認識させ，目標を「達成できる」と感じさせる効果がある。

次の目標達成への道筋を明らかにするということは，課題遂行の方法，費やす期間，遂行に必要な知識，スキル，努力量，を明らかにすることである。目標達成のためのアクションプランの策定を具体的に，そして目標の達成可能なものとなるようにすることが望ましい。

(5) **目標へのコミットメント高める**

目標に対するコミットメントは，目標の達成を導く（Klein et al., 1999）。これは，目標へのコミットメントは，目標達成のための努力を引き出し，それを継続させ，また障害があっても，いろいろと工夫をしてそれを乗り越える力を生み出すためである。目標に対するコミットメントを高めるためには，「目標に対する納得感を高める」こと，そして「目標達成の意義を理解させる」ことが必要である。

目標に対する納得感を高める：妥当なものであると納得した目標に対しては，コミットメントが高まり，積極的に目標達成しようとする行動が生み出される。納得のできる目標の設定には，①自律的な目標設定と②十分なコミュニケーションによる目標の合意形成が鍵となる。

他者から押し付けられた目標よりも，自分で設定した目標の方が，納得感が高いのは当然である。目標管理のもとでは，目標の連鎖が重要であり，その連鎖から個々のメンバーの達成すべき目標はある程度決まってくる。だからといって管理者は各メンバーに具体的で修正不可能な目標を押し付けない方がよいと思われる。管理者は，メンバーに期待する目標の枠組みを提示し，それをもとにメンバーには自分で目標やアクションプランを考えてもらうことが肝要である。このプロセスは，目標への納得感もさることながら，仕事そのものや仕事の意義への理解，学習の進展，仕事のプロセスの意識化を導く。

　メンバーの目標への納得感を引き出すためには，管理者とメンバー間での双方向のコミュニケーションも必要である。管理者は，メンバーから，職務遂行の状況，現場で生じている問題，意見や要望に関する情報を集め，その情報を踏まえて目標設定の指導をメンバーに行う必要がある。目標設定面談において，管理者は職場で目指す目標や職場の置かれた環境，あるいは本人のコンピテンシーのレベルなどを説明し，メンバーの主張を聞き入れた上で，自分とメンバーの目標の差異を埋め合わせるようなコミュニケーションを行うことで，最終的な目標の合意を形成するよう心がけることが望ましい。

　目標設定段階における上司と部下の間の双方向のコミュニケーションが，目標管理制度の活用につながることを示唆した調査をここで紹介する。この調査は，目標管理を採用しているある日本企業の製品製造工場で働く管理者およびそのメンバーに対して行ったインタビュー調査である。この工場では，ルーチン業務に関する目標ではなく，業務の改善や将来の生産性の向上につながることを目標として設定していた。インタビューでは，4チームの管理者とそのメンバー（各チーム4～6名）に対して，管理者による目標設定段階でのメンバーへの働きかけとコミュニケーションの様子，実行段階でのメンバーの目標管理シートの活用状況，そしてメンバーの目標管理の受け止め方，について尋ねた。それらの回答をまとめためたものが表8-1に示されている。

　A，B，Cチームの管理者は，会社から指示された手順通りに目標設定段階の運用を行っていた。目標に関するコミュニケーションは，AチームとCチームではそれほどないようであった。Bチームは，目標に関するコミュニケーションを管理者からメンバーへ一方的に行っていた。そしてA，B，C

チームでは，実行段階でメンバーは目標管理シートを利用しておらず，また目標管理制度に対して否定的な態度がみられた。

一方，DチームにはA，B，Cチームとは異なる特徴がみられた。Dチームの管理者は，目標設定段階で，会社から指示された手順に加えて，独自の運用上の工夫を行っていた。その工夫とは，目標設定時に管理者がメンバーに事前に意見や要望を尋ね，それらを取り入れたチーム目標の管理シートを作成してメンバーに目標を伝えることであった。このような双方向のコミュニケーションにより，上位目標が設定され，それをもとにメンバー自身の目標を設定する手続きをとれば，メンバーの目標への納得感，コミットメントが高まると考えられる。

さらに，Dチームのメンバーは，他のチームとは異なり，表8-1に示すように，目標管理シートを活用して仕事を遂行し，また目標管理制度を肯定的に受け止めていた。この結果は，双方向のコミュニケーションが，目標管理の効果を高める可能性を示唆するものであった。

目標達成の意義を理解させる：目標の達成が，①報酬獲得，②自己成長，③組織や職場への貢献，につながることを認識させることで，目標達成の意義を感じさせることが可能である。

組織成員にとって，金銭的な報酬の獲得が働くことの主要な目的のひとつである。目標を達成することで，賃金や将来の昇進による金銭的な報酬を手にすることを期待できるならば，当然目標へのコミットメントは高まる。ただし，金銭や昇進などの報酬獲得の認知については，すでに存在する組織の報酬体系に依存し，管理者の運用の影響は小さい。次の自己成長と組織や職場への貢献に関する認知は，管理者の運用によって促進可能である。

自分がよいほうに変わる，成長する，ということは，誰にとってもうれしいことである。また成長できればより望ましい報酬を得ることも期待できる。管理者は，日頃からメンバーの学習に注意を払い，難しい目標の達成や継続的な目標の達成は，自分のコンピテンシーの向上そして自己成長につながることを口にすることで，「目標達成＝自己成長」という見方を浸透させることができるであろう。

組織への貢献の認知が目標へのコミットメントを引き起こすかどうかについ

表 8-1 管理者による目標管理の運用と部下の反応

チーム	管理者		メンバー	
	目標設定段階での工夫	職務遂行過程での目標に関するコミュニケーション	職務遂行過程での目標管理シートの活用	目標管理制度の受容
A	特になし。	あまりない。ただし目標以外の職務に関するコミュニケーション量は多い。	目標管理シートの活用なし。	否定的 高業績者は目標よりもルーチン業務を重視。低業績者は目標を重視。
B	特になし。	ある。メンバーに対して一方向に行う。	目標達成の進捗状況をチェックする人とそうでない人がいる。	否定的 目標管理を強制的に実施されているという感覚を持つ。
C	特になし。	あまりない。目標以外の職務に関するコミュニケーション量も少ない。	目標達成の進捗状況をチェックする人とそうでない人がいる。	やや否定的 目標の設定の仕方がわからない,評価の根拠がわからないという強い不満を持つ者がいる。
D	メンバーに事前に要望を尋ね,それを自分のMBOシートに含め,そのことをメンバーに伝える	ある。双方向のコミュニケーションが行われている。	目標達成の進捗状況のチェックに利用されている。	肯定的 目標管理制度の有効性が認められている。目標への納得感がある。

出所：柳澤（2005）より作成

て,Koslowsky（1990）の研究は参考になる。Koslowsky（1990）は,ラインとスタッフの職務に対するコミットメントの違いを調べ,ライン職にある従業員の方が,スタッフ職にある従業員よりも高い職務コミットメントを示すことを明らかにしている。ライン職の従業員の方が自分たちの仕事は組織目標に直

接的に貢献できると認知しているためこのような結果が得られたものと考えられる（Koslowsky, 1990）。

　自分が組織や職場の目標へ貢献できていると感じることは，組織や職場にとっての自分の存在価値の再認識を引き起こし，これが目標達成することの意義や価値への気づきを促し，目標や職務へのコミットメントにつながっていくと考えられる。管理者が，組織や職場の目標を十分に説明し，メンバーに自分の目標達成は，自分のものだけでなく，組織や職場への貢献につながることを認識させることが，働くことの意義，自らの仕事の価値についてのメンバーの視野を広げることに有効であると思われる。

　メンバーにとって，職務上の目標はノルマであるという意識が強い。また管理者も目標管理をノルマの管理ととらえていることが多い。管理者には，目標の意味を広げ，金銭的な報酬の獲得だけでなく，目標達成することによって生まれる他の価値へと部下の視野を広げる運用が求められている。

2　目標追求期間の運用

　目標追求期間には，①正確な記録，②コーチング，③フィードバック，に留意した運用が目標管理の効果性にかかわってくる。

(1)　正確な記録

　目標追求期間ではメンバーの活動についての観察と正確な記録が求められる（古川，2003 b）。この記録は，評価，とりわけ過程評価を行う上での拠り所のひとつとなる。また，後述するフィードバックをメンバーに的確に与えることにも役立つ。

(2)　コーチング

　コーチングも有効であると考えられる。最近，コーチングが注目を集めており，その研修も盛んである。しかし，その内容は単なる悩みを持つメンバーに対するカウンセリングの域を出ていない例が多い。

　古川（2003 b）は，ビジネス場面のコーチングは，目標による管理と連動させることでその意義と効果が出ることを指摘している。コーチャーとメンバーとのかかわり（コーチング）は，上述した役割と課題の再定義，課題達成目標と学習目標の設定，自己の役割行動と文脈的行動の設定と実行具合，およびス

トラテジーなどを話題として，それらの充実化を図ることに用いられるべきである（古川，2003 b）。

(3) フィードバック

仕事に関わるフィードバックは，①フィードバックにかかわる仕事へと個人の注意を向けること（Larson, & Callanhan, 1990），②役割期待を明らかにさせること（Brown, Ganesan, & Challagalla, 2001），③他者からどのように評価されているのかを明らかにすること（Ashford, & Cummings, 1983），④現状の進度を評価し，現状と目標とする状態との差異を明らかにし（Hanser, & Muchinsky, 1978），現状の戦略や行動の妥当性を知らせること，を促進する機能を持っている。

上記から，目標管理において管理者が与えるフィードバックの機能は，メンバーに目標や成果を絶えず意識させること，そして現状を把握し，現状と目標状態との差異の把握を促すこと，さらに自らの行動に対する振り返りを促すことにあるといえる。それらによって，メンバーにモチベーションを維持させながら，目標達成のためのさらなる方略の展開や努力，修正や調整を引き出すことができる。

管理者が与えるフィードバックは，メンバーの仕事に対する認知に対しても影響を持つと考えられる。先に紹介したある日本企業の製品製造工場のメンバー147名に対して，上司が与えるフィードバック環境（フィードバックの信頼性の高さ，フィードバックが欲しいときに収集できる容易さ）がメンバーの仕事におけるエンパワーメントに与える影響について検討した調査を以下に紹介する。

エンパワーメントは，仕事の価値（meaning：自らが遂行する仕事の価値を感じている），コンピテンス（competence：課題を遂行できる能力を有するという確信を持っている），自己決定（self-determination：仕事にかかわる活動の着手や調整を自分の裁量で決めることができると感じている），インパクト（impact：個人が職場における戦略，管理，作業結果に影響を与えることができると考えている）の4つの認知に現れる（Spreitzer, 1995 ; Thomas, & Velthouse, 1990）。調査では，メンバーのそれら仕事にかかわる4つの認知および上司の作るフィードバック環境について回答を求めた。

表8-2 フィードバック環境がエンパワーメントに及ぼす影響

投入した変数	仕事の価値 β	コンピテンス β	自己決定 β	インパクト β
Step 1				
職能資格	.13	.01	.30**	.21**
Step 2				
フィードバック環境	.42**	.28**	.25**	.32**
Step 3				
職能資格×フィードバック環境	-.10	.01	.03	-.07
R^2	.20	.07	.17	.17
F	11.83**	3.32*	9.53**	9.40**

注：1. **$p<.01$　*$p<.05$
　　2. β（標準偏回帰係数）の列に示されている数字は，エンパワーメントの各構成要素に対する影響力の相対的な強さを示しており，絶対値の1に近い値ほど，影響力が強いと解釈できる。
出所：柳澤（2008）より作成

　回答データに対して，職能資格レベル，上司が与えるフィードバック環境，そして職能資格レベルとフィードバック環境との交互作用変数を予測変数とし，エンパワーメントの4要素を目的変数とする重回帰分析を行った。表8-2がその分析結果である。

　表8-2に示す通り，上司の作り出すフィードバック環境は，メンバーに自分の仕事の価値を感じさせ，コンピテンシーに対する自信を高め，仕事を自己で決定できていることを確認させ，そして職場へのインパクトを持てていると感じさせる効果があることが明らかとなった。この結果は，上司のフィードバックは，部下の自らの仕事にかかわる見方を変え，このことが自律的，積極的な職務遂行につながる可能性を示唆している。

（4）フィードバックをどう与えるべきか

　目標達成の段階で，管理者がフィードバックを与える機会は，日常業務場面と中間評価面談にある。

　日常業務場面では，メンバーが職務の遂行の過程で示す態度や行動の良否に関するフィードバックを与えることができる。中間評価面談では，その時点までの目標にかかわる仕事の進捗状況についてフィードバックを与え，それとともに目標達成のための方略の確認，その方略の修正，新たな目標の設定や目標

の修正などについて話し合う。

　フィードバックを与える際に，管理者が留意しておかなければならないのは，「信頼できる内容を」，「適切なタイミングで」，そして「メンバーのレベルに合わせて」ということである。

　信頼できる内容を：具体的な事実に基づいている，論理的である，といった特徴を備えているフィードバックは，メンバーにとって信頼のできる内容といえる。また，そのような信頼感は，フィードバックの内容そのものだけでなく，それを与える上司に対する信頼感から生じることも多い。上司が自分の仕事の内容をよく理解している，仕事ぶりを的確に把握してくれている，という上司への信頼感から，上司が与えるフィードバックへの信頼感は生まれる。管理者は日頃からメンバーの行動を注意深く観察するとともに，メンバーに報告・連絡・相談を求め，情報の収集をはかることで，信頼できる，適切なフィードバックができるであろう。

　適切なタイミングで：フィードバックの遅延は，フィードバックの効果を減少させる。フィードバックを与えるタイミングは，フィードバックを与えるべき事態が生じた直後に行う方がよい。中間評価面談においては，これまで与えたフィードバックを整理し，重要なものを再提示することで，メンバーに振り返りの機会を与え，目標達成のための方略の確認や修正を促すと考えられる。

　メンバーのレベルに合わせて：職務経験が浅い個人は，自分がとった行動の良し悪しについて，自己診断できるほどの知識を持ち合わせていない。また，自分の仕事の適切さや今後の進め方に関する不安も強い。そのような知識やスキルの獲得が十分でないメンバーほど，頻繁にフィードバックを与えることが望ましい。

3　実績評価段階の運用

　評価段階では，設定した目標の実行の様子と実現の度合いを評価することになる。課題達成や学習の度合いはどうか，役割課題行動と文脈的行動はどうであったか。評価にあたって，それぞれのウェイトをそれぞれどうするのか。またこれと部分的にかかわるものとして，個人評価とチーム評価，あるいは成果（結果）評価と過程評価のウェイトをどうするのか。

これらは，組織の課題やビジネスモデル，そしてそれの運営に不可欠の人的資源を十分に考慮して，それぞれの組織において決めるべき重要なことであり，経営戦略のひとつの柱をなしているとさえいえる（古川，2003 a）。

　組織成員は成果評価に，多くの場合，ネガティブな方向で敏感である。評価はいつの場合も基本的に難しい。我々の評価経験が短く不慣れであることもこれに拍車をかける。

　目標による管理の柱である目標の設定は，個人やチームに対する根拠を伴った評価というフィードバックがあって初めて機能し，効果を発揮する（Locke, & Latham, 1990）。評価判定の根拠を用意するために，組織や管理者は，意識性や自覚性を格段に高めなければならない。評価結果に対する個人の公正感や納得感は，評価結果そのものの良否だけではなく，目標設定段階から，その評価がなされるまでの一連のプロセスで，評価者が評価を適正にできる形で自分に接してくれていたかどうか，すなわち評価者の持つ信用性にも大きく左右される（古川，2003 a）。

　他方，目標による管理のひとつの節目である評価も，それに先立って意識性と自覚性を伴った目標が設定されているときに限って効果が出る。こうして目標と評価はいつもセットで運用されてこそ意味がある。

(1) 評価面談の進め方

　評価面談は，達成度を評価するだけでなく，成果への意識の再喚起，コンピテンシー水準の確認，学習課題や改善点の認知をメンバーに促す場でもある。管理者にとっては，個々のメンバーと面談することによって，メンバーの個別把握を可能とするとともに，そのメンバーや職場の課題も把握できる情報収集の場でもある。

　達成度の評価は，事実に基づいて行うことが鉄則である。管理者は，事前に評価に必要な情報を集め，資料を用意するとともに，期首に設定していた職場の目標をあらためて見直し，個々のメンバーの職場での役割，仕事の価値を再確認し，次につなげることができるよう十分な準備をして評価面談に臨む必要がある。

　評価面談では，個々の目標項目ごとに評価の根拠を示し，組織への貢献度などのウェイトを加味して達成度の評価を行う。このときに，メンバーの意見を

引き出しながら進めることで，メンバーの評価に対する公平感を高めることができる。また，良かった点や改善すべき点についてのフィードバックを，事実をもとに伝えることによって，メンバーの振り返り，そして学習，成長につなげることができる。

(2) 自己評価の役割

管理者とメンバーとの間で目標達成度の評価面談を行う前に，あらかじめメンバーに自己評価を求めるような目標管理制度の設計を行っている企業も多い。

自己評価には，自己洞察を促す効果がある（Kidd, 1997）。自己洞察を通して，仕事を進める効果的な方法，学習し得た内容，努力の必要な点，次の仕事上の課題などが明らかになる。このことによって，他者から与えられるフィードバックへの理解も促すことができ，そのフィードバックを受け入れやすくさせる効果も持っている。

自己評価はまた，個人に対して自分自身の行動に対する調整（self-regulation；Karoly, 1993など）を引き出す。自己評価の結果が目標を上回っていれば，満足感が生まれ，自己効力感が高まり，このことがより高い目標の設定へと個人の行動を志向させる（Bandura, 1986）。自己評価の結果が目標よりもはるかに下であれば，努力量を増やす，課題遂行の方略を変えるなどの行動の調整を引き起こす（Bandura, 1986）。

自己評価は，上司による評価に対する公正感にも関与する。評価面談中に提示された管理者による評価と自己評価とを比較，検討することによって，受身の姿勢ではなく，自分の主張を伝えながら，積極的に面談にかかわることができる。このことで，メンバーは一方的に押し付けられた評価ではなく，自分の主張が取り込まれている評価とみなし，評価に対して公正感を感じるのである。これらの効果は，メンバーの成長や目標管理の有効性に，非常に望ましい影響をもたらす。

わが国では，バブル経済崩壊後から，目標管理を導入する企業が増加し，現在でも目標管理を取り入れる企業が増え続けている。ただし，目標管理をうまく機能させることができない企業もあり，「目標管理は，日本の企業風土になじまない」などといった意見もしばしば耳にする。しかし，目標管理は，組織

の生産性を高め，組織を活性化する有効な制度である。この章で取り上げた目標管理を導入している企業の調査結果が示す通り，同一の制度を導入したとしても，現場での運用の仕方によって，制度を効果的に活用できたり，できなかったりするのである。目標管理の機能を十分に活かすような運用を行うことが，目標管理の成功の鍵だと考えられる。

引用文献

Ashford, S. J., & Cummings, L. L. (1983). Feedback as an individual resource: Personal strategies of creating information. *Organizational Behavior and Human Performance, 32*, 370-398.
Bandura, A. (1982). Self-efficacy mechanism in human agency. *American Psychologist, 37*, 122-147.
Bandura, A. (1986). *Social foundations of thought and action: A social cognitive theory*. Englewood Cliffs, NJ: Prentice Hall.
Barton, R. F. (1981). An MCDM approach for resolving goal conflict in MBO. *Academy of Management Review, 6*, 231-242.
Brown, S. P., Ganesan, S., & Challagalla, G. (2001). Self-efficacy as a moderator of information-seeking effectiveness. *Journal of Applied Psychology, 86*, 1043-1051.
Drucker, P. (1954). *The practice of management*. New York, NY: Harper.
Dweck, C. S. & Leggett, E. C. (1988). A social-cognitive approach to motivation and personality. *Psychological Review, 95*, 256-273.
古川久敬 (2003a). 基軸づくり―創造と変革を生むリーダーシップ　日本能率協会マネジメントセンター
古川久敬 (2003b). 目標による管理の新たな展開―モチベーション，学習，チームワークの観点から．組織科学，37, 10-22.
Greenberg, J. (1986). Determinants of perceived fairness of performance evaluations. *Journal of Applied Psychology, 71*, 340-342.
Greenwood, R. G. (1981). Management by objectives: As developed by Peter Drucker, assisted by Harold Smiddy. *Academy of Management Review, 6*, 225-230.
Hackman, J. R. (2002). *Leading teams: Setting the stage for great performances*. Cambridge, MA: Harvard University Press.
Hanser, L. M., & Muchinsky, P. M. (1978). Work as an information environment. *Organizational Behavior and Human Performance, 21*, 47-61.
Karoly, P. (1993). Mechanism of self-regulation: A systems view. *Annual Review of Psychology, 44*, 23-52.
Kidd, J. M. (1997). Assessment for self-managed career development. In N. Ander-

son & P. Herriot (Eds.), *International handbook of selection and assessment*, Chichester, West Sussex: Wiley. pp. 599-618.

Klein, H. J., Wesson, M. J., Hollenbeck, J. R., & Alge, B. J. (1999). Goal commitment and the goal setting process: Conceptual clarification and empirical synthesis. *Journal of Applied Psychology*, 84, 885-896.

Koslowsky, M. (1990). Staff/line distinctions in job and organizational commitment. *Journal of Occupational Psychology*, 63, 167-173.

Larson, J. R., & Callahan, C. (1990). Performance monitoring: How it affects work productivity. *Journal of Applied Psychology*, 75, 530-538.

Locke, E. A., & Latham, G. P. (1990). *A theory of goal setting and task performance*. Englewood Cliffs, NJ: Prentice-Hall.

Locke, E. A., Frederick, E., Lee, C., & Bobko, P. (1984). Effect of self-efficacy, goals, and task strategies on task performance. *Journal of Applied Psychology*, 69, 241-251.

Locke, E. A., Shaw, K. N., Saari, L. M., & Latham, G. P. (1981). Goal setting and task performance: 1969-1980. *Psychological Bulletin*, 90, 125-152.

Matthews, L. M., Mitchell, T. R., Heorge-Falvy, J., & Wood, R. (1994). Goal selection in a simulated managerial environment. *Group & Organization Management*, 19, 425-449.

McConkie, M. L. (1979). A clarification of the goal setting and appraisal processes in MBO. *Academy of Management Review*, 4, 29-40.

Mitchell, T. R., & Silver, W. S. (1990). Individual and group goals when workers are interdependent: Effects on task strategies and performance. *Journal of Applied Psychology*, 75, 185-193.

Odiorne, G. S. (1979). *MBO II*. Belmont, CA: Fearon-Pitman.

Pinder, C. C. (2008). *Work motivation in organizational behavior*. New York, NY: Psychology Press.

Riggio, R. E., & Cole, E. J. (1992). Agreement between subordinate ratings of supervisor performance and effects on self and subordinate satisfaction. *Journal of Occupational and Organizational Psychology*, 65, 151-158.

Rodgers, R. & Hunter, J. E. (1991) Impact of management by objectives on organizational productivity. Journal of Applied Psychology, 76(2), 322-336.

労務行政研究所編集部 (2006). 最新人事考課制度——人が育つ評価システムと目標管理の実務研究 労務行政研究所

Spreitzer, G. M. (1995). Psychological empowerment in the workplace: Dimensions, measurement, and validation. *Academy of Management Journal*, 38, 1442-1465.

Stajkovic, A. D., & Luthans, F. (1998). Self-efficacy and work-related performance: A meta-analysis. *Psychological Bulletin*, 124, 240-261.

Thomas, K. W., & Velthouse, B. A. (1990). Cognitive elements of empowerment: An "interpretive" model of intrinsic task motivation. *Academy of Management Review*, 15, 666-681.

Winters, D. & Latham, G. P. (1996). The effect of learning versus outcome goals on a simple versus a complex task. *Group & Organization Management*, 21, 236-250.

柳澤さおり (2005). 管理者の働きかけと課題の特徴がメンバーのMBOの受容と活用に及ぼす影響. 平成15・16年度科学研究費補助金 (基盤研究(B), 代表者古川久敬, 課題番号15330135) 研究成果報告書, 139-149.

柳澤さおり (2008). エンパワーメントが職場発展促進行動に及ぼす影響. 流通科学研究, 7, 133-141.

Appendix　目標管理を効果的に機能させている具体的事例の紹介

ここで紹介する事例は，ある企業のある部門管理者とその直属の部下メンバー3名に対して行ったインタビュー記録をもとにしたものである。

目標管理において管理者によって工夫された働きかけがなされていることから，事業計画が達成され，部下メンバーの側にも成長感や満足感が生まれている。

この事例は，いろいろな読み方ができるが，少なくとも次の4つが鮮明になっていることに気づいて欲しい。

1　経営目標の達成のためのマネジメントツールとしての目標管理の活用
 (1) 部門の事業計画の実現を図るためのツールとして目標管理を運用している。
 (2) 事業計画を拠り所として，管理者自身の目標を具体的に設定している。
 (3) 事業計画の実現を意識化して，メンバーに，問いかけ，考えさせ，意識させることに努めている。

2　職場運営のためのマネジメントツールとしての目標管理の活用
 (1) 目標設定やアクションプランの作成にあたって，職場全体を意識させ，全体の業務の詳細と流れ（関係する人々）をよくつかんでいる。関係者との連携や協力の必要性を強調し，関係者への働きかけを促す。
 (2) 定期的な部署のミーティングを通して，職場全体の動きや個々のメンバーの仕事の進捗状況に関する情報を共有する。
 (3) 目標の合意までの十分なコミュニケーション（全体ミーティングと2回の面談で，事業計画や個々人の役割を説明し，考えさせ，意見を聞く）によって，スタッフ（管理系）部門における目標管理の有効性を高めている。

3　目標管理における納得感の確保
 (1) 設定段階の工夫：取り組む課題や目標の意義とそれに至るためのシナリオを明確にする期待（役割と水準）を明確に伝え，考えさせ，確認し，合意する。
 (2) 目標遂行段階：定期的な部署のミーティングによって，メンバーの仕事の内容やその進捗状況を掌握している。半期の振り返りと自己評価をメンバー各自で行った後に，中間評価面談を行う。
 (3) 評価段階の工夫：目標と事実に基づいて評価する。メンバーの考えも尋ねる。

4　職場での知識，スキル，コンピテンシーの学習や自己成長の促進
 (1) 面談を利用して学習の必要性やキャリアへの意識を促している。
 (2) キャリアに応じて問いかけ，働きかけを変える。
 (3) 成長を意識したフィードバックを行う。

●運用の実情についてのインタビュー調査の実施
＜目的＞
　目標管理がどのように運用されているかの実情を把握し，効果を上げている運用の特性を抽出するためにインタビュー調査を実施した。

＜対象組織の概要＞
　調査に協力していただいた企業は，広告代理店（従業員数約300名）であった。調査の趣旨をご理解いただき，3つの部署を対象にインタビュー調査を行った。
　掲載している事例は，そのうちのひとつの部署（スタッフ部門）の管理者，およびメンバー（直属部下）に対して行ったインタビューをまとめたものである。

＜事例＞
　最初に管理者のインタビュー記録を，続いてその管理者の部下であるメンバー3名のインタビュー記録を記載する（これらの記録はいずれも，協力企業およびインタビュー回答者に確認していただき，掲載の了解をいただいている）。これらを合わせて読むと，目標管理の運用の様子（面談の内容，フォローの様子）がとてもよくわかる。
　なお，①効果的と考えられる管理者独自の運用の工夫や考え方，および②メンバーによる効果的な職務遂行上の行動，態度，考え方，については下線を引いている。

	管理者
目標設定	(1) 自分の目標の設定手順 ・全社の事業計画をもとに，本部長と相談しながら自分の部の事業計画を作成 　→それをもとに所定のフォーマットに従って目標シートを作成 ・2008年から事業計画，評価は通期で行う。 ・事業計画には，戦略，ロジック，シナリオ，重点事項，損益計画，実行施策，責任者，期限，業績指標などを書いている。 (2) 自分の目標を記述するにあたっての留意点 ・事業計画のときには，部全体のことを意識する。目標設定シートにおとすときは，自分自身に対する評価のものさしになると考えている。 ・事業計画で書かれたこと全部を目標設定シートに盛り込むことは難しいので，優先順位，強弱をつけて書く。事業計画の転記ではだめ。 ・我々の部の目標は，数値で出すことは難しいところがある。しかし営業に貢献したときの数値，頻度など，「えいやー」という感じで数値にする。（会社からはできるだけ数値を書くよう求められている） (3) 部下の目標設定について（割り当てか，面談による設定か） ・みんなには，事業計画に書かれた重点施策をあらかじめ示しておく。 ・<u>部下の社歴や経験を考え，新卒や2，3年目の人は，目標を割りあて，そのうえで方法（アクションプラン）を考えてもらう。アクションプランは，いつまでに何をするかをはっきりさせること，ということは伝える。</u>

	・社歴の長い人には，事業計画を示して，部署で行うことを説明し，何をやるのかを考えてもらう。去年の流れがあるので，部署で行う自分の仕事は理解している。マネージャー（私）の意図とは異なる目標やアクションプランが示されたときは，2回目の面談の前に，全員の目標設定をよく見て，問題点等を把握しておく。第2回面談の際に，その問題点などの指導を行う。 ・2回目面談前の目標設定シート提出前に，見て欲しいというメンバーがいたら，見る。
	(4) 目標設定の段階での工夫 ・2回目面談前に，各人のメンバーに対する指摘事項を明らかにして臨むべきだが，なかなか難しい。
<面談前>	(5) 面談前の留意事項，働きかけ ・（上記回答済）
<面談中>	(6) 面談中の指導内容 ・評価ができるような目標，納得できるような目標であることを，確認する。高すぎるような数値目標などについては，できるかどうかを考えてもらう。 ・低すぎる場合には，そのレベルでB（普通）なのか，と指摘する。妥当性と納得感が得られるように行う。 ・2回目の面談の後に，目標設定シートを修正させることもある。3回目の面談は行わない。口頭で確認。
	(7) 目標の内容への指導 ・（上記回答済）
	(8) チャレンジ目標設定への働きかけ ・数値目標をもたない部門は，意外と高く書いてくることもある。この点は，数値目標が明確な営業とは違うのではないか。 ・低い目標の場合には，去年の実績の話をして，できるという感覚を高めるようにし向ける。また，将来，自分がどうなりたいのかを考えてもらう。 ・自部門は去年，設置されたばかりなので，新規目標の設定については，メンバーの意見を聞きながら，一緒に考えた。
	(9) 目標を実行する方法（アクションプラン）についての指導 ・いつまで，どこまでやるのか，具体的にする ・自分がやるべきこと，派遣さんにお願いすること，他部門との連携についても書いてもらう。
	(10) 面談時間 ・30分，人によりけり。 ・新人が長いとは限らない。経験が長い人のほうが，考えが深くなるので，それなりの対応をしなければならない。
目標達成段階	(1) 仕事を遂行する際の働きかけ ・経験が多い人が多いので，まずやってもらう。やってみて，つまずいたときに，相談に来るように伝える。

	(2) 目標達成のために行う働きかけ ・特に行ってない。 ・週1回は部会をやって，進捗状況を報告してもらう。目標に関してだけではない。
	(3) 仕事の進捗が遅れている人への対応 ・報告しない人に対しては進捗を尋ねる。 ・遅れた人には，遅れたことをどう取り返すのかを考えてもらい，出来ないものであれば，マネージャー（私）が協力してどうやったらできるかを考える。
	(4) 目標管理シートの利用 ・上期の振り返りの際には確認。 ・目標管理シートの内容は忘れることもあるが，事業計画はしっかりと頭に入っている。事業計画の達成が重要。目標管理はそのためのもの。
	(5) 中間面談の内容 ・上期が終わったあと行う。 ・自己の振り返りをしてもらう。 ・本人記入欄に自分自身の振り返りを書いてもらい，自分としての評価をあらかじめ行ってもらう。 ・目標設定の段階で，上期までにどこまで行うかを書いてもらっているので，中間面談では，それがどこまで進んだのかを報告。3月までの中間の具合はどうなのかを確認。 ・振り返りと自己評価は，中間面談前に書かせ，それを一旦提出させ，それにあらかじめマネージャー（私）が目を通して，面談に臨む。
評価段階	(1) 適切な評価のために心がけていること ・自己評価を書いてもらい，面談をする。評価のすり合わせを面談中に行う。 ・マネージャー（私）の評価は口頭で伝える。面談後に，マネージャー（私）の評価，コメントを記入し，返却する。 ・できているのに，控えめな評価の人，できてないのに高い評価の人には，本人の記入欄も書き直してもらうことあり。二次評価，最終評価にいくので。 ・一次評価は絶対評価なので，当初にたてた目標に対して，整合性がとれるよう評価を行う。（基準を変えない） ・相手にしゃべってもらうように心がけている。
	(2) 部下の評価の決め方 ・一度出してもらった自己評価をもとに評価を決めて，面談に臨む。
	(3) 評価以外に伝えること ・その人の適性を考えながら，今後どんなふうになりたいかを考えてもらう。
	(4) 目標達成度が高い人，低い人への面談の際の留意 ・できている人に対して，もっとステップアップして欲しいところを気づいてもらう。

		・できなかった人に対して，できなかったことの指摘を行う。できなかったことの確認，なぜできなかったかを尋ねる。良い点も伝える。求めているレベル，今後の期待を伝える。
		(5) 評価に対する納得感を高めるための留意点 ・面談前に，自己評価を行ってもらう。
		(6) 部下の納得感の度合い ・分からない。

		メンバーAさん
目標設定		(1) 目標管理においてあなたの上司が心がけていること ・業務の内容や，目標を自分たちに考えさせる。まる投げではない。年次を積んでいるから出来るでしょうといわれている。 ・できて当たり前のことを書かない。全社的にストレッチ（自分を伸ばす）をめざしているので，たやすくできること以上のことを考えてといわれる。それは自分の成長のためにもなるといわれる。 ・具体的なことをプランとして立てなさいといわれる。2回目の修正で上司のチェックが入るのは，具体性をもっているかどうか。
		(2) 目標管理における上司の効果的な取り組み ・考えさせる。 ・全部の業務の詳細を上司がつかんで知っている。この業務は誰と誰が関わると良いとか，業務の効率，知識の足りない部分をどう補うのか，をとてもよく上司は考えている。この業務には，だれだれを絡めるようにとか，この業務はだれだれの目標に入っているから一緒に考えるように，と言われる。
		(3) 目標設定を行う手順 ・数値や期限の目標を置いてみて，アクションプランを考える。アクションプランを考えていくなかで，修正を行う。
		(4) 目標方法記述についての上司による指導 ・具体性を重視している。具体的になると，客観的に測れる。 ・目標をみて，みんなが同じ目線で，意味をとらえられるよう，誤解のない表現にするよう求められる。
<面談前>		(5) 面談前の上司の働きかけ ・みんなの目標シートを集めて，事業計画とのずれがないか，個々人の目標レベルがあっているかどうか，をみているようである。それぞれの目標を個別にみているのではなく，全体のバランスをみているようである。 ・前の部署でも，面談前に目標シートを集めるやり方だった。
<面談中>		(6) 目標設定の面談中の上司の指導 ・具体性を求められる。 ・もっとできるのではないかという視点で指導される。年次の視点や，この業務に関してはもっとやってみなければ，成果はでないのではないか，という

	視点で，言われる。 ・逆に，ここまでのことが，本当に年間でできるのか，という視点で，目標の高さを低くすることもある。 ・アクションプランの内容は，具体的であればそんなに指導されない。 ・新人に対しては，必ず上司からの指示がある。新人にはOJT担当がついているので，その人とか，業務をかなり共有する先輩とは，上司との面談前によく検討しておく。
	(7) 目標内容についての上司の指導 ・（上記回答済）
	(8) チャレンジ目標の設定への上司の働きかけ ・（上記回答済）
	(9) 目標実行方法についての上司の指導 ・（上記回答済）
	(10) 面談時間 ・2，30分。延びて1時間くらいになることもある。 ・業務目標以外に，部門に対する貢献の目標項目が1つある。そこのなかでどういうことをやるのか，自分が成長するためにどういうことをやるのか，をたてる。それについては，部内でどのように情報共有するのか，部内のスキルアップをどうするのか，それに対して自分はどのようにするのか，ということについて，自分は社歴が長いので，それを面談のなかで話すことがある。 ・事業計画の内容に関しては，去年と同じことをやることはなく，常に新しいことをやる部署なので，事業計画のなかでも，現場でどのようにやるのかが見えにくいままで目標を立てなければならないことがある。そこを議論するときに，時間をかけることがある。
目標達成段階	(1) 仕事を遂行する際に心がけていること ①効率をあげる（少ない時間で行う） ②自分の手を離れてもいいようにする。 ③対応のスピードを早くする。
	(2) 仕事を遂行する際に心がけている具体的な態度や行動 ①自分だけでやらない。派遣さんや他の人にお願いする。完璧でなくても良いという判断といった業務量の判断も必要。 ②全て履歴を残す。フォルダの整理。説明しなければ分からないような状態にしないようにしている。 ③仕事の優先順位を臨機応変にかえる。
	(3) 目標管理シートの利用 ・期限の確認に利用。 ・思いついたとき，仕事に一区切りがついた段階で，次の行動をどうしようか考えるときに利用する。

	(4) 目標達成に向けた進捗がうまく進んでいないときの対応 ・進んでいなければ，もう一度スケジュールを考えてみる。そうして，遅れているものを優先する。 ・中間面談では，期中に目標の達成がなされるものもあるので，目標のレベルに到達しているのかの報告。遂行の途中のものはいつまでに何をするのかを含めてここまでやっていると報告。新たに出てきた仕事は，新たに追加。 ・目標は大きく3つと，自分自身の成長などの目標1つ。	
	(5) 仕事を遂行するときの上司の働きかけ ・進んでいる方向の正しさ＝事業計画に沿っているのかどうか，誰を巻き込んだら良いのか，とか日常的に話をする。	
	(7) 設定した目標に対する上司の働きかけ ・(上記回答済)	
評価段階	(1) 評価面接での話し合いの内容 ・評価 ・反省，次の期に向けての取り組み内容，業務を次にどのように移行展開させるのか，次につながることを考えている。 ・評価の理由について事実をあげて説明される。 ・悪くなる部分については，他の人とバランスとかの説明がある。良くなる部分については，個人としてはそうかもしれないが，部門には十分に貢献したと話される。	
	(2) 評価に対する納得感 ・納得感あり。 ・営業は数値目標があり，5までいけるけど，管理部門の場合，5まではいかない。逆にすごく下がることもない。	
	(3) 上司との評価面接時に役立つ情報 ・上司は周りの部署のことも把握しているので，次の期のこととか，達成できなかったことについて，他の部署とこのように絡んでいったらいいよねとか，全社的な視点をもらえる。	
	(4) 上司が提示しないが知りたい情報 ・なし	
	メンバーBさん	
目標設定	(1) 目標管理において上司が心がけていること ・与えたり指示するよりは，まず自分で考えてみることを求められる。	
	(2) 目標管理における上司の効果的な取り組み ・営業は数値で成果がでるので，目標が記述しやすい。今の部署は難しい。 ・目標を設定する段階で，その目標に関わって欲しい人を自分から声をかけて，組み立てる。風通しが良い。1人で抱え込まなくて良い。メンバーと相談しながら進めるように上司が指導する。	

	(3) 目標設定を行う手順 ・クライアントに対して提案資料を出すなどが目標になるので，時期的には3ヶ月区切り，半年区切りで，目標の到達度合いや提案件数を考える。 ・発注先や部内での個別具体的な仕事については，自分ひとりの考えに偏らないようにメンバーと議論しながら，みんなが共感できるように組み立てる。他のメンバーは私の目標を知っている。シートを見せるわけではないが，打ち合わせをするなかで，みんなの目標は大体分かる。 ・営業の頃は，互いの仕事やそのプロセスを議論することはなかった。 ・営業は個人で動く。	
	(4) 目標方法記述についての上司による指導 ・あまり細かい指示はない ・1回目の面談では，部全体のミッションを説明し，この部分を任せるから，そのプランをきちんとたてるように，といわれる。その後，目標を部員ともんで，目標シートを作成。→提出→上司と2回目の面談	
＜面談前＞	(5) 面談前の上司の働きかけ ・（上記回答済）	
＜面談中＞	(6) 目標設定の面談中の上司の指導 ・シートに書くべき項目が書かれていないときは，指導はされる。	
	(7) 目標内容についての上司の指導 ・<u>1回目の面談で話した内容からずれていなければ，メンバーのやりたいことを受け入れ，その方向で考えてくれる。</u>	
	(8) チャレンジ目標の設定への上司の働きかけ ・（上記回答済）	
	(9) 目標実行方法についての上司の指導 ・あまりない，時期的なチェック	
	(10) 面談時間 ・1回目30分，2回目30分 ・事前にメールを送っているので，2回目は意図などをメンバーの方から説明。 ・目標以外の希望や考えなどについても話し合うが，これを話せるかどうかは上司による。	
目標達成段階	(1) 仕事を遂行する際に心がけていること ・最終的に目標を達成すること。	
	(2) 仕事を遂行する際に心がけている具体的な態度や行動 ・設定した目標について，時間や残業費などを気にしないでやれば，目標は達成できる。しかし現実にはそれは出来ない。 ・メンバーと検討する場をつくる，<u>派遣の方に任せられる仕事はなるべく早く任せる。</u> ・部会が週1回あるが，それ以外の場でも，メンバーと検討する。	

	(3) 目標管理シートの利用 ・途中で確認はしない。 ・最終目標は頭に入っている。
	(4) 目標達成に向けた進捗がうまく進んでいないときの対応 ・部会の場で情報を共有し，協力を求める。
	(5) 仕事を遂行するときの上司の働きかけ ・週1回の部会の場で，個々の仕事の進捗状況を報告することが求められる。目標シートに対応した内容を報告する。時間は1時間。制度として決まっているわけではないが，部会は他の部でもやる。部によって，毎朝仕事をする前に，今日の予定を報告するところもある。
	(6) 設定した目標に対する上司の働きかけ ・（上記回答済）
評価段階	(1) 評価面接での話し合いの内容 ・達成度の評価 ・予想以上にできたときは，それについて自分から話す。できなかったときは，出来なかった理由を自分から話す。 ・事実に基づいて評価される。 ・自己評価と上司評価のずれはあまりない。1つくらい。
	(2) 評価に対する納得感 ・納得感ある
	(3) 上司との評価面接時に役立つ情報 ・評価に迷ったとき，低いほうにつけるが，上司がシートにかかれていない内容も評価してくれるので，それはモチベーションが高まる。
	(4) 上司が提示しないが知りたい情報 ・特にない。 ・目標評価面談は，30分くらい。
	メンバーCさん
目標設定	(1) 目標管理において上司が心がけていること ・会社の事業計画→部署の事業計画→各担当者にやって欲しいことを伝えるという流れなので，各担当者に役割分担の落としこみがなされているのでやりやすい。 ・自分の仕事でやって欲しいことを伝えられるだけでなく，同じ部署の他の人の仕事内容を伝えられ，その人と協力してやって欲しいといわれるなど，グループ間の仕事の流れを事前に話してもらうので，やりやすい。個別の第1回面談で言われる。 ・全体の会議でも，誰がどの仕事をという話がなされる。そしてより詳細な仕事内容については，個別の面談で行われる。
	(2) 目標管理における上司の効果的な取り組み

	・事前の落としこみ。グループ間の流れや連携がある。今までいた会社より丁寧。
	(3) 目標設定を行う手順 ・部署の事業計画があって，上司の話しがあった後，事業計画のなかで自分が担当する仕事の大項目を，徐々に作業ベースに落としこみ，目標をたてる。 ・スケジュールの期限は，情報とスケジュールを間に合わせるのが目標の基準となる。ここが成果となるので，それをどのように設定するのかに注意を払っている。情報とは，調査を行い，それをまとめ，提案する際の裏づけ資料とするので，その情報のことをさす。情報の項目の抜け漏れがないように，最新性があるように，調査の序列をつけてやっている。 ・時間があれば，良いものができるが，早く出さなければならないので，最適なスケジュールはいつなのかを決める必要がある。営業は秋がヤマなので，9月までくらいに集めた情報を会社内に発信する必要がある。それまでのスケジュールをどうするのか，自分だけでは決められないので，営業の方にヒアリングしたり，商品スケジュールに合わせて決める。
	(4) 目標方法記述についての上司による指導 ・(上記回答済)
<面談前>	(5) 面談前の上司の働きかけ ・第2回目の面談前の働きかけはない。1回目の面談の内容が深いので，社歴や年数を重ねた人は，目標設定の経験があるので，前に話すことはない。新入社員のフォローをするという感じ。作成途中で困ったことがあれば，下の人は尋ねている。 ・新社員に対しては，OJTが部内にあるので，その先輩に目標シートやアクションプランの書き方を聞いたり，先輩がどういうふうに書いているかを見なさい，といった指示がある。
<面談中>	(6) 目標設定の面談中の上司の指導 ・上司の意図と自分の書いた目標の内容とずれていないかどうかのチェックがされる。 ・部署のメンバーは，社歴のある方なので，自分の仕事については，網羅している。 ・それぞれが目標を設定したとき，部門間で連携すると比率が小さくなるので，目標のウェイトの力点の置き方，の話がされる。この人とはこんな連携をして，あなたはこんな動きをして，あの人はこんな動きをするので，適宜話し合ってコンセンサスをとって，といった話がされる。 ・上記のような指導がされ，それをもとにアクションプランを書き変える。 ・第1回目の面談では，事業計画と連動させて，大項目の下の重点目標や期限が書かれているので，何をいつまでというのが見える。それをもとに自分の仕事に反映させるのは簡単にできる会社である。この部署は事業計画書がしっかりしており，それに細かく書かれているので，それを見れば，自分の業務が見えてくる。

	(7) 目標内容についての上司の指導 ・（上記回答済）
	(8) チャレンジ目標の設定への上司の働きかけ ・新しい目標を自分で設定することはない。 ・事業計画に新しい目標が入っているので，自分から新しい目標設定は行わない。 ・業務外で目標をたてる項目（能力開発）が１つあり，そこに予算の管理や他部門との連携をうまくやるための行動についての目標を設定する。
	(9) 目標実行方法についての上司の指導 ・（上記回答済）
	(10) 面談時間 ・第１回，２回40分程度。自分で落とし込んだけど，分からないことを聞いたりする。
目標達成段階	(1) 仕事を遂行する際に心がけていること ・通年をとおして，分割して，自分の目標が何であり，そのスケジュールの進行状況を確認する。中間評価の前に，自分で考える時間を設ける。
	(2) 仕事を遂行する際に心がけている具体的な態度や行動 ・部会で，自分の仕事の進捗状況を報告する。他の部署との会議で，自分は今月どんな仕事をした，来月どんな仕事をする，ということを伝えられる場があるので，他の人に伝えることで，自分の業務の状況がわかる。
	(3) 目標管理シートの利用 ・まめに見る。１ヶ月に１回くらい。会議で発表する場があるので。 ・自分に振られたミッションの月次報告を，私の部では，上司が記入するのではなく，各担当が１回書いてから上司に渡す（他の部署は上司が書く）ので，そこで確認する。 ・月次報告は事業計画に沿ったものだが，それに派生して新しい動きがあったら，別に書く欄があるので，そこに記入する。
	(4) 目標達成に向けた進捗がうまく進んでいないときの対応 ・進捗が遅れる原因が，自分にあるのか，他に障害があるのか，など原因を明らかにしたうえで，解決策を練る。 ・最初の目標が達成できないなら，そのときに上司に相談する。中間面談で行う。上司からは，次の期にやろうとか，中止して新しいことをやろう，などいわれ，修正する。 ・通期で目標をたてても，優先順位などが変わり，下期に修正することが多い。これは中間面談で行う。事前に，部会や上司との話し合いで，仕事の内容を変更していたりするが，書面で修正を行うのは，中間面談。
	(5) 仕事を遂行するときの上司の働きかけ ・やって欲しい業務を伝え，一緒に考える必要があれば，いついつに落とし込みをしようと言われる。とりあえず考えて欲しいということであれば，考え

		て報告する。<u>優先順序を分けて言ってくる。</u>
	(6)	設定した目標に対する上司の働きかけ ・部会での進捗状況を確認しているので，遅れていることや着手していないことがあれば，働きかけをされる。部会で行われる。
評価段階	(1)	評価面接での話し合いの内容 ・自己評価に対して，上司が評価する。 ・自己評価より悪かった場合，具体的な事実の説明がある。<u>また，来期はこういう動きをして欲しいなど希望が話される。</u>
	(2)	評価に対する納得感 ・納得感がある。 ・前の会社で営業をやっていたとき，アクションは目標の通りやっていたが，成果が伴わなかったことに対して，ジレンマを感じていたが，今はそういう部署ではなく，<u>自分が行動したことがそのまま評価をされるという気がする。</u>
	(3)	上司との評価面接時に役立つ情報 ・<u>評価してもらった点は，自分のどういう行動が良かったのかが明らかになるので，それは今後もその取り組みを続けようという気になる。</u> ・<u>人との関わりなので，アクションプランや目標ができた，できないという以外のところで，人間関係，上司以外の上司や他の部署のメンバーとこういうコミュニケーションをとらなかったから，うまくいかなかったよね，という話しもしてもらえるので，他の部署との関わりかたについて，上司の話は役に立つ。</u>
	(4)	上司が提示しないが知りたい情報 ・二次評価の内容を知りたい。

第9章
職務特性と目標管理制度の有効性

　組織では，組織目標を達成するために，仕事の分業化，地位や役割の分化が進展する。そのため，組織成員は，部署や職責によって異なる特性を有する仕事に従事している。

　職務特性が違えば，それに適した人事制度のあり方も違ってくると考えられる。本章で取り上げる目標管理制度にもその可能性がある。目標管理制度のもとで設定する目標は，多くの場合，数値で表すことを求められる。このため，仕事の成果を量的な数値で把握しやすいライン部門の仕事の方が，質的な成果になることが多いスタッフ部門の仕事よりも，目標管理制度の納得性や有効性が高い，ということをしばしば耳にする。しかし，これは果たして事実であろうか。運用しだいで，目標管理制度の納得性や有効性を確保できるのではなかろうか。

　この章では，目標管理と職務の特性との有効性の問題について検討していく。さらに，実証研究をもとに，リーダーの運用によって，目標管理と職務特性との適合性を高めることが可能であることを明らかにする。

I　目標管理制度と職務の特性

1　わが国の目標管理制度の適用状況

　わが国における目標管理の導入は，1960年代にさかのぼる。1990年代半ばからその導入が増加し，現在では多くの企業で目標管理制度が施行されている。ではこの目標管理の企業組織内での適用範囲はどのようなものであろうか。

　図9-1と図9-2には，㈶労務行政研究所によって2006年3月6日～31日に行われた「目標管理制度の運用に関する実態調査」（調査対象4055社，調査票を回収した企業150社のうち目標管理制度導入済み企業119社）の結果のうち，目標管理制度の適用部門と目標管理制度の適用対象層が示されている。

　目標管理制度を導入している製造業および非製造業のいずれも，組織内の全部門に対して目標管理を適用していることが図9-1からわかる。適用対象に関しては，図9-2に示す通り，全社員に適用している企業が最も多く（59.7%），新入社員を除く全社員（15.1%），非組合員の管理職（10.1%）が続いている。

　この調査から，目標管理制度は，職種や職務特性に拘わらず適用されていること，そして組織のどのレベルの成員に対しても適用されることが多いことがうかがえる。

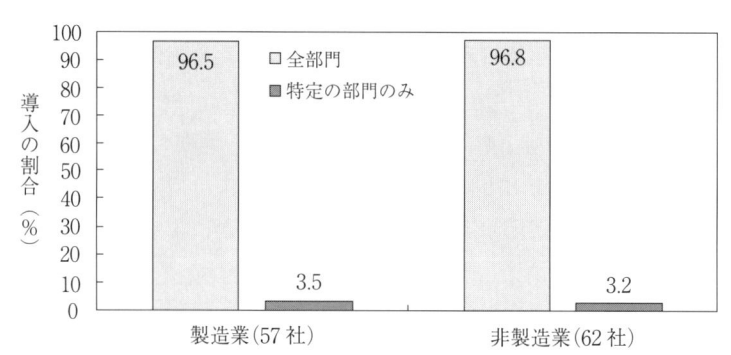

出所：㈶労務行政研究所（2006）より作成

図9-1　目標管理制度の適用部門

図9-2のデータ：
- 全社員　59.7
- 新入社員を除く全社員　15.1
- 一般社員　1.7
- 新入社員を除く一般社員　0.8
- 非組合員の管理職　10.1
- 一定以上の管理職　1.7
- 定められた資格・等級者　7.6
- その他　6.7

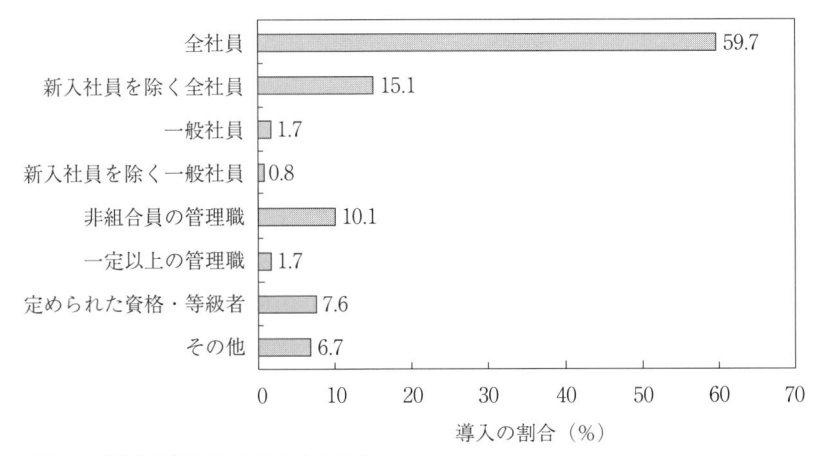

（横軸：導入の割合（％））

出所：㈶労務行政研究所（2006）より作成

図9-2　目標管理制度の適用対象層

2　目標管理制度の有効性にかかわる職務の特性

　先に示したわが国の目標管理制度の適用状況が示す通り，目標管理制度を導入している企業組織のほとんどが，職務の特性が異なる部門に対しても一律に目標管理制度を適用している。しかし，職務特性によって，目標管理制度の有効性は異なる可能性がある。

　ここから，職務の特性として，(1)組織目標との関連性，(2)仕事の相互依存性，(3)課題の複雑性，(4)成果の数値把握可能性，に注目し，目標管理制度の有効性について考察してみたい。

(1)　組織目標との関連性

　目標管理制度のもとでは，組織目標を基に，上位層で設定された上位目標を分割し，より具体的にする形で，下位層の目標が設定される。こうして組織目標から，組織の各階層の個人目標までが連鎖するのである。このことからすると，個々の成員の目標は等しく組織目標と関連していることになる。とはいうものの，組織目標と個々の成員の目標との間の関連性は，直接的なものか，間接的なものか，という違いがあると思われる。

　組織の主要な目標は，事業領域にかかわる最終的な業績（例えば売上高や利益率）となることが多い。事業領域にかかわる仕事は，製品の生産，販売，サービスの提供などであり，それらの仕事を行う部門は，企業の業績の高低に

```
       6.0
       5.5
       5.0
       4.5
一      4.0
致
性    3.5
の
認    3.0
知
       2.5
       2.0
       1.5
       1.0
           ライン職          スタッフ職
```

出所：Koslowsky（1990）より作成

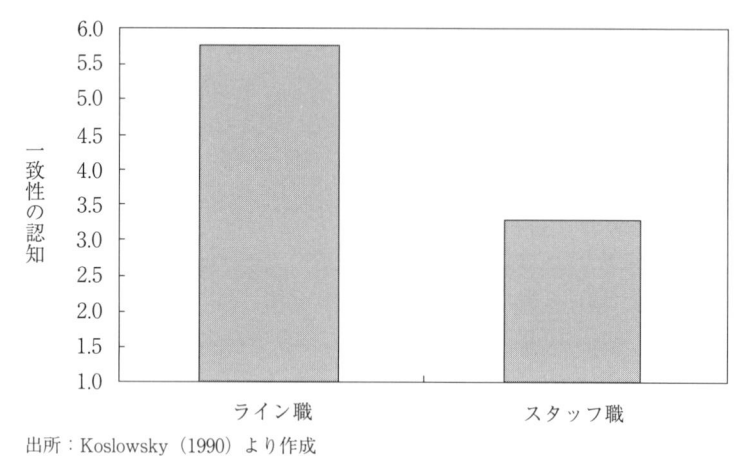

図9-3　組織目標と自分の仕事との一致性の認知

直接的に影響する部門といえる。一方，それらの部門をサポートするのが，人事，企画，調査，分析などの部門であり，ここでの仕事の成果は間接的に企業の業績に貢献している。

　Koslowsky（1990）は，組織の事業領域にかかわる仕事を行い，組織の業績に直接かかわるライン部門と，ライン部門をサポートする仕事を遂行することで組織の業績に間接的にかかわるスタッフ部門のメンバーを対象に，メンバーの仕事に対する態度の違いを検討している。

　調査の結果は，図9-3に示す通り，ライン部門の成員は，スタッフ部門の成員と比較して，自分たちの仕事が組織の目標と一致していると考える度合いが高いことを明らかにしていた。また，それにより，ライン職にある従業員の方が，スタッフ職にある従業員よりも高い職務コミットメントを示すことを確かめている。この研究は，職務特性の違いが，組織目標との関連性の強さの認知に差異をもたらし，さらには職務への取り組み姿勢の違いを生み出すことを示唆している。

(2) 仕事の相互依存性

　目標管理のもとでは，組織成員はそれぞれ達成すべき自分の目標を設定することになる。しかし，その目標を達成するための活動は，自分ひとりで完遂できるものばかりではない。しばしば他のメンバーと情報を交換し，互いに協力

し合うことで仕事が進展したり，あるいは自分の仕事の出来不出来や進捗状態が他の人の仕事のそれに影響する状況がしばしば生じる。そのようにメンバー間で仕事の相互依存性が高い場合と，それが低い場合とでは，目標管理の有効性は違ってくる可能性がある。

すでに第8章で紹介した Mitchell, & Silver（1990）の研究は，メンバー間の相互依存性の高い課題を遂行する場合に，個人目標のみを与えた条件は，チーム目標のみを与えた条件およびチーム目標と個人目標を同時に与えた条件よりも，他メンバーと協力的に課題を遂行する方略を用いずに，他メンバーと成果を競うような方略を用いる度合いが高く，かつチームのパフォーマンスが悪いことを明らかにしている。

相互依存性が高い仕事を遂行しているチームの場合には，個人目標の設定のみでは，チーム全体のパフォーマンスを低下させる可能性がある。そのため，仕事の相互依存性の程度に応じて，目標の設定の仕方に工夫が必要であると考えられる。

(3) 課題の複雑性

個人がある課題を遂行するために，考慮せねばならない要素の数が多いほど，そして課題遂行の環境が頻繁に変化するほど課題の複雑性は高くなる。課題の複雑性は，過去に目標設定の効果とのかかわりから検討されてきた。

目標設定の効果についての数多くの実証研究から，具体的で難しい目標は，高いパフォーマンスを示す（Locke, & Latham, 1990）ことが明らかになっている。具体的で難しい目標は，パフォーマンスの受容レベルを示し，個人の努力量を増加させ，課題への執着を高め，より広範な戦略の発展やプランニングを導き，目標にかかわる活動へと個人を向かわせる（Locke, & Latham, 1990）ためである。企業組織で運用されている目標管理制度においては，通常，そのように具体的で難しい目標の設定を促すよう管理者は働きかける。

しかし，具体的で難しい目標は，課題が単純なものなのか，複雑なものなのかによって，その効果の大きさは変わってくる。Wood, Mento, & Locke（1987）は，複雑な課題を遂行する場合には，具体的で難しい目標がパフォーマンスに及ぼす効果が小さくなることを明らかにしている。また，複雑な課題の遂行方法を習得していない段階では，具体的で難しい目標は，パフォーマン

スを損なうこともある（Kanfer, & Ackerman, 1989）。

　複雑な課題に対して難しい目標を設定することは，パフォーマンスを阻害するストレスを課題遂行者にもたらす。このことが，具体的で難しい目標の効果を低減させることの理由のひとつとして考えられる（Huber, 1985）。とは言っても，現在の企業組織で働く個人の多くは，相対的に複雑な課題に取り組んでおり，それらの課題について目標管理制度を適用していることも事実である。複雑な課題に対する具体的で難しい目標の設定の効果を高めるためには，後に述べるリーダーの運用が重要な役割を果たす。

（4）成果の数値把握可能性

　先に述べた通り，目標の設定がパフォーマンスに及ぼすことを調べた過去の研究では，数値で表す具体的で難しい目標がパフォーマンスを高めることを明らかにしている。このことは，現実の企業場面にもそのままあてはまる。ただし，企業組織のメンバーが取り組む仕事には，職務遂行の進捗状況や最終結果を数値として把握できるもの（例えば生産量や売上額など）と，数値ではなく質的な優劣としてしか把握できないものがある。

　目標管理で設定する数値目標は，明確で客観的な達成基準となる。そのため，その基準をクリアするための注意や努力，戦略の発展をメンバーから引き出すことが可能である。したがって，数値で進捗状況や成果を把握できる仕事は，目標設定の効果を高めることができる。

　成果が質的な優劣で現れる課題については，やや事情が違ってくる。そのような課題の目標は，主観的な表現で示されるようなあいまいなものとなりがちであり，また仕事の進捗状況や成果の把握も主観的な感覚に依存することが多い。この問題に関して，多くの企業では，成果が質的な優劣で現れる課題についても，数値に置き換えるよう指導がなされる。しかし，そのような課題を遂行する個人にとっては，自分たちの仕事は数値では測れない，目標管理は自分の仕事になじまない，あるいは目標設定の効果をそれほど実感できないと感じることも多いようである。

Ⅱ 目標管理制度と職務の特性との関係に関する実証研究

　目標管理の有効性を高めるためには，目標管理制度に適合するような特性を備えた職務を遂行するメンバーのみに対してこの制度を施行すること，もしくは職務特性に合わせて異なる実施形態をとることが望ましいのかもしれない。

　しかし，その場合には，制度の設計や維持にコストがかかり，また手続きが煩雑になる。このため，多くの組織では，成員が取り組む仕事の特性が異なるかどうかにかかわらず，一律に同じ目標管理制度が施行され，均一化した方法で実施されている。

　では，特性が異なる職務に対する目標管理制度の適用は，組織成員にどのような影響をもたらしているのであろうか。

　ここからは，異なる特性を備えた職務を遂行するライン部門のメンバーとスタッフ部門のメンバーを対象に，①目標管理制度に対する捉え方の違い，②目標達成行動の違い，③管理者の目標管理制度の運用の方法が目標達成行動に及ぼす影響，を検討した調査を取り上げる。そして，職務の特性が異なることが，目標管理制度の有効性にどのようにかかわっているのかについて考察していく。

1　調査対象企業と調査対象者

　調査は日本国内の製薬会社の人事部との共同企画として行われた。人事制度の一環として目標管理制度が実施されており，目標達成度は，賞与に反映されていた。この企業では，現在取り組んでいる仕事の改善を進め，業績を向上させる目標を設定することが求められていた。また，業績目標だけでなく，学習目標を設定することが奨励されていた。

　調査対象者は，この会社の製品製造工場で働く154名（男101名，女37名）であった。工場内は，6つのチームに分かれており，各チームは1〜3の小チーム（全12小チーム）から構成されており，調査対象者はそれらの小チームのいずれかに所属していた。全調査対象者のうち114名がライン部門のメンバーであり，40名がスタッフ部門のメンバーであった。

2 調査対象者が取り組む職務の特徴

調査前に，管理者やメンバーに対してインタビュー行った。このインタビューから，ライン部門とスタッフ部門のメンバーは，以下のような職務の特性を持つ仕事に従事していることが示された。

(1) ライン部門の職務の特性

仕事の内容：ライン部門のメンバーは，企業の事業領域である医薬品の製造業務に従事していた。

組織目標との関連性：工場の主要な目標は，生産効率を上げ，不良品を減らすことであった。ライン部門のメンバーはこの工場の目標の達成にかかわる仕事の目標を設定していた。したがって，ライン部門の目標は，組織目標との関連性が強かった。

仕事の相互依存性：ライン部門のメンバー間の仕事の相互依存性の程度は高かった。この工場のメンバーが設定する目標は個人目標であった。しかし，ライン部門では，その個人目標は個人だけでは達成しにくいために，目標設定前に自分の仕事と関連の深いチームのメンバーたちが集まって，設定する目標内容について話し合ったり，目標設定後も進捗状況などをチーム内で話し合っていたりしていた。

課題の複雑性：従事する仕事のほとんどは，ルーチン業務であったため，課題遂行の環境が頻繁に変化するような複雑な仕事ではなかった。ただし，厳密さと細心の注意を要する業務であった。

成果の数値把握可能性：メンバーの仕事は，必ずしも全ての目標にかかわる成果が量的な数値として現れるわけではないようであった。しかし，製品の製造数や不良品の削減率など量的指標で把握できる仕事が多いようであった。

(2) スタッフ部門の職務の特性

仕事の内容：スタッフ部門のメンバーは，工場や機械の環境整備や維持，原料の調達，製品の管理などの業務を行っていた。

組織目標との関連性：スタッフ部門のメンバーは，製品の製造に従事するライン部門をサポートする仕事に従事していた。このことから，スタッフ部門のメンバーの仕事は，組織目標と直接的な関連性は弱いと考えられた。スタッフ部門の複数のメンバーから，ライン部門は工場の主役であり，自分たちはそれ

を補佐する仕事をしているという声が聞かれた。

仕事の相互依存性：仕事については，基本的には個々人が独立して遂行しており，メンバー間の相互依存性は低かった。ライン部門と異なり，スタッフ部門のメンバーは，目標設定にあたって，チームで集まって話し合うということはなされていなかった。

課題の複雑性：メンバーは，基本的には，ルーチン業務に従事しており，課題遂行の環境が頻繁に変化するような複雑な仕事ではなかった。

成果の数値把握可能性：スタッフ部門のメンバーは，目標を数値指標で設定するように指導されていた。しかしそのような数値では自分たちの仕事の成果を測ることができないという不満の声が聞かれ，ライン部門の仕事ほどは数値で成果を把握できないようであった。

3　調査内容

アンケート調査が，ライン部門とスタッフ部門のメンバーに対して行われた。それぞれの部門のメンバーに「目標管理制度に対する認知」，「目標に対するコミットメント」，「目標設定段階でのリーダーの働きかけ」，「目標達成に向けた行動」の程度について尋ねた。

4　調査結果

(1)　目標管理制度に対する認知

ライン部門およびスタッフ部門のメンバーの間で，目標管理制度が個人やチームの成果向上に貢献する程度に関する認知に差異がみられるかどうかを調べた。

図9-4に示す通り，ライン部門のメンバーの方がスタッフ部門のメンバーと比較して，個人の成果の向上に貢献していると考える程度，そしてチームの成果の向上に貢献していると考える程度のいずれもが高いことが明らかとなった（個人の成果の向上への貢献 $t(153)=4.02, p<.01$，チームの成果の向上への貢献 $t(153)=4.70, p<.01$）。

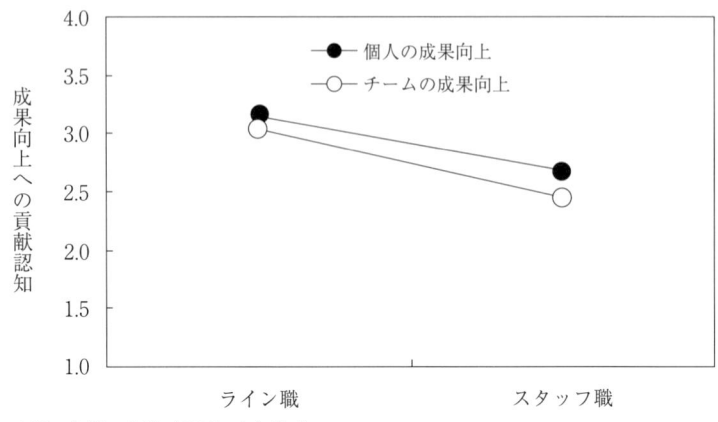

出所:柳澤・古川(2006)より作成

図9-4 目標管理が成果向上に貢献する程度に関する認知

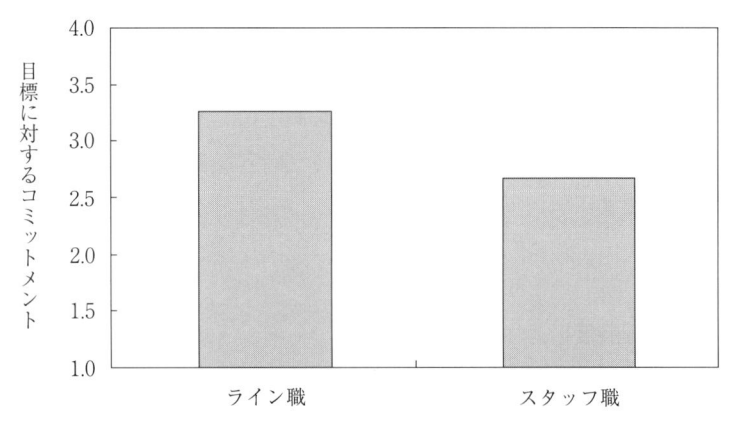

図9-5 ラインおよびスタッフ部門のメンバーの目標に対するコミットメント

(2) 目標に対するコミットメント

　Hollenbeck, et al. (1989)の目標コミットメント尺度をもとに,期首に設定した目標に対するコミットメントの程度について調べた。

　図9-5に示す通り,ライン部門のメンバーの方が,スタッフ部門のメンバーと比較して,目標に対するコミットメントが高かった(t(153) = 4.40, $p < .01$)。

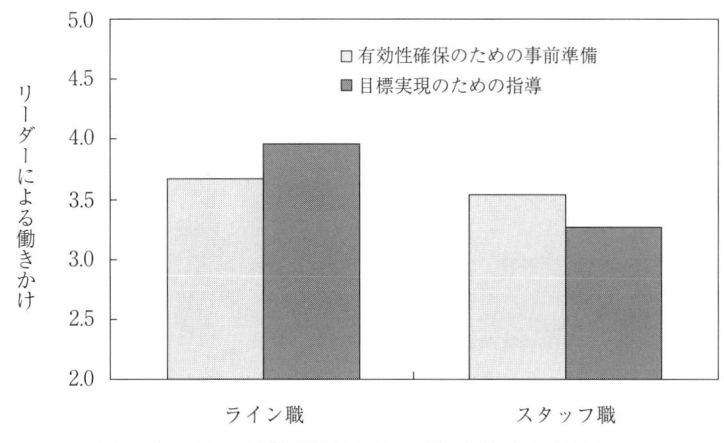

図9-6 目標設定段階でのリーダーの働きかけの程度

(3) 目標設定段階でのリーダーの働きかけ

調査前のインタビューによって，目標設定にかかわるリーダーの働きかけは，目標面談前と目標面談中に主に行われることが示された。その働きかけとして，「目標管理の有効性確保のための事前準備」と「目標達成実現のための指導」の2つがなされていた。

目標管理の有効性確保のための事前準備：目標面談前にチーム全体の目標に，部下の意見や提案を取り込むことや，リーダーの設定した目標をもとに部下が自分の目標を設定しやすいように配慮する働きかけであった。

目標達成実現のための指導：目標面談中に，部下の目標達成を実現するために，設定した目標についての問題点を指摘したり，目標達成に向けた方略を示す働きかけであった。

上記の働きかけを調べる質問項目を作成し，メンバーに自分のリーダーがそれらをどの程度行っているのかについて尋ねた。

目標管理の有効性確保のための事前準備については，図9-6が示す通り，ライン部門とスタッフ部門のリーダーの間で差異はみられなかった（$t(153)=0.67, ns.$）。これに対して，目標達成実現のための指導に関しては，ライン部門のリーダーの方が，スタッフ部門のリーダーと比較して，よく指導をしていたことが図9-6から読み取れる（$t(153)=4.00, p<.01$）。

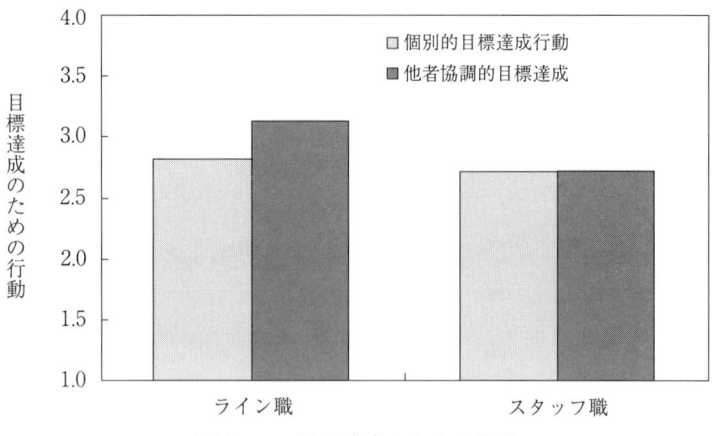

図9-7　目標達成のための行動

(4) 目標達成に向けた行動

目標達成に向けた行動として，自らが設定した目標達成のための行動である「個別的目標達成行動」と，自分の目標だけでなく，他者と協調して自分が所属する職場全体の目標達成を目指そうとする「他者協調的目標達成行動」に注目した。

図9-7に示す通り，ライン部門のメンバーの方が，スタッフ部門のメンバーよりも，個別的目標達成行動および他者協調的目標達成行動のいずれも行う度合いが高いという結果が得られた（個別的目標達成行動 $t(153)=2.83$, $p<.01$；他者協調的目標達成行動 $t(153)=3.15$, $p<.01$）。ライン部門に関しては，特に他者協調的目標達成行動が高かった。ライン部門の仕事は，仕事の相互依存性の高い職務特性であるため，他者と協力して目標達成を目指さなければならないことがうかがえる。

以上の調査結果は，同一の目標管理制度のもとであっても，職務特性の異なるライン部門とスタッフ部門では，目標管理制度に対する認識や行動が異なることが示された。具体的には，ライン部門のメンバーの方が，スタッフ部門のメンバーよりも，①個人の成果およびチームの成果の向上に，目標管理制度が貢献していると考える程度が高く，②目標に対するコミットメントが高く，さらに③目標達成行動を積極的に行っている，ことが示された。

これらの結果は，進捗状況や成果を数値で把握しやすい，あるいは組織目標

との関連が高い，といったライン部門の職務特性の方が，目標管理制度の有効性を高めることを示唆するものである。

Ⅲ 職務の特性に合わせた目標管理制度の運用

　ライン部門とスタッフ部門を対象に調べた上記の調査が示唆するように，目標管理制度の有効性は，メンバーが取り組む職務特性によって変わると考えられる。しかし，職務特性と目標管理制度の適合性が低くても，運用を工夫することによって，その有効性を高めることができると思われる。
　ここから，目標管理制度の有効性を高めるリーダーの運用方法について取り上げる。

1　リーダーの運用が目標達成行動を促す

　先の調査では，リーダーによる目標管理制度の運用の方法として，①目標管理の有効性確保のための事前準備（チーム全体の目標に部下の意見や提案を取り込むこと，リーダーの設定した目標をもとに，部下が自分の目標を設定しやすいように配慮すること）と，②目標達成実現のための指導（部下の目標達成を実現するために，設定した目標についての問題点を指摘したり，目標達成に向けた方略を示すこと）の2つを取り上げた。これらの運用方法は，メンバーの目標達成行動にいかなる影響を及ぼしていたのか。
　図9-8-1～図9-8-4は，ライン部門とスタッフ部門におけるリーダーの働きかけが，メンバーの個別的目標達成行動（自分の目標達成のための行動）と他者協調的目標達成行動（他者と協調した目標達成のための行動）に及ぼす影響を示したものである。
　図からわかるように，「目標管理の有効性確保のための事前準備」と「目標達成実現のための指導」の2つの働きかけをよく行っているリーダーのもとでは，スタッフ部門のメンバーであっても，個別的目標達成行動と他者協調的目標達成行動をとる程度が高かった。そしてその程度は，リーダーによるそれらの働きかけが低いライン部門のメンバーよりも高かったことが図から読み取れる。また，リーダーのそのような働きかけが低いスタッフ部門のメンバーは，

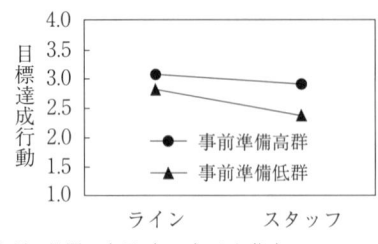

出所：柳澤・古川（2006）より作成

図 9-8-1　目標管理の有効性確保のための事前準備が個別的目標達成行動に及ぼす効果

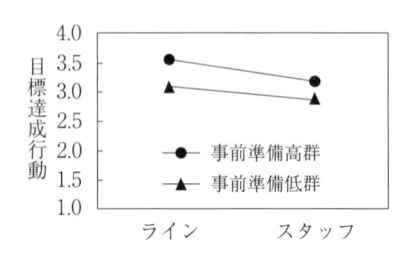

図 9-8-2　目標管理の有効性確保のための事前準備が他者協調的目標達成行動に及ぼす効果

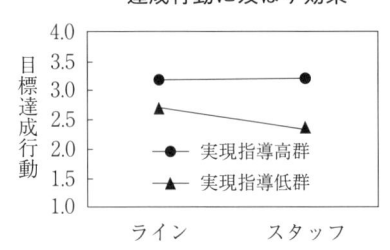

図 9-8-3　目標実現のための指導が個別的目標達成行動に及ぼす効果

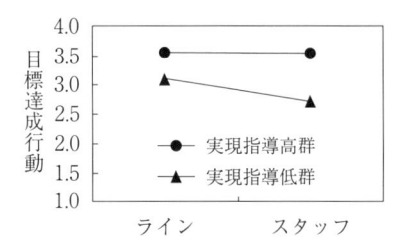

図 9-8-4　目標実現のための指導が他者協調的目標達成行動に及ぼす効果

その他のメンバーよりも，目標達成行動の程度が低かった。

　リーダーの働きかけの効果に関するこれらの結果は，目標管理制度との適合性がそれほど高くないと思われる職務特性を持つ仕事であっても，リーダーがメンバーの目標達成へのモチベーションを高め，目標管理の効果性を高めるような工夫をすることによって，目標管理制度の有効性を高めることが可能であることを示すものであった。

　ただしそのような働きかけをリーダーが行わないならば，やはり目標管理制度との適合性の高い職務特性を持つ仕事よりも，目標管理制度の効果は低いことも調査結果は示唆している。

2　リーダーの運用がパフォーマンスを高める

　ここで，もうひとつリーダーの運用の重要性を示す Drach-Zahavy, & Erez（2002）による研究を紹介する。彼らの研究は，複雑な課題に対して設定した

難しい目標と目標設定時の心理状態が，課題のパフォーマンスに及ぼす影響を検討するものであった。

本章の前半部分で，複雑な課題については，具体的で難しい目標がパフォーマンスに及ぼす効果が小さくなる，もしくはパフォーマンスを損ねることもあると述べた。果たして，どのような状況でもこのことがあてはまるのだろうか。Drach-Zahavy, & Erez（2002）の研究は，その疑問へのひとつの答えを示している。

(1) **課題の内容**

彼らの研究で実験の参加者が取り組んだ課題は，3つのパラメーター（製造部門，マーケティング部門，研究開発部門の部門目標に対する実際のパフォーマンスの程度）に基づいて120社の株価を予想するものであった。株価は3つのパラメーターの一次方程式によって決められていた。実験は第1段階と第2段階に分かれており，両段階は一次方程式のウェイトが異なるよう操作されていた。

(2) **実験の操作**

課題の目標として，「最善をつくせという目標」，「難しい成果目標」（90試行のうち80試行で正確な株価を予想する），「戦略策定目標」（最初の20分間で最良の課題方略を見出す）のいずれかを実験参加者に与えた。

そしてそれぞれの目標条件群において，課題に取り組む際のストレス状態の操作を行った。高ストレス群には，株価予測課題終了時に，課題遂行中に受け取った情報についての記憶テストを行うことを告げた。一方低ストレス群には，そのような教示をしなかった。

さらに，高ストレス群には，次の2つのいずれかの心理状態を作り出す操作を行った。高ストレス群の半数の実験参加者に対しては，課題を成功させることへと意識を促し，成功の秘訣は高いモチベーションと努力であると告げることで，意欲をかきたてるような「挑戦的」な心理状態を作り出した。残りの半数の実験参加者には，課題の失敗に注目させ，さらに軍隊の特別コースに参加すること（実験の参加者はこのようなコースに参加したことはなく，無力感を作り出す操作であった）が成功の秘訣であると告げることで，課題を遂行することに対する「脅威」を感じさせる心理状態を作り出した。

‥‥▲‥‥ 高ストレス：挑戦的　　―■― 高ストレス：脅威　　―〇― 低ストレス

第1段階

第2段階

出所：Drach-Zahavy, & Erez (2002) より作成

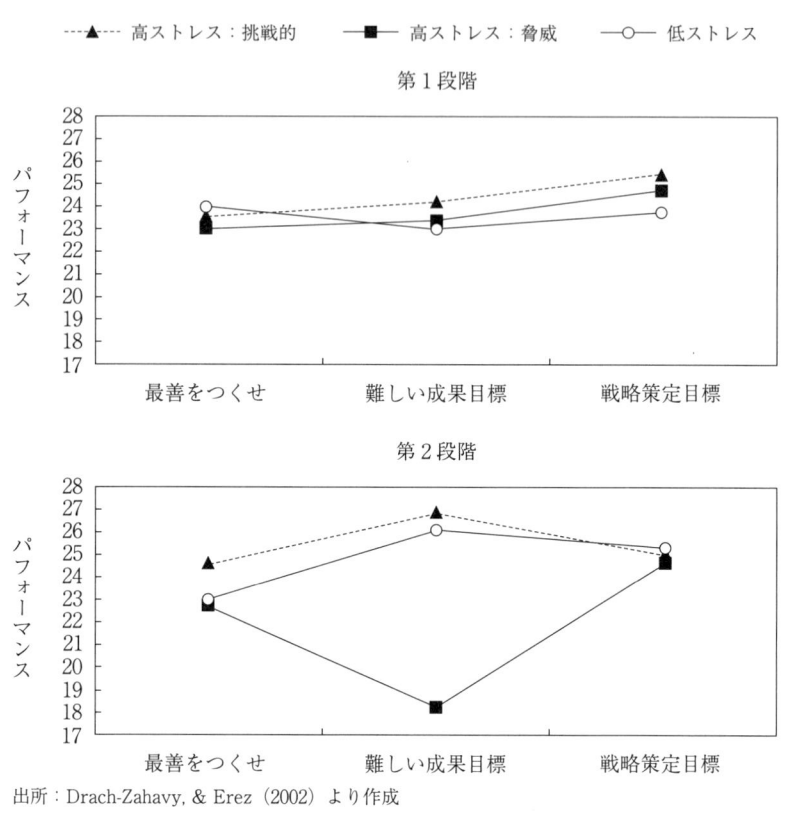

図9-9　複雑な課題における目標の効果の差異

(3) 実験結果

　実験操作がなされた条件群のパフォーマンスを示したものが図9-9である。

　第1段階では，総じて戦略策定目標を与えられた条件群のパフォーマンスが高い。ところが，第2段階になると，難しい成果目標を与えられ，かつ高ストレスで挑戦的な心理状態および低ストレスの心理状態に置かれた条件群のパフォーマンスが高くなっている。一方，難しい成果目標を与えられ，かつ高ストレス状況で脅威を感じている心理状態の条件群のパフォーマンスは，著しく低下している。

(4) 結果が示唆すること

この実験結果は，リーダーの働きかけのあり方についていくつかのことを示唆している。

戦略策定目標の設定を促す：新たに複雑な課題を取り組む場合には，難しい成果目標よりも，成果に向けた戦略を策定する目標を設定するように導くことの方が，パフォーマンスを高める可能性があるということだ。そして，そのような課題に慣れてくると，戦略の策定目標よりも，難しい成果目標の設定を促すことで，より大きな効果を期待できると思われる。

目標のフレイミングを変える：次に考えられるリーダーの効果的な働きかけは，目標のフレイミングを変える，ということである。フレイミングとは，物事を捉える枠組み，意味づけ方である。

図9-9に示されている通り，実験の第2段階では，難しい成果目標が与えられ，かつ高ストレス状態に置かれた条件のうち，挑戦的な心理状態の実験参加者はパフォーマンスが高いのに対して，脅威を感じている心理状態の実験参加者はパフォーマンスがかなり低下していた。

この結果は，同じ目標を設定し，同じ高ストレス状態に置かれたとしても，課題を「挑戦的なもの」としてフレイミングするのか，「脅威的なもの」としてフレイミングするのかによって，パフォーマンスに大きな差が出ることを示している。

企業組織の現場で，メンバーの課題へのフレイミングに強い影響を与えるのはリーダーである。難しい成果目標を設定した際には，課題遂行者に，課題の成功に注目させ，モチベーションを高め，かつ課題に対して「やりがいがあるものである」，「挑戦的なものである」というフレイミングをメンバーがとれるようにリーダーが働きかけを行うことで，パフォーマンスを高めることが可能になると思われる。

引用文献

Drach-Zahavy, A., & Erez, M. (2002). Challenge versus threat effect on the goal-performance relationship. *Organizational Behavior and Human Decision Processes*, 88, 667-682.

Hollenbeck, J. R., Klein, H. J., O'Leary, A. M., & Wright, P. M. (1989). Investigation of the construct validity of a self-report measure of goal commitment. *Journal of Applied Psychology*, 74, 951-956.

Huber, V. L. (1985). Effects of task difficulty, goal setting, and strategy on performance of a heuristic task. *Journal of Applied Psychology*, 70, 492-504.

Kanfer, R., & Ackerman, P. L. (1989). Motivation and cognitive abilities: An integrative/aptitude-treatment interaction approach to skill acquisition. *Journal of Applied Psychology Monograph*, 74, 657-690.

Koslowsky, M. (1990). Staff/line distinctions in job and organizational commitment. *Journal of Occupational Psychology*, 63, 167-173.

Locke, E. A., & Latham, G. P. (1990). *A theory of goal setting and task performance*. Englewood Cliffs, NJ: Prentice-Hall.

Mitchell, T. R., & Silver, W. S. (1990). Individual and group goals when workers are interdependent: Effects on task strategies and performance. *Journal of Applied Psychology*, 75, 185-193.

労務行政研究所編集部 (2006). 最新人事考課制度―人が育つ評価システムと目標管理の実務研究. 労務行政研究所

柳澤さおり・古川久敬 (2006). 仕事のタイプと上司の働きかけが目標達成行動に及ぼす効果. 産業・組織心理学会第22回大会論文集, 36-39.

Wood, R. E., Mento, A. J., & Locke, E. A. (1987). Task complexity as a moderator of goal effects: A meta-analysis. *Journal of Applied Psychology*, 72, 416-425.

第10章 今後の人的資源マネジメントに向けて

意識化による組織能力の向上

　本章では，人的資源マネジメントに関連して，これまで検討したことと結論を簡潔に振り返る。それをもとにして，今後の人的資源マネジメントについて4つの提言を行う。

I　本書のまとめ——人的資源マネジメントの意義

1　組織の業績を決める2つの方策

　組織は，自らが目指す価値の実現と業績の確保を果たして，社会にも貢献しながら存在感を示し続けたい。この一連の活動が順調に進めば，組織としての能力が蓄積され，成長が促進され，他との競争力に磨きをかけられる。

　この比較的単純な原理は，今やよく理解されているが，現実は易しくない。組織の外的な環境はいつも変動し，それによって，追い風にめぐまれることも皆無ではないが，願わぬ向かい風に難渋させられることの方が多いと感じさせられる昨今でもある。他との競争力を確立し，維持し，伸長させることは並大抵のことではない。

　そのような悩ましい状況に置かれているとしても，組織は，社会に対して競争力を持ったアウトプット（製品やサービス）を着実に送り届けていかなければ，存続し，発展することは望めない。

第10章　今後の人的資源マネジメントに向けて

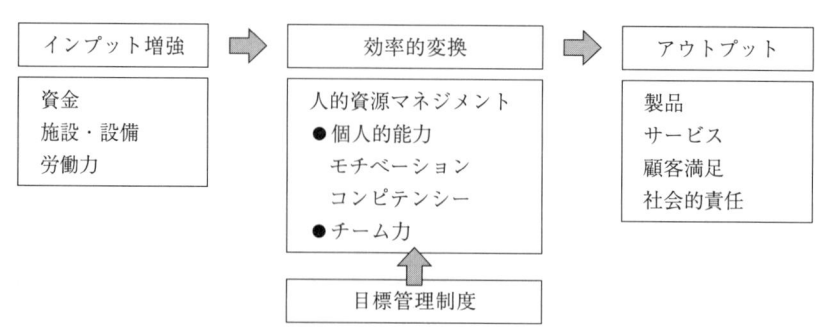

```
┌─────────────┐      ┌─────────────────┐      ┌─────────────┐
│ インプット増強 │  ⇒  │   効率的変換    │  ⇒  │  アウトプット │
├─────────────┤      ├─────────────────┤      ├─────────────┤
│ 資金        │      │ 人的資源マネジメント│      │ 製品        │
│ 施設・設備   │      │ ●個人的能力     │      │ サービス     │
│ 労働力      │      │   モチベーション  │      │ 顧客満足    │
│             │      │   コンピテンシー  │      │ 社会的責任   │
│             │      │ ●チーム力       │      │             │
└─────────────┘      └────────▲────────┘      └─────────────┘
                              │
                     ┌────────┴────────┐
                     │   目標管理制度   │
                     └─────────────────┘
```

図10-1　組織のアウトプットを決めるインプットと効率的変換

　組織が社会に向けて送り出すアウトプット（製品やサービス）の水準を押し上げるためには、かつてMahoney（1987；1988）が指摘したことを要約してみると、図10-1に示されるように、「インプット増強」とアウトプットに向けたインプットの効率的変換」という2つの方策（取り組み）のいずれか、もしくは双方が満たされる必要がある。

　この2つの基本的な方策は、外的な環境条件がどうであっても、すなわち経済的環境（景気）の好況か不況かにかかわりなく、また洋の東西を問わず、そして時代を超えて普遍的にあてはまる。すなわち、

　インプット増強：第1は、生産に必要とされるインプット（例えば、施設、設備、システムなどへの投資、あるいは労働力への投資など）を増強させることである。

　インプットの増強が、アウトプットの量や質の向上に大きな促進的な効果を持ちうる可能性があることは間違いない。それゆえに経営層の役割と関心は主にはここに寄せられるものの、それに先立っての資金調達が必要であり、また結果としてコスト増にもなる。

　すぐに理解できることであるが、このインプットには、新たな機会や価値を創り出すための主体的で能動的な投資と、社会的責任の履行や各種規制に対応するための義務的で受動的なそれに分けることができる。

　アウトプットに向けたインプットの効率的変換：第2は、そういうインプットを、価値を有するアウトプット（製品やサービス）に効率的に変換させる方法の案出と実践である。

インプットを増強したとしても、それが優れたアウトプットへの変換が確実かつ安定的になされないことには、業績の確保や競争力の維持などができないのは自明である。経営層は、この効率的変換にも、当然のこととして関心を寄せる。また各層の管理者に期待される役割は、この効率的変換にかかわっている。

本書のテーマである人的資源マネジメントは、人（労働力）に注目することで、効率的変換を確実になすためのものである。もとより、効率的変換にとってインプットとしての資金、施設や設備、良好な職場環境も不可欠ではあるが、創造性や付加価値は、人によってしか生み出されない。

景気後退や業績不調に起因して、前者のインプット増強が難しいときほど、後者の効率的変換に対してより大きな期待がかけられることになる。

生産性について：ちなみに、アウトプットと関連するものに生産性がある。これは、先に述べた2つのうちの後者と関係させて、「ある水準もしくは固定されたインプットで、より多くのアウトプット（製品やサービス）を生み出せること」ということができる。生産性の高低について、それを評価するための絶対的基準を設けるのは難しく、たいていは相対的に、"以前と比べて"、"よそと比べて"高い（低い）など、何かと比較する形の表現が使われる。

また、生産性は、日常的には「業績」や「成果」などと同義に使われてもいる。というのは、生産性の指標として、利益、顧客満足、コスト削減、生産高などが用いられる場合も多いからである。さらには、ROI（投資効果）や1株あたり、従業員1人あたり、の指標も用いられたりしている。

2　インプットの効率的変換と人的資源マネジメント

本書では、上述したことからすれば、「効率的変換」について、人的資源マネジメントの観点から検討してきたことになる。

(1)　人的資源マネジメントの原理の変更

まず第1章では、インプットの効率的変換、言い換えると人的資源マネジメントを進めるにあたって、わが国の多くの組織が、2000年少し前あたりから、年功的な原理から、いわゆる成果主義とされる原理に大きく変えたことを理解した。

そういう新しい成果主義的な原理の導入効果についても吟味した。その結果，総体的にいえば，新しい原理は一定の肯定的な効果を持っていることがうかがえた。成果主義的人事制度の柱は目標管理制度であることも明らかにした。

経営層や人事部は，自らの責任上ということもあろうが，成果主義の効果を期待し，また効果を上げているととらえていた。他方，従業員による「成果主義の導入が競争力や意欲向上につながっているかどうか」の評価は，"どちらともいえない"の割合が半数弱，そして肯定と否定とは拮抗し，肯定の割合がわずかに低いというものであった。

(2) 問われているのは「意識化」の度合いを高めること

第2章では，新たに導入された原理（成果主義的制度と呼ばれている）が，仕事の結果（成果）に対する「評価と処遇」とみなされていること，すなわち「結果主義」ととらえられていることを指摘した。これは新たな原理の運用が，目標管理制度（MBO）を中心としてなされ，それに評価と処遇が伴っているためであろうと推察される。

仕事上の結果（成果）に対する評価や処遇は，もちろん重要な要素であり，適切になされる必要がある。しかし，評価と処遇に至る前に，仕事に取り組み始める段階，取り組みを続けている段階がある。結果（成果）は後からついてくるものである。成果を確実に生み出すには，着手段階がおろそかにされてはならない（第4章も参照）。また，結果の良し悪しだけを議論しても，その後にはつながらない。

その意味で，成果主義と呼ばれている新しい原理の本質は，取り組み始める前から，漫然や惰性を脱して，「何についても意識化の度合いを高めること」である。目指す成果を意識し，それに至るまでの方法論やシナリオを意識することである。これは個人レベルでも職場レベルでも問われることである。

意識化を促進することによって，新しい原理の導入によるとされている懸念や「副作用」を緩和し，解消できることも明らかにされた。

(3) 効率的変換を実現するための「相互充足性原理」について

第3章では，組織が自らのビジネスモデルを完遂し，インプットを優れたアウトプット（製品やサービス）に効率的に変換できるためには，ビジネスモデ

ルを遂行する上で必要にして十分な人的資源（モチベーション，能力，社会的文脈）要因が準備されていなければならないこと，すなわち人的資源の適切性によってビジネスモデルの実行と成功が決まるという，ビジネスモデルと人的資源要因の「相互充足性原理」を提示した。

この相互充足という原理は，設定したビジネスモデルに適合するような人的資源要因を用意する（育てる）という方向もあれば，逆に，自組織の差異化され，競争力を持つ人的資源要因に適合するようなビジネスモデルを構築するという方向もあることを意味するものである。

人事制度が，組織の成長に貢献できるとすれば，その制度が年功的なものであっても，成果主義的なものであっても，必要とされる人的資源要因をよく整えて，インプットをアウトプットに効率的に変換できるときである。そしてそれは，人事制度それ自体で実現できるわけではない。管理者をはじめとする関係者による人事制度の"運用を通して"であることも理解した。

(4) 「意識化すること」のモチベーションと能力学習に対する促進効果

第4章と第5章では，目標管理に代表される新たな人事制度の本質である「何についてもこれまで以上に意識化すること」が，"個人レベル"の人的資源要因に対して及ぼす促進的な効果とその心理メカニズムについて理解した。

すなわち第4章では，意識化することがモチベーションに及ぼす促進効果について，課題着手，課題遂行中途段階，および課題完了段階に分けて明らかにした。また，業績直結能力と訳すことのできるコンピテンシーの今日的な意義とともに，「経験を通して学習する習慣」の習得が，能力学習（コンピテンシーラーニング）につながることを理解した。

「経験を通して学習する習慣」こそが「意識化の度合いを高めること」と同義とさえいえる。すなわち，課題に取り組むにあたって，①目的と意図を明瞭に持ち，②目指す成果を具体的に意識化し，③そこに達するための方法論とシナリオを描き，④行動を起こしてやり通し，課題が完了したら⑤結果の良し悪しにかかわらず結果のみならずプロセスを振り返り，⑥それを通して成功する法則，失敗を避ける法則を割り出す，⑦他者の発想や行動にも関心を持ち，優れたところを取り入れる，そして⑧その後に活かす，という一連の習慣を身につけることの有用性が説かれた。

そして「意識化すること」の持っているモチベーションや能力学習に対する促進的効果を明瞭に裏づける2つの実証研究の結果を紹介した。

第5章では，組織における学習の内容（何を学習するのか）と機会や形態（どのように学習するのか）について理解した。組織の側からすれば「人材育成」，個人の側からすれば自分のキャリアゴールも視野に入れた「学習」の問題は，これからますます重要性を持ってくる。この章の後半では，成員自らが，仕事に必要とされる知識，スキル，ひいてはコンピテンシーを，能動的で自律的に学習していくプロセス，すなわち「学習のセルフマネジメント」について実証的なデータを添えながら，理論的にも理解した。

(5) 職場の持つ「チーム能力」の意義と源泉について

先に述べた「相互充足性原理」や「アウトプットへの効率的変換」を検討するにあたって，個々の成員のモチベーションや能力とともに，我々は，職場やチーム全体の能力を考慮する必要がある。相互充足性原理でいえば，社会的文脈要因に関連する能力である。

チーム能力には，成員が個別に持っている能力とは異なる性質のものが含まれている。例えば，支援しあう，協力しあう，刺激しあう，あるいは職場全体のために尽くすなどは，これからも確実に必要とされるチームとしての能力である。個々の能力の単なる総和ではないし，また例外なく生まれるというものでもなく，とても不確実にして不安定なところがある。そして，成果主義の進行によって，成員は自分のこと（課題パフォーマンス）にしか関心を示さなくなり，同僚や職場全体への配慮など（文脈的パフォーマンス）が脅かされているという直観的な懸念が出されることもある。

第6章と第7章では，そのような職場やチームレベルの能力を取り上げて議論をした。

すなわち，第6章では実証研究の分析結果を基にして2つのことが示された。第1に，成果主義的人事制度の代表としての目標管理制度が実施されていたとしても，成員が適切な形で運用されているととらえている場合には，成員による文脈的パフォーマンス（同僚や職場に対する配慮や貢献行動）が低下するわけではないこと。第2に，職場（チーム）として目指す目標（チーム目標）が設定されることによって，文脈的パフォーマンスは出現すること。そし

Ⅰ　本書のまとめ――人的資源マネジメントの意義　243

てチーム目標を設定する効果は，課題（仕事）を互いに協力しながら進める必要のあるときほど大きいことが示された。

第7章ではチーム活動のダイナミックスを描き，チーム活動の効果性を高めさせる要因を明らかにした。また，今後，組織内外の環境が変わり，職場やチームが取り組むべき課題にも変化が起きることを考えて，これまで議論されてきていた「チームワーク」概念の限界を指摘した。そして，それに代わる新しい概念としてレベル1～レベル3から構成される「チーム力」を提案した。

なお，第6章では「文脈的パフォーマンス」の測定尺度，また第7章では「チーム力」の測定尺度とともに，チームが「自らのチーム活動の経験から学習する習慣」の測定尺度を，それぞれ紹介した。

(6)　**目標管理制度の効果的運用について**

第8章と第9章では，今日広く実施されており，成果主義的な新しい原理に基づく人事制度の柱ととらえられている目標管理制度の効果的な運用について検討した。

第8章では，目標管理制度の本質を，「目指す成果とそれに至るプロセスを意識化すること」ととらえた。この制度が米国でスタートした頃に期待されていた意義（Drucker, 1954）を確認することから始め，またモチベーションに関する目標設定理論（Locke, & Latham, 1990）とも関連づけながら，職場マネジメント，コンピテンシー学習，および評価それぞれにとってのツールとしてあらためて整理した。

また目標設定，目標実行，および評価フィードバックそれぞれの段階における運用上の留意点を理論的な根拠を添えて提示した。

第9章では，目標管理制度と職務特性との適合性の問題を，実証研究による結果も併せながら検討した。目標管理においては，設定される目標には具体性，すなわち数値目標で表すことが求められることが多い。そして数値化ができるのは，営業などのライン部門に限られ，一般的なスタッフ部門では難しいと思われている。

それ故に，目標管理制度は，数値化が比較的容易で，定型化が相対的に図られているライン職には適合するけれども，いずれにもあてはまらないスタッフ職にはなじまない，すなわち適合しないと，一般的には見なされている。

このような思い込まれの妥当性について，国内外の実証研究の知見を基にして検討し，第2章でも述べられたように成果の意味を拡張してとらえるとともに，管理者による働きかけ（運用）の工夫次第で，スタッフ部門でも適合することを示した。その具体的事例も，Appendixで紹介した。

II　今後の人的資源マネジメントへの提言

　以上の議論に立脚しながら，本書の締めくくりとして，今後の人的資源マネジメントに対する4つの提言を用意したい。

1　「相互充足性原理」に適合させた人的資源マネジメント

　第1に，人的資源マネジメントは，経営環境がどのような環境条件の中にあっても，本書で述べた「ビジネスモデルと人的資源要因との相互充足性原理」（第3章を参照）にかなう形で進められる必要がある。

　ビジネスモデルの絶えざる革新：組織の環境条件が変化していくことから，従前の発想やあてにしていた前提が通用しなくなる事態が頻発してきている。これは，よく言われるように，危機でもあるし，チャンスでもある。

　変化への対処は，本章の冒頭で述べた観点からいえば，第1には経営課題をあらためて確認し，インプットの見直しと増強を図ることであり，第2には価値の高いアウトプットを生み出し，利益を上げるためのビジネスモデルの見直しや革新である。

　ここで，ビジネスモデルが"革新される"というのは，インプットをアウトプットに効率的に変換する新たな方法が描かれるとともに，革新された方法が"確実に履行され，定着する"ことを意味している。それがなければ，業績としての結実はなく，さらには組織としての競争力の維持や成長につながることはない。

　必要とされる人的資源の見極め：履行の質を決めるのは，関係する人々，すなわち人的資源要因の良否である。ビジネスモデルの履行（効率的変換と言い換えてもよい）は，必要とされる人的資源要因（モチベーション，能力，社会的文脈）が十分に用意されることがあって進む。それは採用，育成，そして日

常のマネジメントによってなされる。

　人事制度は，そのような不可欠の人的資源を不足なく用意できるようにするためのものである。したがって，それができない人事制度は，経営に対して貢献しているとはいえない。

　どのような人的資源が適切であり，必要とされるかは，必ずしも自明ではない。ビジネスモデルを着実に実践できて，確実に成果が上げられることを念頭に置いて，それぞれの組織において判断し，決定しなければならない。人的資源管理が，時折，戦略的人的資源管理と呼ばれることがあるのは，経営戦略と，したがってビジネスモデルと連動させて，人的資源マネジメントの問題を意識的にとらえることの重要性を説くためである。

　成果主義の本質を思い出す：成果主義とは「活動の結果を個別に評価すること」と「それをもとに処遇に格差をつけること」と曲解されているところがあることはくり返し述べた。いうまでもなく評価も処遇も，ともに重要であり，適切になされるべきである。しかし，評価と処遇は決して成果主義の本質ではない。

　評価は，結果についてなされる。その結果はいきなりは生まれない。それに先立って，課題に取り組み始める段階，工夫をしながら活動を続ける段階があり，結果はその後のことである。これを忘れて，結果だけを取り上げるのでは，その前の段階の意義がおろそかにされ，結果主義に陥る。"結果は出したい。しかしもし出せなかったらつらいことに……"，"いいところまで行っても最後ダメだったら…"との懸念や不安だけが募る。

　特に個人がストレッチしたり，チャレンジするような課題の場合はそうである。結果の良し悪しについての不安がいつも心に懸かり，課題遂行に知恵をめぐらせ，工夫をしながらプロセスを楽しむなど，およそ無縁となる。そして，これが続くとネガティブなストレスに変質する。視野と関心は狭まり，利他的な思考や協力的な行動も影を潜め始める。

　成果主義の本質は，結果偏重ではない。第2章でみたように，ビジネスモデルの完遂によって，具体的にどのような成果を，なぜ求めるのかの論理や根拠を意識化することである。さらに，その成果に至るための効果的な方法やシナリオを意識化し，実行することである。これは比較的長い期間の課題遂行に

も,日常の息の短い課題遂行のいずれにもあてはまる。

この意識化は多くの副産物を生む。意識化して取り組んだ経験(結果とプロセス)を振り返り,それによって学習する習慣が,モチベーションの維持や向上とともに,コンピテンシー(業績直結能力)の学習にもつながることは第4章でよく理解した通りである。

チーム力の促進と個人能力の育成:相互充足性原理が示している通り,ビジネスモデルの完遂には,人的資源要因,すなわちモチベーション要因,能力(コンピテンシー)要因,そして社会文脈的要因(相互の信頼感をベースとする第7章で述べたチーム力)の充実が不可欠である。人的資源マネジメントとは,この充実化を担う。人事制度や管理者による制度の適切な運用によって充実化が図られる。

今後は,職場やチームを構成する成員の多様化(diversity)が一段と進むと考えられることから,特にチーム力の形成や向上は重要である。年齢,性別,雇用形態,専門性,国籍や文化的背景,価値観などの多様性は,職場に活力をもたらす可能性を秘めている一方で,チームの結束や協力関係の樹立や維持を脅かす可能性も持っている(Knippenberg, & Schippers, 2007)。

第7章で述べたように,競争力を確立するためには,対人関係が良好で,仲がよく,結束が強いというレベル1のチーム力にとどまらず,刺激しあい,切磋琢磨しあい,職場やチームに創造性やイノベーションを生み出せるレベル3のチーム力の醸成が必要である。個人目標とは別に,職場(チーム)の全体目標を設定し,それを意識化し,日常的に職場(チーム)内の協同を推奨することが,レベル3のチーム力の源泉となる。

また成員個々のモチベーションの維持と,能力の不断の伸長もますます重要性を増す。モチベーション向上と能力伸長にかかわるマネジメントは,この章の最後に述べる。

2 成果主義に起因するとされる現象におびえないこと

第2は,成果主義に起因するとされている現象に惑わされないことである。そのために,人的資源マネジメントを効果的に進める上で押さえるべき3つの基本スタンスを理解しておきたい。

(1) 本当に制度の副作用なのか──冷静な理解と対処

管理職層への期待：わが国企業の経営課題として，人的資源マネジメントへの関心は高く維持されている。相互充足性原理を考えると当然のことである。

毎年，㈳日本能率協会が，わが国企業の経営課題調査を実施している。それを参照すると，企業の人事・教育部門が特に重視している課題として，「管理職層のマネジメント能力の向上」が，回答企業の半数以上から選択されている（その他の選択肢としては，賃金・評価・昇進制度の見直し，事業展開に応じた機動的人員配置，社員の働きがいの醸成などが用意されている）。これの被選択率は，2006年以降，第1位を続けている。

この調査結果は，管理職層に対して，メンバーの意欲づけや能力育成，そして職場におけるチーム力向上などのマネジメントを着実に実践してもらいたいとの期待の反映として理解できる。

本書の第1章と第2章でみたように，2000年以降の成果主義とされる人事処遇制度の導入，その中心的制度としての目標管理制度の実施による副作用として，職場において，①未達懸念の高まりとチャレンジ性の低下，②成果（貢献度）測定の難しさ，③公正感（納得感）の低下，④職場内の協力関係のゆらぎなどの懸念が指摘されてきた。

これらの現象が，もしも現実として自組織や職場に存在しているとすれば，目標管理制度の運用や日常のマネジメントの中で，目標管理の本質である「意識化すること」のプラス効果（本書でくり返し述べてきた）を生かしながら，管理職層を中心として，もちろん人事・教育部門の支援を添えることによって，緩和させ，克服していく必要がある。

時間的近接による原因帰属の誤り：副作用とされるそれらの現象は，誇張して伝えられているところもある。すなわち，それらはいずれも今になって出現するようになったのではなく，かつて年功序列が基本原理であった頃でもみられていた。したがって，そのような副作用とされる現象の原因が成果主義のみにあるとはいえないところがある。

次のことに気づいておくことは重要である。人は出来事について，その原因を説明したがる。ある出来事Aが発生する。そしてそれと時間的に近接して別の出来事Bが発生する。もともと出来事AとBは，互いに独立した事象で

あっても，発生の時期が近接していたり，事象Bが目立つものであったりすると，人は，両事象の間に強い因果関係を感じる。そして事象Bに原因があると見なさやすいことが知られている（Silka, 1989；古川，1990）。人の因果帰属にみられる"誤り"や"バイアス"のひとつである。

これは，職場内で緊張やまさつ，あるいは不満が発生したときに，それらの原因は他にある場合であっても，以前にはなくて，このところ出現した（時間的に近接し，何かと目立っている）成果主義的制度の導入に原因が求められやすいことを示唆するものである。

これにかかわる点は，本書において，制度運用に工夫を施すことによって，同僚に対する個人の協力関係が必ずしも減衰するわけではないこと（第6章），チーム力の維持，組織能力を向上させ，増強は可能であること（第7章），目標管理の実施はスタッフ部門においても摩擦などを惹き起こすことなく効果を上げ得ること（第9章）などを示して，無用の誤解の払拭を試みてきたところである。

(2) 「bad apple 現象」の発生を予期しておく

チーム力（第7章）があることで，学習が進み，創造力が生まれる。したがって，チーム力の強化は，組織能力を向上させ，競争力を確保する上で，今後一段と重要性を増す。着実に取り組まれなければならない。

そういうチーム力の形成を脅かすひとつの原因として「bad apple 現象」を理解しておきたい（残念ながら，わが国ではこの領域の研究は，現在までほとんどない）。

bad apple 現象：まず bad apple 現象とは，"Bad apples spoil the barrel"（一部の腐ったリンゴが，缶の中の全部のリンゴをダメにする）からとられており，「一部のネガティブなメンバーによって，他のメンバーや職場（チーム）が壊されること」を意味する。

ネガティブメンバー（bad apple）とは，職場において①力を出そうとしない，②職場で大切にしている価値や規範を無視する，③否定感情を頻発する存在を指している。

先に，Felps, Mitchell, & Byington（2006）が，職場における bad apple 現象の様相と，それを生み出す心理メカニズムについて，主には理論的な観点か

ら活写している。Felps らの議論のポイントは，比較的小規模の職場（チーム）の業績を左右するのは，メンバーのうちの「最良者」なのか，「最低者」なのか，という問である。

押し上げと底上げ：職場（チーム）は，一部の優良者によってよりよくなるのか，一部の最低者によって壊れるのかの検討でもある。さらに拡げていえば，職場（チーム）をよくする上で，優位者をさらに押し上げるのと，低位者を引き上げる（底上げ）のでは，いずれが効果的であるのかの検討である。

図10-2は，それぞれのイメージを提示したものである。ひとつは good apple を「押し上げ」によって卓越さを高める方式である。もうひとつは bad apple を「引き上げ」によって標準にしていく方式である。

参考までに述べれば，近年の人事処遇の基調は「押し上げ方式」，一昔前までのそれは「引き上げ方式」であったように思われる。一般論として，職場の活性化にとって，いずれが効果を持つと，読者はお考えになるのであろうか。

かつて Baumeister et al. (2001) は，広範な研究レビューをもとにして，思考や認知，印象形成，感情，あるいは事象（出来事）において，"ポジティブ"なものよりも"ネガティブ"なものの方が，人に与えるインパクトは一貫してより大きく，より長く続くことを見出している。

これを現実にあてはめれば，集団に，素晴らしい個人が1人いる場合のプラ

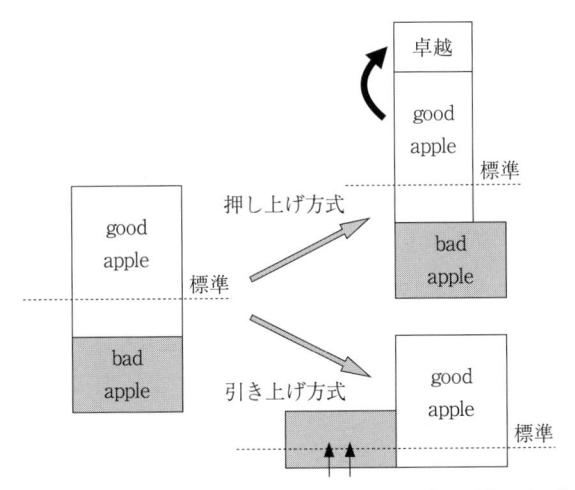

図10-2　職場改善の2つの方式（押し上げ vs. 引き上げ）

ス効果と，ひどい個人が1人いる場合のマイナス効果では，後者がより強力で，目立つことを示唆するものである。これと軌を同じくすることであるが，システム全体の成功は，システムのひとつの部分がよいだけでは実現しない。しかし，システム全体がうまく機能しない状態は，システムのひとつの部分が悪いだけでいとも簡単に起きてしまう。

こうして，Felps, Mitchell, & Byington (2006) は，職場は小規模ゆえに，鍵を握るのはネガティブな方（低位者や消極者）であるとし，既存の関連するデータ（Barrick et al., 1998など）を含めて，多くの根拠を用意している（誤解のないようにすべきは，Felpsらの議論は，最低者を排除したり，スケープゴートに仕立てるためのものではない。1人のメンバーに起因する集団の逆機能過程を冷静に解明するところにある）。もう少し具体的に考えてみると，

bad apple のチームに対する悪影響：bad apple（最低者や消極者）が傍らにおり，それが改まらないと，同僚は，そのメンバーに不公平感，信頼喪失，不快感を持ち始める。bad apple が，上記の①力を出そうとしないとともに，②価値や規範の無視であれば，うまく打開できる可能性もあるので，同僚は，改心させようとして働きかける。ところが③否定感情の頻発の場合は，同僚は，むずかしさを感じて触らぬ神にたたりなしと無関心を装うか，排斥しようとするか，自分の殻に閉じこもり，自己防衛に終始する。

bad appleへの同僚の反応は上記の通りであるが，bad apple の状況がその後も変わらないとすれば，職場（チーム）全体の雰囲気にも波及していき，対人的な緊張や葛藤は続き，信頼と協力関係は生まれず，盛り上がりは欠け，学習する姿勢や創造性は消失する。それゆえに，職場（チーム）としての業績も低迷する（Amabile et al., 2005）。業績低迷は，さらに次の心理的不全感を発生させ，負のスパイラルに入ってしまう（Felps et al., 2006）。このような状況に陥っている職場（チーム）も，現実には少なくないと推定される。

人的資源マネジメントの2つの側面：後述するようなことが原因で，職場（チーム）ではbad apple が発生する可能性はいつもある。bad apple 現象を予期しておき，未然の防止，発生への対応が必要である。発生は，何も成果主義的制度が導入されたからということではない。

こうみてくると，管理職層に期待される人的資源マネジメントとは，「全体

を盛り上げ，さらに上を目指させる」という側面と，「全体の融和を図り，底上げができる」という側面の2つがあることがわかる。いずれも重要なことであるにもかかわらず，昨今，人的資源マネジメントが議論されるとき，前者しか想定されていないことはないのか。

　現実には，後者で難渋している管理者が少なくはないのかもしれない。そしてそれは成果主義が導入されたためという，少し飛躍した説明になっている可能性も高い（成果主義が導入されても，難渋していない職場や管理者は多く存在している）。

　管理者が bad apple になる場合：職場において，管理者自身が bad apple になる可能性はいつもある。例えば，経営課題や経営方針，あるいは社内の制度についても全体として批判的。何につけても後ろ向きの姿勢をみせる。思いつきと場あたり的な言動を繰り返す。公私混同が目立つ。独りよがりで独善的である。皆で申し合わせたことを平気で破る。発言と現実の姿勢や行動とに整合性がない。いつも不機嫌さをにじませている。批判ばかりをする。感情の起伏が著しい。

　これらはいずれも，bad apple の例として挙げた3つ，すなわち①力を出そうとしない，②対人的規範を無視する，③否定感情を頻発するに該当する。そしていずれも，必ずしも目標管理制度などの成果主義的人事を実施していることに起因しているわけではない。

　メンバーは，上司の bad apple に対して，面と向かって指摘するなどによって改めさせることは容易ではない。したがって，管理者が bad apple である場合ほど，ことは重大で深刻である。メンバーがネガティブ感情に陥る可能性は高く，盛り上がりは生まれず，創造性などは姿を消してしまい，職場全体が停滞を続ける。

　メンバーが bad apple になる場合：メンバーが bad apple になる可能性も多い。工夫や努力をしない。責任や役割を果たさない。約束や申し合わせを守らない。利己的で独りよがりである。協力をしない。整理整頓をしない。同僚を何につけ攻撃する。いつも他罰的である。会議などでグチや不満を頻発し，上司への批判を繰り返す。

　これらは，①力を出そうとしない，②対人的規範を無視する，③否定感情の

頻発に合致するいくつかの例である。もともとの個人特性に起因してそうなる場合もあれば，あることを契機としてそうなる場合もあると考えられる。

メンバーの場合は，周囲から働きかけることによって，改めさせることができる可能性もあるが，bad apple メンバーが，同僚よりもパワーを持っている場合は難しさを伴う。例えば，上位者とのコネを持っている。何かの権威や資格を持っている。経験が長く，そのメンバーの知識やスキルに頼らざるを得ない。仕事の流れの上でキーポジションを占めている。賞罰の権限を公式に持っているなどである。

こうして，職場の持つチーム力に悪影響を持つ bad apple の発生を予期し，bad apple 現象を防止するための対処は，これからも人的資源マネジメントの重要な課題である。

(3) **評価の難しさに動揺しないこと**

評価はマネジメントの本質ではない：管理者にとって，人的資源マネジメントの根幹は，評価と処遇ではない。くり返し本書でみてきたように，①目指す価値と現実（現状）の双方をベースとして取り組む課題を明確にし，②成果をよく意識した自らの目標を設定し，③部下の目標設定を支援し，④いずれについても成果に至るための方法論やシナリオを具体的に意識し，⑤行動を起こして，⑥課題や目標を実現するという一連のことを確実に果たすことが，管理者としての役割であり，責任である。

その役割と責任を果たすために，役に立ち，効果の期待できそうなマネジメントツール（手段）を積極的に活用する。そういうツールにはコーチングやファシリテーションも含まれる。また，そういうツールのいくつかは，重要であることから，例外なく全員で取り組むために，「制度」として組織が用意しているものもある。それの代表が教育研修制度や目標管理制度である。目標管理制度の中に「評価と処遇」が含まれている。

こうして，評価は，多くの人々の高い関心事ではあることは間違いないことであるが，人的資源マネジメントのひとつの要素であり，本質ではないことが理解できる。先にも述べたが，評価や処遇の前に，マネジメントの基本（意識化の度合いを高めた上で，課題と目標の設定，方法論とシナリオ作成，課題遂行）が確実に履行される必要がある。

評価はもともと難しい：よく指摘されるように，また第2章でも述べたように，評価は易しくはない。評価をするためには，何をもって組織に貢献したとするのか，組織の期待に応えたとするかについて，可能な限り具体的に示す必要がある。しかし，何を貢献とするかは自明ではない。それ故に，それぞれの組織において，各部門や部署において，したがってそこの責任者（管理者）によって意識化され，言語化される必要がある。

人事部にしても，貢献度や達成度の評価基準について，一般的なガイドラインは提示できるものの，何を成果や貢献とするかについて具体的に明示することは難しい。成果の特定は，基本的には，関係部署の管理者が責任を持ってしなければならない。成果測定は難しいとされる理由の根源のひとつは，ここにあると思われる。

この難しさを緩和することにつながるものが，第2章で述べた「その先の成果」を意識することである。成果や貢献を考えるための要因の数が増えると同時に，成果や貢献のイメージがより鮮明になるからである。

評価に関して"難しい"とされるもうひとつの理由は，被評価者の理解や納得感が得られにくいところにもあるのは間違いない。その納得感を脅かすものが，評価に際して付随してくる評価バイアスの問題である。評価バイアスがどのような機制で発生するかについては古川（2003）において詳しく述べられている。

難しいからといって放置はできない：評価が難しいからといって，それから逃げることはできない。取り組みが生み出した結果については，それはそれで評価をする必要がある。評価は難しいので，いやできないので，評価をすることなどしないで（あきらめて），次の異動によって昇進などによって報いるとよいとする意見に接することもあるが，これは2つの点で必ずしも妥当ではない。

ひとつは，そのような意見が暗黙のうちに想定しているモデルは，わが国の組織がこぞって，かつ一貫して拡大，成長できた時代にあるように思われる。しっかりとやっていれば，先々悪いようにはならないと，みんなが疑うことなく信じていられた頃が想定されているようである。もうひとつは，人は確かに少し長い目で見ての利得（遅延利得）にも価値を感じられる存在でもあるが，

一方では短期の利得にも等しく敏感である。我が国の今日の組織状況からすると，短期の利得についても用意される必要性は増している。

評価の内容：評価の内容は，評価者訓練などにおいてもよく取り上げられているように，個人レベルのものとしては，課題や目標に関する結果（成果）とともに，それに至るまでの取り組み状況（プロセス）についての評価もなされる。さらには，金銭的報酬に反映されるものだけでなく，精神的（心理的）報酬として被評価者にもたらされるものも含まれる。例えば一定期間内の学習や成長の度合いについての評価などである。さらには，同僚や職場全体に対する貢献を表す文脈的パフォーマンスーマンス（第6章）も対象となる。

また，チーム力の形成のためには，特に協同を必要とする仕事に取り組む場合には，チーム目標の設定が効果を発揮することが述べられた（第6章）が，それの達成状況についても，評価がなされる必要がある。

ここまでみてきたそれぞれの成果についての評価は，処遇に反映させることのできるものであるが，その一方で，個人に対するKR（knowledge of results）情報をフィードバックする意味も持っている。人は，報われるかどうかということとは離れて，自分の発想や活動が適切であるのかどうかについても知りたがっている。これは学習のセルフマネジメント（第5章）や内発的モチベーション（第4章）の基礎になるものである。

3　役割の再定義を促進する

第3は，部署レベルでも個人レベルでも，あらためてそれぞれの「役割」を意識化することである。

(1) 役割について

人的資源マネジメントにかかわって，モチベーションと能力が議論されることが多い（本書でも第4章と第5章で取り上げた）。これに加えて，個人の「役割」(role) 認識の重要性を看過することはできない。モチベーションも意欲も，役割認識が妥当であることで，実を結ぶことを考えると，あらためて基本的ではあるが，役割認識の重要性が増している。

役割を"超える"ことにつながる再定義：役割の重要性はかつてから指摘されてきている。Porter, & Lawler（1968）のMARSモデルはよく知られてい

る（第3章を参照のこと）。また，Katz (1964) は，組織が効果的に機能し続けるためには，成員が組織に参加し，とどまりながら，①それぞれの決められた役割を確実に遂行して業績を上げることはもちろんのこと，それに加えて②必要に応じて，自分の役割（役割定義や役割認識）を"超えて"，課題の実現にとって必要とされる行動を自主的にとれなければならないことを指摘している。

ここで"超える"とは，今日では，図10-3に示されるように，3つの意味を持っている。

第1は，従前からの自分の守備範囲（役割）について，より一層の効率性や効果性を考えて工夫や改善を凝らし，現在の水準を超えることである。

第2は，これまで通りの役割を着実にこなすことを超えて，創造的に発想し，新規性や革新性を伴った行動するという意味である。これも組織にとっては，とりわけ組織内外の状況変化が大きく起きている今日では重要性を増している。

第3は，自分の守備範囲を超えて，同僚や職場全体に対して力を出すというものである。これは本書の第6章や第7章で考えたように，自分の課題パフォーマンスにとどまらず，文脈的パフォーマンスにも精を出すことが該当する。

そしてこれら3つの"超える"活動を可能にするきっかけが，図10-3にあるように，役割の「再定義」(redefinition) である。両定義とは，自分の役割

これまでを"超える"活動

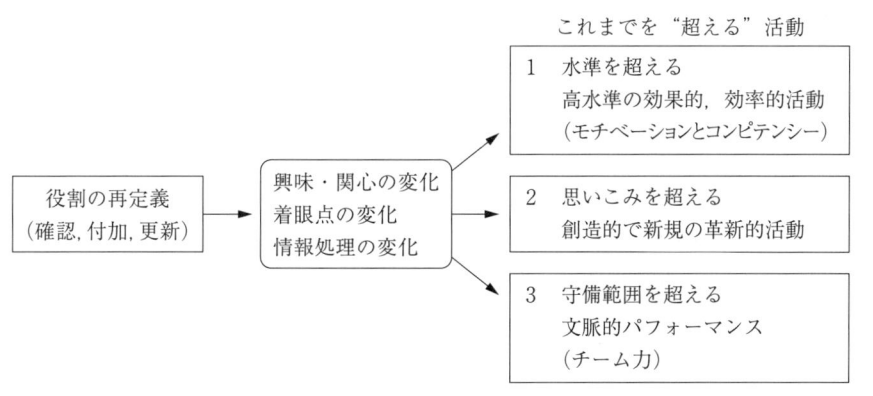

役割の再定義 （確認, 付加, 更新）	→	興味・関心の変化 着眼点の変化 情報処理の変化	→	1　水準を超える 　　高水準の効果的，効率的活動 　　（モチベーションとコンピテンシー）
			→	2　思いこみを超える 　　創造的で新規の革新的活動
			→	3　守備範囲を超える 　　文脈的パフォーマンス 　　（チーム力）

図10-3　これまでを超える活動とその契機としての役割再定義

について，自問あるいは他者との意見交換などを通して，認識をあらためることをいう。その結果として，従来の役割の再確認がなされることもある。その他には，新たな役割を加えたり，役割間のウェイトを変えたり，新たな役割に移行することなどが起きる。

自分自身の役割の定義（認識）が変わることで，いわゆる問題意識，興味や関心，そして情報処理が変わり，行動も変わりうる。

目標設定と役割の再定義：先の第8章の冒頭においても指摘したが，"目標管理"に対して持たれているイメージは，"管理"という言葉に反応し，強制的で，型にはめられた受け身のものになっている。Drucker が考えていた"Management by Objectives and Self-control"から，self-control が除かれて目標管理と翻訳されたところから，このイメージが生じ，定着していったものと考えられる。

しかし，目標管理の正しい主役は"目標"であり，"自己制御"である。関係者が，組織や職場の課題を意識した上で，自分の意思を反映させた目標を設定し，自らシナリオを書き，自らが主役として自律的，主体的に，そして裁量性をもって取り組むことから，すぐれて能動的なものである。すなわち，目標管理のステップにおける目標設定段階とは，①組織や職場の課題を認識し，②その上で自律的で主体的に，裁量を持ってなすものであり，まさに自分の役割の「再定義」である。

第8章でも述べられたが，目標設定とは自問や面談を通して，課題や目標の明確化，意識化，言語化であると同時に，自分の役割の再確認，新たな役割の付加，あるいは新規更新という形での「再定義」を行う機会である。

さらにまた，組織全体で標榜している「顧客第一主義」，「お客様起点」，「社会への貢献」などの理念なども，それを目指すにあたって，経営管理層をはじめとして全成員が役割の再定義を行い，実践しなければ，単なるお題目や調子のよい標語で終わる。

これからの人的資源マネジメントにおいては，再定義の重要性に気づいて，徹底する必要がある。

(2) 管理者による再定義

管理者に期待されている基本的な役割は，自職場の課題を実現することであ

る。それを果たすために PDS（PDCA）サイクルを回す。例えば，そういう基本的役割を管理者がよく理解しているとしても，管理者間で言動に違いがみられる。また同じ職場でも，誰が管理者として務めるかで言動が違う。これらの違いは何によるのか。

それは，自職場にとっての課題の認識が異なるとともに，その課題の実現に向けてメンバーと取り組むにあたって，適切な内容の「役割の再定義」（確認，付加，更新）ができているかどうかによると考えられる（役割の再定義とリーダーシップ行動との関連性を検討した研究はまだみられないが……）。今後，管理者に望まれる役割再定義の例としては，以下のような点を挙げることができる。

課題にかかわる物語づくり：これからも部下を意欲づける大切さは変わらない。その意欲づけにあたって，皆で実現を目指す課題の内容と意義，取り組みのシナリオ，周りの巻き込み（linkage づくり），得られる成果などにかかわってひとつの豊かな「物語」を仕立て上げ，語る（語り合える）ことが望まれる。

課題を，単に数字や無機質な表現で終わらせない。論理とともに情緒も盛り込まれた事柄（物語）に，人は前向きに反応する可能性が高くなる（Weiss, & Cropanzano, 1996）。夢の要素も加わり，親しみやすく，連想も広がる。そして「だったら，こんなこともしてみたら」などと発想も膨らむ。

物語が添えられた自職場の課題を共有することで，チーム力の醸成にも結びつく。物語づくりのためには，課題を論理的によく整理した上での，部下への「問いかけ」が効果を持つであろう。ファシリテーションやコーチングの手法と重なりを持っており，対話が促進され，部下の自発性を引き出せるきっかけにもなる。

(3) **部下（メンバー）による再定義**

部下による再定義も，大きな効果を生み出すと考えられる。部下と管理者との目標設定面談は，役割の再定義（確認，付加，更新）を目的としてなされるものといえる。

目標設定面談の意義に関して2つのことを指摘しておきたい。ひとつは管理者側の，もうひとつは部下（メンバー）側の問題である。

目標設定面談の意義について，管理者に対しては，評価者研修などの際に説明がなされることが多い。その際に「面談は，部下に対して，組織や職場の課題とかかわりをつけた役割の再定義を助言する重要な機会」という趣旨の解説を加えるとよい。もちろん，その助言の前に，管理者自身の役割の再定義（確認，付加，更新）が求められている。

他方，部下（メンバー）に対しては，これまで指摘されたことはほとんどないと思われるが，今後，目標管理の意義とともに，「目標設定面談の受け方」に関する研修が企画されると効果があると考える。これは，目標設定の意義，上司との対話，上司へのプレゼンテーションの方法を理解するとともに，より基本的なこととしては，自分の役割の再定義について考えるところにある。再定義を伴わない目標設定は，行動に結びつかないし，したがって成果にもつながらない。

再定義の具体例：役割の再定義は，第2章において述べた「目指す成果」(p. 39) や「その先の成果」(p. 40) を意識化することによって，目指す価値が，物語性を伴って明瞭になることから容易になる。

例えば，製造職の場合では，自分の仕事上の役割を「所定のことを確実に整然と行うこと」としている人と，「ベストを目指して改善を重ねること」としている人では，取り組むことに違いが生まれる。

営業職の場合では，「私の役割はノルマの達成」や「同僚に負けないよう売り上げ数値を伸ばすこと」としている人と，「私の役割は顧客のニーズや悩みを聞き届けて最良の解決策を提案すること」，「顧客の困りや願望についての情報をつかみ，整理をして開発につなぐこと」としている人では，訪問先の選択，尋ねること，見てくること，やりとりの様子，社内での報告内容などにおいて違いが出る。その結果として顧客に提供できる満足，同僚への貢献も違ってくる。

(4) **人事・教育部による役割の再定義**

部門や職場も，役割の再定義が不可欠である。組織の合併や統合がなされた際に，部門やユニットの名称が変更されることが多いが，それだけでは効果は生まれない。新たな文脈での役割の再定義がなされ，そしてその役割が確実に果たされなければならない。

クロスファンクションのプロジェクトチームの場合もそうである。クロスファンクションで集まったから何かが生まれるわけではない。役割を明確に定義することで，取り組む課題も連動して，明瞭に意識化されるようになる。

例えば，人事部や教育部などの部門についても同様である。主たる役割は，ビジネスモデルを意識した新制度の策定であると認識されている。しかし制度の策定だけでは，経営に貢献しているとはいえない。本書でも第2章などでくり返し述べたが，制度から組織の業績までには相当に大きな距離がある。制度は，それが確実に運用されたときに，そして効果を持ったときに，初めて成果につながる。

したがって，「現場で着実に運用がなされ，効果が生まれるようにするために必要なことは何でも取り組むこと」や「現場の運用サポーター」などのような役割の再定義が望まれる。

それによって，経営に貢献するために工夫をしながら取り組むべきことが浮かび上がる。制度の策定や改訂に限定されていたものが拡がりダイナミックになる。例えば，制度の浸透や徹底，運用状況のモニターと現場支援，現場での効果的事例の発掘や編集，研修プログラム内容の妥当性確認，効果性確認などである。

4 意識化の手法としての目標管理制度の活用

第4は，目標管理制度の運用を，「意識化」をキーワードとして見直すことである。

(1) これからも，キーワードは「意識化する」こと

あらゆる組織が，成果を確実に上げながら，次の成長を目指している。そのために，何を成果とするのかを具体的に意識化し，それを達成するための方法とシナリオを意識しながら，活動を続ける。

これは個々の成員についても同じである。成果を意識化し，それに至るプロセスも意識化する。今後，このような意味の成果主義はさらに進んでいくであろう。

本書でくり返し指摘したように，成果主義とは「評価と処遇のこと」として誤解されているところがあるが，そうではない。決して「結果主義」ではな

く，またそうであってはならない。成果主義とは，「取り組む課題と目指す成果を意識化し，それに至るプロセスを意識化し，確実に取り組むこと」である。あわせて，成果を振り返り，法則を見つけ，次につなげることである。

こうして，個々の成員から組織の全体に至るまで，何についてもこれまで以上に「意識化する」ことが問われるようになっている。今後，人的資源マネジメントを実践するにあたってのキーワードは「意識化」である。これの反対は「漫然」や「惰性」である。

わが国においては，成果主義的人事制度の中心として目標管理制度が導入，実施されてきている。目標管理とは，よく知られているように，目標を意識化し，言語化し，明文化することで，成果に結びつけていくマネジメントツールである（第8章を参照）。したがって，すでに目標管理制度を導入している組織であれば，この制度の本旨を改めて確認し，活用することが推奨される。

もちろん，目標管理制度が導入されていないとしても問題はない。組織内に，意識化することの意義と重要性が広く理解され，何についても意識化しながら進めていけばよい。意識化することの効果性については，本書の第4章をはじめとして，多くのところでくり返しみてきた。

(2) 目標管理制度の活用――柱にする手だては他にあるのか

すでに目標管理制度を導入している組織であれば，管理者が自職場の課題実現に向けてマネジメントを進める上での基幹ツールとして，目標管理制度が活用されるとよい。

もちろん現在，円滑に運用されているところでは自信を持って継続されればよい。もし現在，適切には運用されてはいないとすれば，あらためてその意義をよく理解し直すことから始めて，運用のあり方を再構築する必要がある。制度として据えながら形骸化しているというのでは，マネジメントの放棄，マネジメント力の欠如を意味する。もちろん無駄の極みでもある。

今日もまた，次のようなことが，いろいろなところで，ほぼ共通して語られている。

「会社の理念と経営課題を全成員に浸透させたい」，「経営層の思いや意図を徹底したい」，「懸案の課題の達成に向けて盛り上がりとモチベーションを高めたい」，「組織の創造性を向上させたい」，「全体として力が落ちている。人の育

成を急ぎたい」,「成員相互の信頼感を醸成したい」,「意識改革とともに組織革新を果たしたい」,「組織としての競争力を獲得したい」,「ダイバーシティが進む。成員のキャリア開発を進めたい」,「社内のコミュニケーション不全をなくしたい」,あるいは「何はさておき業績は確保したい」など,実に多くのことが念願され,目指されている。いずれも重要であり,現実を考えると優先順位などつけられない。

そして,これらのことを実現するのに魔法はない。成員1人1人のモチベーションと能力を高め,あわせてチームの力を伸ばすしか術はない。これは昔からそうであったし,これからもそうである（第2章参照）。

経営課題とビジネスモデルを念頭に置き,職場の課題とその成果を意識して,着実にそれを果たすという"日常的な"活動を中心に据えて,本書で述べてきた「意識化」をしながら進めていくしかない。これらがうまく進む中で,それに付随して,モチベーションや能力が積み上がり（第3章,第4章,第5章）,チーム力も養われていく（第6章,第7章）。そして組織能力が高まっていく。少なくとも,日常のマネジメントをさしおいて,「あれもこれも」が先になされるものではない。

また,管理者を含めて,皆が超人的かつ万能の存在ではないことから,日常のマネジメントに,何らのツールも持たないで,手ぶらであたるのは心許ない。それ故に,日常的な活動を,今後のキーワードである「意識化すること」を自覚しながら確実に進めるにあたって,ひとつの確たる柱となるマネジメントツールが活用できることが望ましい。

目標管理（management by objectives and self-control）はそれにふさわしいツールである。本書の第8～9章で詳しくみたように,目標管理は「評価と処遇」の機能しか持っていないわけではない。評価と処遇のために実施しているわけではない。むしろ「意識化」することがその本質である。

また,先に列挙した「経営理念の浸透」から始まる数々の念願のいずれもが,目標管理をツールとしてマネジメントを誠実に進めていく中で,「叶う」ことも理解できる。

そして目標管理の適切な運用は,役割の再定義を確実に行うことにより,図10-3でも示されたように,モチベーションについても,コンピテンシー（能

力）学習についても，またチーム力についても確実に促進することができる。そしてそれによって，相互充足性原理も満たすことができる。

引用文献

Amabile, T. M., Barsade, S. G., Mueller, J. S., & Staw, B. M. (2005). Affect and creativity at work. *Administrative Science Quarterly*, 50(3), 367-403.

Barrick, M. R., Stewart, G. L., Neubert, M. J., & Mount, M. K. (1998). Relating member ability and personality to work-team processes and team effectiveness. *Journal of Applied Psychology*, 83(3), 377-391.

Baumeister, R. F., Bratslavsky, E., Finkenauer, C., & Vohs, K. D. (2001). Bad is stronger than good. *Review of General Psychology*, 5, 323-370.

Drucker, P. (1954). *The practice of management*. New York, NY: Harper & Row（野田一夫監修（1956）現代経営研究会（訳）現代の経営（上）（下）自由国民社）.

Felps, W., Mitchell, T. R., & Byington, E. (2006). How, when, and why bad apples spoil the barrel: Negative group members and dysfunctional groups. In B. M. Staw & Larson (Eds.) *Research in Organizational Behavior*. 27, Elsevier Ltd. 175-222.

古川久敬（1990）．構造こわし―組織変革の心理学　誠信書房

古川久敬（2003）．基軸づくり―創造と変革を生むリーダーシップ　日本能率協会マネジメントセンター

Katz, D. (1964). The motivational basis of organizational behavior. *Behavioral Science*. 9, 131-146.

Katz, D., & Kahn. L. (1978). *The social psychology of organizations*. New York, NY: Wiley

Knippenberg, D., & Schippers, M. C. (2007). Work group diversity. In Fiske, S. T., Kazdin, A. E., & Schacter, D. L. (Eds.) *Annual review of psychology*, vol. 58. Palo Alto, CA: Annual Reviews, pp. 515-541.

Locke, E. A., & Latham, G. P. (1990). *A theory of goal setting and task performance*. Englewood Cliffs, NJ: Prentice-Hall.

Mahoney, T. A. (1987). Understanding compatible worth: A societal and political perspective. In L. L. Cummings, & B. M. Staw (Eds.) *Research in organizational behavior*, vol. 9. Greenwich, CT: JAI Press. pp. 209-246.

Mahoney, T. A. (1988). Productivity defined: The relativity of efficacy, effectiveness, and change. In J. P. Campbell, R. J. Campbell, & Associates (Eds.), *Productivity in organizations: New perspectives from industrial and organizational psychology*. San Francisco, CA: Jossey-Bass. pp. 13-39.

日本能率協会（2008）．「日本企業の経営課題2008」当面する企業経営課題に関する

調査報告書
Porter, L. W., & Lawler, E. E. (1968). *Managerial attitudes and performance*. Homewood, IL: Irwin.
Silka, L. (1989). *Intuitive judgments of change*. New York, NY: Springer-Verlag.
Weiss, H. M. & Cropanzano, R. (1996). Affective events theory: A theoretical discussion of the structure, causes, and consequences of affective experiences at work. In L. L. Cummings & B. M. Staw (Eds.), *Research in organizational behavior*, vol. 18. Greenwich, CT: JAI Press. pp. 1-74.

人名索引

A

Ackerman, P. L. ·················· 224
Adams, J. S. ····················· 49, 78
Alge, B. J. ························· 194
Allen, N. J. ··························· 4
Amabile, T. M. ·················· 250
Ames, C. ···························· 76
Anderson, J. R. ············· 105, 106
Archer, J. ··························· 76
Argote, L. ·························· 173
Aryee, S. ······················ 138, 140
Ashford, S. J. ······· 52, 75, 120, 199
Atkinson, J. W. ····················· 74
Aubé, C. ······················· 53, 159
Axelrod, R. ·························· 35

B

Baker, G. ·························· 136
Bandura, A. ······· 49, 75, 115, 121, 166, 173, 193, 203
Barrick, M. R. ··················· 250
Barton, R. F. ······················ 184
Baumeister, R. F. ················ 249
Beaubien, J. M. ··················· 166
Bobko, P. ····················· 122, 194
Borman, W. C. ········ 106, 130, 170
Brass, D. J. ······················· 166
Brown, K. A. ······················· 46
Brown, S. P. ······················· 199
Brown, T. C. ······················ 114
Budhwar, P. S. ··················· 138
Bunderson, J. S. ·················· 163
Burke, C. S. ··················· 167, 168
Byington, E. ··················· 248, 250

C

Callahan, C. ······················ 199
Campbell, J. P. ·············· 105, 131
Cannon-Bowers, J. A. ····· 165, 168
Carver, C. S. ······················ 110
Challagalla, G. ··················· 199
Chen, Z. X. ························ 138
Childs, R. A. ······················ 106
Cirka, C. C. ······················ 136
Converse, S. A. ············· 165, 168
Cropanzano, R. ·············· 35, 257
Cummings, L. L. ······ 120, 170, 199

D

Davidi, I. ························ 53, 75
Deci, E. L. ····················· 5, 74, 77
Deckop, J. R. ····················· 136
DeNisi, A. ························· 120
Dickinson, T. L. ············· 164, 170
Drach-Zahavy, A. ··· 116, 232, 233
Drucker, P. ······· 181, 182, 243, 256
Dweck, C. S. ············· 76, 122, 193

E

Earles, J. A. ························ 53
Earley, C. P. ······················ 115
Edmondson, A. ············· 173, 174
Eisenhardt, K. M. ·················· 55
Ellis, S. ························· 53, 75
Erez, A. ···························· 58
Erez, M. ························· 116, 232, 233

F

Farnsworth, S. R. ················ 135
Fassina, N. E. ····················· 134
Felps, W. ····················· 248, 250
Fisher, C. D. ······················ 120
Fisher, S. L. ······················ 122
Fiske, S. T. ························· 48
Folger, R. ··························· 35
Ford, J. K. ···················· 119, 122
Frederick, E. ················ 122, 194
Frink, D. D. ······················· 134

G

Ganesan, S. ······················· 199
George, J. M. ····················· 135
George-Falvy, J. ··················· 55
Gist, M. E. ························ 166
Grant, A. M. ··················· 52, 75
Greenberg, J. ····················· 190
Greenwald, A. G. ··················· 48
Greenwood, R. G. ············ 181, 182
Gruenfeld, D. ····················· 173
Gully, S. M. ······················ 166
Guthrie, J. P. ····················· 136

H

Hackman, J. R. ········ 4, 139, 140, 158, 192
Hanser, L. M. ···················· 199
Hanson, M. A. ··················· 106
Harkins, S. ························ 157
Hatcher, L. ························ 136
Hinings, C. R. ······················ 52
Hollensbe, E. C. ·················· 136
Hollenbeck, J. R. ············ 194, 228
Huber, V. L. ······················ 224
Hui, C. ···························· 174
Hunter, J. E. ······················ 183

I

Ilgen, D. R. ······················· 120
Incalcaterra, K. A. ················ 166

J

Janis, I. L. ························ 158
Jehn, K. A. ························ 161
Joshi, A. ·························· 166
Judge, T. A. ························ 58

K

Kanfer, R. ························ 224
Karoly, P. ························· 203
Katz, D. ··························· 255
Kayes, A. B. ······················ 174
Kayes, D. C. ··················· 82, 174
Kendall, D. L. ····················· 167
Kidd, J. M. ························ 203
Kitayama, S. ························ 48
Klein, H. J. ················ 134, 194, 228
Kluger, A. N. ····················· 120
Knippenberg, D. ················· 246
Kolb, A. Y. ························· 81
Kolb, D. A. ···················· 82, 174
Koslowsky, M. ········ 197, 198, 222
Kraiger, K. ······················· 165
Kubisiak, U. C. ··················· 106

L

Larson, J. R. ····················· 199
Latané, B. ························ 157
Latham, G. P. ···· 49, 113, 114, 133, 134, 135, 150, 191, 192, 193, 202, 223, 243
Lawler, E. E. ··················· 47, 254
Lee, C. ······················· 122, 194
Leggett, E. C. ················· 76, 193

人名索引

Leon, L. S. ······ 80
LePine, J. A. ······ 167
Lepper, M. R. ······ 49
Lindsley, D. H. ······ 166
Lituchy, T. R. ······ 115
Litwin, G. H. ······ 4
Locke, E. A. ······ 49, 113, 122, 133, 134, 135, 150, 191, 194, 202, 223, 243
Luthans, F. ······ 122, 193

M

Mahoney, T. A. ······ 238
Malone, T. W. ······ 49
Mangel, R. ······ 136
Marks, M. A. ······ 163
Markus, H. R. ······ 48
Martocchio, J. J. ······ 134
Maslow, A. ······ 4
Mathews, L. M. ······ 55, 193
Mathieu, J. ······ 163
McCall, M. W. ······ 82
McClelland, D. C. ······ 50
McCloy, R. A. ······ 105, 131
McGrath, J. E. ······ 156
McGregor, D. ······ 4
McIntyre, R. M. ······ 164, 170
Mclean, P. J. ······ 170
McMahan, G. C. ······ 135
Mendel, R. ······ 53
Mento, A. J. ······ 223
Meyer, J. P. ······ 4
Meyers, A. D. ······ 52
Michal, N. ······ 53
Mitchell, T. R. ······ 46, 55, 134, 186, 188, 223, 248, 250
Motowidlo, S. J. ······ 130, 170
Mowday, R. T. ······ 70
Muchinsky, P. M. ······ 199
Mulvey, P. W. ······ 134
Mumford, M. D. ······ 106

N

Naquin, C. E. ······ 173, 174

O

Odiorne, G. S. ······ 182
Oldham, G. R. ······ 4, 139, 140, 158
O'Leary, A. M. ······ 228
O'Leary-Kelly, A. M. ······ 134
Oppler, S. H. ······ 105, 131

P

Penner, L. A. ······ 57
Peterson, N. G. ······ 106
Pierce, L. ······ 167
Pinder, C. C. ······ 184
Porter, L. W. ······ 47, 254
Prest, W. ······ 115

R

Ree, M. J. ······ 53
Rioux, S. M. ······ 57
Rodgers, R. ······ 183
Ross, T. L. ······ 136
Rousseau, V. ······ 53, 159, 163, 164
Ryan, R. M. ······ 77

S

Saari, L. M. ······ 192
Sager, C. E. ······ 105, 131
Salas, E. ······ 165, 167, 168
Savoie, A. ······ 53, 159
Scheier, M. F. ······ 110
Schippers, M. C. ······ 246
Schmidt, A. M. ······ 119
Shapiro, D. L. ······ 70
Shaw, K. N. ······ 192
Shein, E. H. ······ 4
Silka, L. ······ 248
Silver, W. S. ······ 134, 186, 188, 223
Sitkin, S. B. ······ 174
Skinner, B. F. ······ 81
Sparrow, P. ······ 80
Spreitzer, G. M. ······ 199
Stagl, K. C. ······ 167
Stajkovic, A. D. ······ 122, 193
Steers, R. M. ······ 70
Steiner, I. D. ······ 156
Stringer, R. A. ······ 4

T

Taylor, S. E. ······ 48
Taylor, S. M. ······ 120
Teachout, M. S. ······ 53
Thomas, J. B. ······ 166
Thomas, K. W. ······ 199
Tjosvold, D. ······ 174
Tsui, A. S. ······ 52
Tynan, R. O. ······ 174

V

Van der Vegt, G. S. ······ 163

Van Dyne, L. ······ 170
Velthouse, B. A. ······ 199
Vroom, V. H. ······ 123

W

Wageman, R. ······ 136
Weiss, H. M. ······ 257
Wenzel, L. H. ······ 165
Wesson, M. J. ······ 194
West, M. A. ······ 75
Wick, C. W. ······ 80
Williams, K. ······ 157
Wills, T. A. ······ 77
Winters, D. ······ 193
Wojnaroski, P. ······ 115
Wood, R. E. ······ 55, 223
Wright, P. M. ······ 135, 228

Y

Yu, Z. ······ 174

Z

Zaccaro, S. J. ······ 163
Zimmerman, B. J. ······ 110

あ行

池田　浩 ······ 85, 86, 132, 140, 170, 172
江戸波哲夫 ······ 26
大渕憲一 ······ 140
奥西好夫 ······ 26

か行

金井壽宏 ······ 50
神林　龍 ······ 26
玄田有史 ······ 26
厚生労働省 ······ 13, 34

さ行

笹島芳雄 ······ 27
産業能率大学総合研究所 ······ 12, 15, 17, 28, 63
篠崎武久 ······ 26
城　繁幸 ······ 15, 32
陶山博次 ······ 34
関口和代 ······ 124

た行

田尾雅夫 ······ 140
高橋　潔 ······ 50
高橋俊介 ······ 26
高橋伸夫 ······ 15

人名索引

武脇　誠 …………………… 34
田中堅一郎 …………………140

な　行

㈳日本能率協会 ……………… 18
二村英幸 …………………… 26
野上　真 …………………31, 94

は　行

林洋一郎 ……………………140

開本浩矢 …………… 35, 136, 138
藤田英樹 …………………… 27
古川久敬 ……4, 28, 31, 47, 49, 50,
　　　　　　 57, 75, 78, 80, 81, 83, 85,
　　　　　　 86, 88, 94, 108, 132, 140,
　　　　　　 168, 169, 170, 172, 186,
　　　　　　 198, 199, 202, 248, 253

ま　行

宮城まりこ ……………………124

守島基博 ………………… 26, 135

や　行

柳澤さおり ………………… 94, 192

ら　行

㈶労務行政研究所 ……… 183, 220

わ　行

ワークス研究所 ……………… 82

事項索引

あ行

意識化 ……3, 36, 37, 38, 42, 43, 240, 241, 245, 246, 259, 260, 261
インプット増強 ……………238
インプットの効率的変換 ……238
MARS ………………………47
MBO：management by objectives ………9, 29, 182
O*NET ………………………106

か行

格差をつけた報酬と処遇のインパクト ………………57
学習 …………………………80
学習課題の分析 ……………112
学習サイクルの運用 ………110
学習志向性 …………………122
学習すべきこと ……………104
学習のセルフマネジメント
 ………………110, 111, 112, 123, 124
学習目標 ……………………193
学習目標の設定 ……………113
 外在性 ……………………113
 具体性 ……………………113
 長期性と短期性 …………114
 長期目標と短期目標の設定
  ………………………114
覚醒 …………………………70
課題達成目標 ………………193
課題と目標の設定における意識化 ……………………38
課題の複雑性 ………………223
課題パフォーマンス ……130, 131, 132
過程指向契約 …………10, 11, 55
完了・結果段階 ……………73
基礎的スキル ………………106
期待理論 ……………………48
キャリアカウンセリング …124
教育訓練 ……………………124
強化理論 ……………………48
業績 …………………………33
業績直結能力 ………8, 78, 79
共通性の認識 ………………84
経験から学習する習慣 ……83, 85, 98
経験的学習理論 ……………81

経験の言語化 ………………85
経験を通して学習する習慣
 ………………………241
継続課題 ……………………171
継続モチベーション ………72
結果主義 …………3, 27, 32, 36
結果の振り返り ……………84
言語化 ………………………37
コア人材 ……………………6
効果的な方法とシナリオ …42
効果の法則 …………………81
公正感 ………………………77
公正理論 ……………………78
肯定的な自尊感情 …………48
行動習慣 ……………………84
行動的学習活動 ……………116
高度成長 ……………………4
効力感 ………………………76
コーチング ……………75, 198
個別評価と個別処遇 ………9
個別評価のインパクト ……56
コミットメント ……………6
contextual performance ……130
コントロール ………………119
competency …………8, 50, 78, 79, 108, 171, 241
コンピテンシー・ディクショナリー …………………79
コンピテンシーの学習 ……189
コンピテンシーの測定 ……79
コンピテンシーの評価 ……189
コンピテンシー・モデル …79
コンピテンシーラーニング
 ……………57, 83, 241

さ行

差異性の認識 ………………84
先の成果 …………………40, 41
自己経験による学習 ………81
自己効力感 …………121, 193, 194
自己成長感 …………………77
仕事の相互依存性 …………222
自己評価 ……………………203
自省 ……………………75, 76
持続性 ………………………70
失敗原因の明確化 …………85
視点転換 ……………………84
社会的な比較 ………………49

社会的文脈（状況）要因 …50, 53
視野拡張 ……………………84
出力 …………………………157
準拠他者の行動の言語化 …85
準拠他者の設定と交流 ……85
職務横断スキル ……………106
職務特性理論 ………49, 158
自律的な学習 ………………109
新規課題 ……………………171
新規挑戦的課題 ……………72
人材のストック ……………6
人材のフロー ………………6
人事制度 …………………23, 24
人的資源要因 ………47, 51, 52
心理的な安心感 ……………174
遂行途上 ……………………73
「遂行途上」段階 …………75
スキル ………………………105
成果指向契約 …………10, 11, 55
成果主義 …………12, 19, 33, 54
成果主義的人事・処遇制度 …11
成果主義的人事制度 ………64
成果主義的人事制度に流れている原理 ………………28
成果主義的人事制度の本質 …36
成果主義的人事制度の目的
 ………………………130
成果主義導入の効果 ………19
成果主義の「運用のあり方」
 ………………………20
成果主義の効果 ……………20
成果主義の処遇 ……………27
成果主義のとらえ方 ……26, 27
成果主義の崩壊 ……………20
成果主義の本質 ……3, 37, 38, 71, 130, 245
成果測定の難しさ …………32
成果の意識化 ………………39
成果のコントロール可能性 …33
成果の数量化 ………………34
成功原理の抽出と一般化 …85
成功要因の明確化 …………85
生産性 ………………………239
制度の運用 …………………25
制度の内容 ………………24, 25
制度やシステム整備の効果 …46
宣言的知識 ……………104, 105
相互充足性原理 …45, 51, 62, 241

事項索引　269

創造性課題………………171
組織業績…………………45
組織目標…………………221

た　行

ダウンサイジング…………5
task performance ………130
他者からのフィードバックの
　受容……………………85
他者経験の取り入れ………85
他者経験の取り入れによる学
　習………………………82
達成感……………………77
他律的学習………………109
知識………………………104
チーム……………………155
チームアイデンティティ…162,
　163
チーム学習………………174
チーム活動………………159
チーム効力感………165, 166
チーム適応力……………167
チームの効果性…………156
チームの効率性…………164
チームの相互作用プロセス
　…………………………157
チームヘイロー…………174
チームメンタルモデル…164, 165
チーム力……155, 169, 171, 243, 246
チームワーク…155, 163, 164, 166
チームワークモデル……168
チームワーク要素モデル…164
着手段階…………………73
着手モチベーション……57, 72
チャレンジ性の低下……31, 32
手続き公正………………35
手続き的知識……………105

な　行

内発的意欲理論……………49
入力………………………157
認知的学習活動…………116
ネガティブフィードバック
　…………………………121
年功主義の処遇……………27
年功的制度…………………9
能力……………………8, 50
能力主義……………………27
能力（コンピテンシー）要因
　……………………49, 53

は　行

bad apple …………248, 250, 251
bad apple 現象……………248
パフォーマンス……30, 130, 131
パフォーマンス志向性……122
バブル崩壊…………………5
反復課題の場合……………72
ビジネスモデルの確実な実行
　…………………………46
ビジネスモデルの絶えざる革
　新………………………244
ビジネスモデルの卓越性…45, 46
PDS サイクル……………185
PDCA サイクル…………111
評価と処遇………26, 27, 36, 137
評価面談…………………202
プランニング……………115
振り返り習慣………………84
プロセス……………32, 157
プロセスの意識化…………41
プロセスの振り返り………85
プロセス評価………………42
分配的公正…………………35
文脈的パフォーマンス（行動）
　……………130, 131, 132, 193, 242
pay for performance………135
方向性……………………70
ポジティブフィードバック
　…………………………120

ま　行

"右肩上がり"の経済状況……5
明文化……………………37
目指す成果………………39
メタ………………………118
メタ認知…………………118
目標管理…………29, 42, 181,
　182, 203, 261
目標管理制度………9, 30, 31, 124,
　132, 200
目標管理制度の導入………7
目標管理制度の本質……243
目標管理の要件…………184
目標設定…………………137
目標設定理論………49, 133
目標達成の意義…………196
目標へのコミットメント…194
モチベーション……………69
モチベーション要因……48, 52
モデリング………………173
モニタリング……………118

や　行

役割………………………254
役割課題行動……………193
役割と課題の再定義……192
役割の再定義………254, 255,
　256, 257, 258

ら　行

リストラクチャリング…5, 19, 27
流動人材……………………6

● 編著者紹介

古川久敬（ふるかわ　ひさたか）　第1章, 2章, 3章, 4章, 8章, 10章担当

九州大学大学院　人間環境学研究院　教授
九州大学ビジネススクール　教授　併任
教育学博士（九州大学：1987年）
1947年生まれ
九州大学大学院教育学研究科博士課程修了
主たる研究関心：人的資源のマネジメント，モチベーション，組織コミュニケーション
著書（主なもの）と主要論文
　『チームマネジメント』（単著　2004年　日本経済新聞社）
　『基軸づくり―創造と変革を生むリーダーシップ』（単著　2003年　日本能率協会マネジメントセンター）
　『構造こわし―組織変革の心理学』（単著　1990年　誠信書房）
　『組織デザイン論』（単著　1988年　誠信書房）
　『コンピテンシーラーニング―業績向上につながる能力開発の新指標』（監修・著　2002年　日本能率協会マネジメントセンター）
　『産業・組織心理学』（編著　2006年　朝倉書店）
　「目標管理による管理の新たな展開―モチベーション，学習，チームワークの観点から」
　　（単著　2003年　組織科学, 37(1), 10-22）など

● 執筆者紹介

柳澤さおり（やなぎさわ　さおり）　第5章, 8章, 9章担当

中村学園大学　流通科学部　准教授
博士（人間環境学）
1971年生まれ
九州大学大学院人間環境学研究科博士後期課程 単位取得退学
主たる研究関心：人事評価における情報処理過程，目標管理制度の効果的運用
著書と主要論文
　『産業・組織心理学ハンドブック』（分担執筆　2009年　丸善出版）
　『臨床組織心理学入門―組織と臨床への架け橋』（分担執筆　2007年　ナカニシヤ書店）
　『産業・組織心理学』（分担執筆　2006年　朝倉書店）
　「パフォーマンス評価における認知次元の測定」（単著　2008年　心理学研究, 79, 407-414）

池田　浩（いけだ　ひろし）　第2章, 6章, 7章担当

福岡大学　人文学部　講師
博士（心理学）
1977年生まれ
九州大学大学院人間環境学府博士後期課程修了
主たる研究関心：組織におけるリーダーシップ，職場のチーム力
著書と主要論文
　『コンピテンシーとチームマネジメントの心理学』（分担執筆　2009年　朝倉書店）
　『産業・組織心理学ハンドブック』（分担執筆　2009年　丸善出版）
　『よくわかる産業・組織心理学』（分担執筆　2007年　ミネルヴァ書房）
　「組織におけるリーダーの自信の源泉」（共著　2006年　心理学研究, 77, 62-68）
　「組織における文脈的パフォーマンスの理論的拡張と新しい尺度の開発」（共著　2008年　産業・組織心理学研究, 22, 15-26）

▓ 人的資源マネジメント
   ──「意識化」による組織能力の向上──　　　　　〈検印省略〉

▓ 発行日──2010年6月26日　初版発行

▓ 編著者──古川　久敬
▓ 発行者──大矢栄一郎
▓ 発行所──株式会社　白桃書房
　　　　　　〒101-0021　東京都千代田区外神田5-1-15
　　　　　　☎03-3836-4781　📠03-3836-9370　振替00100-4-20192
　　　　　　http://www.hakutou.co.jp/

▓ 印刷・製本──松澤印刷

　　©Hisataka Furukawa 2010　Printed in Japan　ISBN 978-4-561-26539-9 C3034
　　JCOPY〈(社)出版者著作権管理機構　委託出版物〉
　　本書の無断複写は著作権法上での例外を除き禁じられています。複写される場合は、そのつど事前に、(社)出版者著作権管理機構（電話03-3513-6969、FAX 03-3513-6979、e-mail：info@jcopy.or.jp）の許諾を得てください。

　　落丁本・乱丁本はおとりかえいたします。

馬場昌雄・馬場房子【監修】
産業・組織心理学

誕生からほぼ一世紀の歴史をもとうとしている産業・組織心理学。その現状と課題について，中堅，若手研究者が自らの研究テーマを通して精力的に取り組んだ，現時点での産業・組織心理学の最良の概論書ともいえる一冊。

ISBN978-4-561-26439-2　C3034　A5判　340頁　本体3800円

株式会社
白桃書房

（表示価格には別途消費税がかかります）

古沢昌之【著】
グローバル人的資源管理論
「規範的統合」と「制度的統合」による人材マネジメント

著者は「グローバル・イノベーション」に結実する国際人的資源管理を「グローバル人的資源管理」として概念化し、これからの人材マネジメントのあり方を詳述している。理論と実証の両側面から問題にアプローチした真摯な研究。

ISBN978-4-561-26487-3　C3034　A5判　304頁　本体3600円

株式会社
白桃書房

（表示価格には別途消費税がかかります）

好 評 書

馬場昌雄著
組織行動〔第2版〕
本体3100円

小野公一著
"ひと"の視点からみた人事管理
――働く人々の満足感とゆたかな社会をめざして――
本体2800円

小野公一著
キャリア発達におけるメンターの役割
――看護師のキャリア発達を中心に――
本体2800円

坂下昭宣著
組織シンボリズム論
――論点と方法――
本体3000円

林　伸二著
人材育成原理
本体2400円

鈴木竜太著
組織と個人
――キャリア発達と組織コミットメントの変化――
本体2900円

高木浩人著
組織の心理的側面
――組織コミットメントの探求――
本体2800円

高尾義明著
組織と自発性
――新しい相互浸透関係に向けて――
本体2100円

林　瑚玲
評価と人的資源管理
本体2900円

E.H.シャイン著　二村敏子・三善勝代訳
キャリア・ダイナミクス
本体3800円

――― 白桃書房 ―――

本広告の価格は消費税抜きです。別途消費税が加算されます。